出版社
目録 mini

NEW!

まちの映画館
踊るマサラシネマ
◆戸村文彦／1600円
兵庫県尼崎市にある昔ながらの小さな映画館「塚口サンサン劇場」が、閉館寸前の状況から日本中の映画ファンに愛されるようになるまでの軌跡。

978-4-908443-41-1

大阪 京都 神戸から行く
漁港食堂
◆うぬまいちろう／1600円
関西からおおよそ半日で行ける漁港と、絶品「漁師めし」が食べられる漁港食堂を写真とイラストで紹介。日本中を旅する放浪釣り師による漁港食堂食レポです。

978-4-908443-89-3

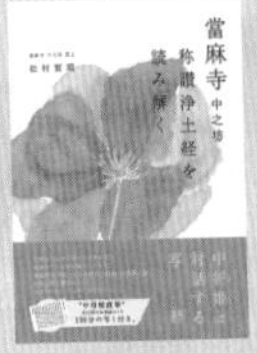

當麻寺 中之坊
称讃浄土経を読み解く
◆松村實昭／2700円
奈良時代に中将姫が當麻寺に残した経典、称讃浄土仏摂受経を丁寧に解説。
＊折りこみ付録：中将姫直筆お写経全15回の内、1回分の写し付き

978-4-908443-90-9

一高生が見た関東大震災
一〇〇年目に読む、
現代語版

大震の日

本書について

本書は、大正十三年八月二十日に六合館より発行された『大震の日』の現代語版です。

著者である旧制第一高等学校の生徒の文章を尊重するため、極力原文を活かしながら、旧字体を新字体に改め、現代仮名遣いで表記し読みやすくしました。必要なところには読み仮名をふり、可能な限り語釈を加え「　　」で表記しています。最後の「大震十日記」に関しては、漢文で書かれたものを書き下し文に変更しました。

なお、文中の（　　）で表記している部分は著者本人の文章です。

まえがき

勤務先で、阪神淡路大震災の取材映像を公開する作業に携わってから、3年あまりが経った。災害のイメージが乏しい若者に当時の動画を見せると、思いがけない効果を感じる。ビルや住宅が壊れた様子や、被災者が水や食糧を求める姿、避難所のトイレの惨状……防災にあまり関心がなかった意識がリアリティに満たされて、高い確率で「食糧やポリ袋を備蓄しなければ」などと感想をくれる。マスメディアの存在意義を感じられて嬉しくなる。

災害が起こるたびに、マスメディアは現地を取材してその被害を報道する。まず、起こった災害を俯瞰して伝え、最も大きな被害にフォーカスしてゆく。知らず知らずにそれを見ている日本人の防災への意識はけっして低くはないだろう。マスメディアで報道されたことをすべて忘れずに押さえていれば、災害への備えはおのずと強くなっていくはずだ。

しかし、こうした映像だけでは学べないことがある。
それは「地震の瞬間」だ。
その瞬間に起こることはどうしても映像に収めることができない。

災害の発生を知って、カメラが回り始めるまでには、少なくとも数十秒かかる。取材クルーが被災地に駆けつけるまでには、少なくとも数十分かかる。急いで上空にヘリコプターを飛ばせば、「鳥の目」で被害の概要をつかむことはできる。しかし、被災者の表情や言葉、心の奥を映像に捉えることは、残念ながらできないのだ。

今から100年前の1923（大正12）年、関東大震災が起こった。日本にはまだ、テレビはもちろんラジオすらも存在していなかった時代だ。地震に見舞われた直後の街を写した映像はわずかながら存在する。ニュース映画のスタッフがフィルムを抱えて被災地に急行し、撮影したものだが、それには音声はついていない。関東大震災はいったいどんな災害だったのだろう。

数年前、関東大震災研究の第一人者である武村雅之先生を取材した時、一冊の本を紹介された。それが『大震の日』であった。インターネットの古書店を通じて入手すると、活字ではあるものの、紙質の悪い、粗末な体裁の本だった。小口も切りそろえられておらずページがめくりづらい。しかし、中味を見て驚いた。地震に遭遇した瞬間のことを書いた120編あまりの手記がびっしりと並んでいる。古い漢字と旧仮名遣いで読みにくいが、情景を描写する筆力が凄まじい。それもそのはず、書いているのは、日本の最高学府「東京帝国大学」に進もうとする旧制第一高等学校の生徒達。地震が起こる日の朝の情景から、地震が襲った瞬間、そして知人の安否や延焼の情報を求める様子や心の動き、さらには地震を受けて変わった当人の思想やものの考え方まで、文章にムダがなく読み応えがある。

出版元の「六合館」はすでに存在せず、国立国会図書館のデジタルアーカイブを確認したが、まだ公開されていなかった。こんなに貴重な手記が再刊もされず、公開もされていないという状況はあまりにもったいない。そんな思いで出版社に話を持ち込み、刊行に至った。当初は、この文章を読み解いて解説をつけるという目論見だったが、読めば読むほど「これだけ洗練された文章につける解説などない」と思い始め、漢字と仮名遣いを改めて読みやすくするにとどめることにした。一部印刷が不明瞭で文字がわからない箇所や、どう読んでも文意が判然としない箇所、誤りとみられる箇所については若干の修正を加えた。その作業の途上、幸運なことに国会図書館のデジタルアーカイブで全文が公開された。現代仮名遣いは読みやすいが、原文には筆者の思いがあふれている。読者のみなさんも、機会があれば原文と見比べながら読んでいただくことをお勧めする。

首都直下地震では、多くの日本人が烈しい揺れに見舞われる。数千万人もの人口が密集する首都圏を大地震が襲ったときに起こる出来事は、もはや想像がつかない。地盤や住宅の密集度合いによっても、状況はさまざまに違ってくるだろうが、『大震の日』は、地域によって異なる災害の様相を、学生達が「虫の目」で拾い上げて書いている。マスメディアでは捉えきれない災害のまだら模様をも、読者にしっかりと伝えてくれよう。

その瞬間、どんな揺れがどのくらいの時間続くのか。建物はどんなふうに壊れはじめ、人は立っていられるのかいられないのか。そしてその直後、街ではどんなことが起こって、どんな心配が生まれるのか……あらかじめ知っておけば、少しはその瞬間に備えられるに違いない。日本の都市防災力を高めるために、１００年前のバトンをつなぐ思いで、この本を未来に捧げる。

当時の旧制第一高等学校

1912（大正1）年～1926（大正15）年

旧制第一高等学校（通称・一高）

１８７４（明治７）年、東京英語学校として設立。その後、東京大学予備門、第一高等中学校を経て、１８９４（明治27）年に第一高等学校に改称した。

全国から優秀な生徒を集め、一流の教授陣によって、東京帝国大学進学のための予備教育（現在の大学１・２年生に当たる教養部分の指導）を行った。現・東京大学教養学部の前身。

１９５０（昭和25）年に終焉を迎えるまでの卒業生は1万８６３３人。政界、官界、財界をはじめ、文学、芸術の分野でも優れた人材を輩出し、近代国家建設に貢献した。

②

①

①さまざまな行事が行われた嚶鳴堂。
②当時は、明寮、和寮など計8つの寮があった。
③寮の自習室で学習する生徒たち。一つの机を4人で使っていた。
④夜10時に自習室の灯が消されると、ローソクに火を灯して勉強に励んだ。略して「ロー勉」と呼ばれた。
⑤寮の寝室の様子。無断外泊に厳しく、「不時点検」という制度があった。

※写真提供:東京大学駒場博物館

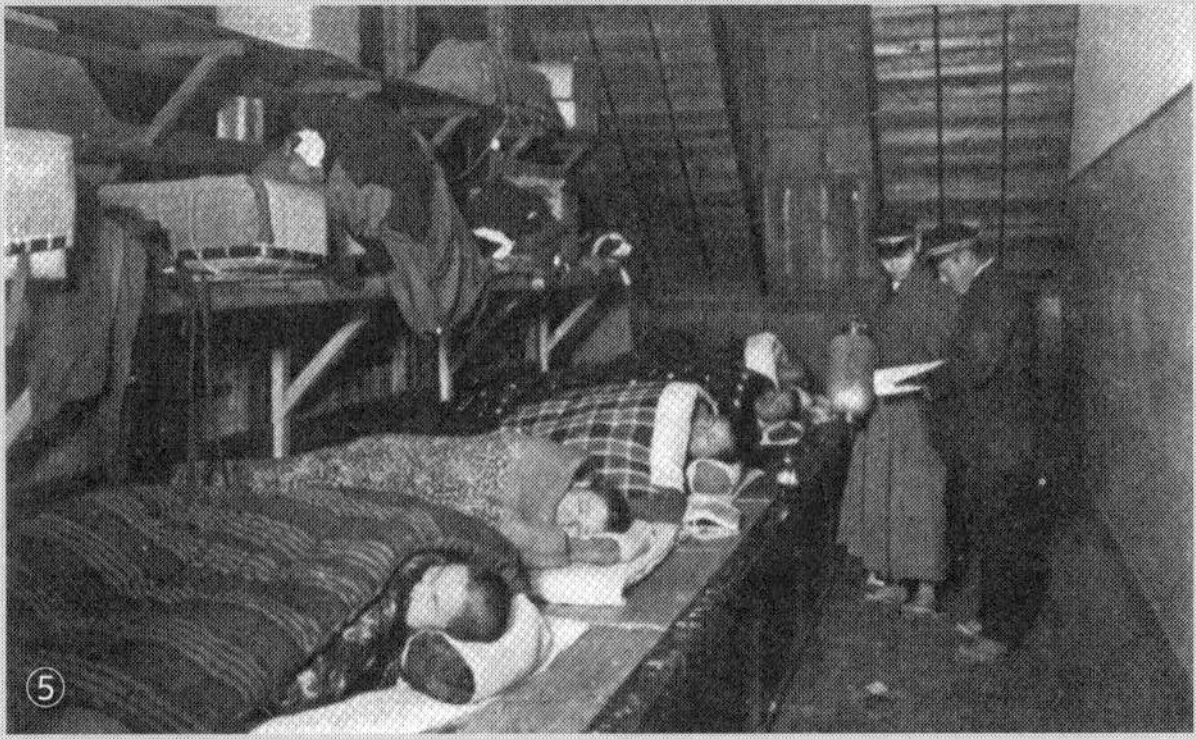

1923年9月1日 関東大震災発生

地震名：大正関東地震

災害名：関東大震災

地震発生時刻：

1923（大正12）年9月1日 午前11時58分

◎発生場所（震源位置）/
神奈川県西部（北緯35度19.8分、東経139度08.1分）
◎深さ / 23km
◎規模（マグニチュード）/ 7.9
◎最大震度 / 6※
◎直接死・行方不明 / 約10万5000人（うち焼死 約90%）
◎全壊・全焼住家 / 約29万棟
◎経済被害 / 約55億円

※発生当時は震度階級が震度0～6の7階級で、埼玉県、千葉県、東京都、神奈川県、山梨県で震度6を観測した。だが、家屋の倒壊状況などから現在の階級に照らし合わせると、相模湾沿岸地域や房総半島南端では震度7相当の揺れであったと推定される。

⑥関東大震災により、学校のシンボルである時計台が倒壊するなどの被害を受けた。

目次

二、本郷

大震の日

第一高等学校国漢文科編纂

序文

大震後、初めての作文日に、「大震の日」という題を出した。おのおのの感銘は強大であり、時間には制限があり、勢い、くだらぬ修飾が少なく、緊張しきった文章ができた。それぞれ分担の教官が見たが、いずれも、今度の作文は皆面白いと言った。さて今年二月に入って、教官室で、安井小太郎先生が、「あの地震の作文を集めて本にしておいたら、後世のために非常に参考になろう、千人ほどの青年が色々な場所であの災難に遭い、あるいは聞いたのをそのままに書いたのだから」と言われたのがもとになって、生徒にあの作文を出すように、と学校から命じた。ところが第三学期の試験に近づいてるので、なかなか集まらぬ。やっと試験後になって、これだけ集まったのである。予想より大変に少ないのが残念ではあるが、ともかくこれだけを学校を中心として、地理的に分類し、それぞれに別な題目をつけて編集した。その地理的というのは、地震に遭《あ》った場所によったので、題下に括孤《かっこ》して記したのがそれである。編集者の推測で記《しる》したのもあるから、間違いがあるかも知れぬ。しかしいちいち生徒の名簿を調べて確定するほどの必要も無いと思って、それはしなかった。生徒所属の組によって並べるということは、単調に傾くを恐れてしなかった。集まった文章の中でも多少取捨をしたことはもちろんである。

大正十三年三月二十八日

編者識

驕慢《きょうまん》の円蓋《えんがい》よ（寮）

綿貫藤太郎　文甲三三

頭から壁土を浴《あ》びた自分は、いつの間にか寮［当時学内には明寮、和寮など計8つの寮があった］の前庭に飛び出ていた。またまた続けざまに強震が襲って来る。腰が半分浮き上がっているようだ。たまらない。桜の木には自分の外に三、四人絡みついている。屋根が踊る。気味の悪い家屋のきしる音が絶えない。空気の動揺が少し静まる。家の揺れがすこし少なくなったようだ。ようやくあたりを見まわして「大変な地震だな」と思う。同じく飛び出した連中が両脚を稲架《はさ》［稲を天日干しするために田んぼに組む木組み］のような格好をして立っている。揺れは止んだようだが頭がふらふら揺れているようだ。すべてがはっきりと分からないようだ。「ようだ」くらいにしかわからない。まるで自分の事は忘れてしまって、樹木の動揺、家屋のきしる音、他人の周章狼狽《しゅうしょうろうばい》［うろたえ騒ぐ姿］しか考えられない。変な格好でたたずんでいた皆が、急に上野の方面の崖際に駆けて行く。

夢《ゆめ》心地《ごこち》のような足取りで自分も駆けて行く。灰色の煙塵《えんじん》が上野の森をおぼろにしている。「いよいよ大きい地震だ」あぁ、根津の下町の屋根瓦はほとんど乗っていない。真っ白の屋並み、しかしながら妙に昼頃の雑踏のどよめき、電車の騒音、豆腐屋のラッパが全く止んでしまって、死んだような沈黙が気味悪く漂っている。また余震。煙塵の中にくの字なりに立ってる風呂屋の一本の煙突が、酔っぱらいの足取りに踊る。

「煙」「火事だ」「どこだい」「帝大？〔東京帝国大学の略。現在の東京大学。当時は一高と隣接していた〕」皆がようやく吐息の沈黙を破って叫び出した。黒煙が本館の図書館の彼方から湧き上る。また皆がその方へ走り出す。自動車ポンプの走る響き、町々のどよめき。ようやく町は狂気の中に蘇った。自意識にかえった。いつのまにか空の半分は黒雲か雲煙かに覆われている。

……………………

どこをどう歩いたかほとんど覚えていない。雑踏を押し分けて、燃えている方へと歩いた。火事を見に歩いた。

長かったか、短かったか、時間は分からぬが、夕方になっている。自分は芝生の上に、疲れて半ば夢心地の身を横たえた。昼、真っ黒だった大空は赤黒い。体中が空の色に反射されてただれたように赤い。避難民の雑踏、叫喚《きょうかん》が、火勢《かせい》の響き、倒壊の音とともに渦巻いて来る。この安全場所に座った俺の心を何となく、通りの人々の方へ誘う。何という事はない、ただじっと座っていられない。

故郷に宛て、ただ二行ばかり書いた葉書を持って立ち上がった。煙臭い淀んだ空気の中から「郵便は駄目だって」という声がする。自分は耳にそれを聞く事は聞いたが、通りに向かって走った。大きな包みを背負った人々が、なだれ込む校門を、自分は背に火でもついているかのように息せき切って走り出た。

……………………

その夜通し、自分は、火焔《かえん》と騒音に気を奪われて、芝生の上に座っていた。眼はただれたように痛む。頭はガンガンと鳴る。

嗚呼《ああ》爛壊《らんかい》せる〔肉がただれ崩れる〕黄金の毒にあたりし大都会。
石は叫び、煙舞いのぼり、
驕慢の〔おごり高ぶった〕の円蓋《えんがい》〔大空〕よ。塔よ。直立の石柱よ。
虚空《こくう》は震《ふる》い、労役のたぎり沸くを。

好むや、汝、この大畏怖《おおいふ》を、叫喚を、あわれ旅人！
悲しみて夢うつつ離れ行くか。
濁世《じょくせ》［けがれた世の中］をつつむ、火焔の帯の町よ。

混沌の中（寮）

田中和夫　文甲三二

九月一日。朝から相当ひどい風雨であった。それが十時過ぎに止んで、いかにも秋を思わしめるような晴れ渡った天気になった。秋の日にはよくある天気かも知れないが、この急激な変化は、あとになって考えてみると、何だか変だと思わざるを得ない。

十一時すぎに授業が済んで、昼飯を済まして寮の二階にいた。ちょうど二、三日前から体の具合がいつになく悪くなっていたので、ゆっくり休もうと思っていた時だった。自習室では絲まりの仕合［野球か］をして帰ってきた同室生が、愉快そうに話をしていた。その時みしみしと音がしだした。間もなくひどい震動が来た。自習室にいた人々は外へ出たようだ。僕もこれではいけないと思って、二階の廊下へ出た。震動はなおひどくなった。廊下のあちこちへぶつかった。階段を下りる時は、欄《てすり》につかまってようやくおりた。寮の前庭に出た時には、そこに十数人の寮生がいた。地につまずいた。震動はなお続いた。物凄い音がした。時々「ひどい地震だね」「ずいぶんひどいね」という声がするのみで、皆黙っていた。何分間たったのか知らない。とにかくずいぶん時間がたったように思われてから、ようやく地震がひとまず止んだ。

皆「トラックへ行こう」といって、一層安全なトラックへ移った。東寮のスチームの煙突が半ばから折れて南側へ倒れていた。根津の方の家の屋根瓦はほとんど全部落ちていた。そして埃や小さい砂が一面にたって、町はどんよりと濁った重苦しい大気の中にあった。やがて激しい余震が二、三度あった。

誰かが「大学の工学部が火事だ」と叫んだ。皆正門へ走って行った。高等学校に一番近い工学部の建物が盛んに燃えている。消防隊が駆けつけて来て、極力火を消そうとしている。よくもこんなに早く火が出て、こんなに早く盛んに燃えだしたものだと思った。一高の生物学教室へ火の粉が盛んに吹きつける。一高は風下にあった。風は相当ひどい。いつ燃え移るか知れない。校長さんはその火の粉の雨の中に立って、じっと大学の火事を見つめておられた。正門の外へ出た。

清水君に出会った。清水君は「家がどうなったかわからないから帰る」といって帰った。しばらくすると、消防隊の努力によって、工科の火はだいたい消えた。

本郷の人々はいつ家が壊れるやらわからず、心配して、安全な地を求めんと一高の内へ避難してきだした。僕は運動場へ行った。学校では裏門も開いたので、避難者が続々と一高の内へ入ってくる。大きな余震が何回となく引き続いて来る。大学の中をはじめ所々に黒煙がたつ。火事だ。火事だ。東京市は全く火の中にあった。しかも水道ももはや何の役にもたたなくなった。

数時間は混沌の中に過ぎた。本郷の上には大きな白い雲があらわれた。それが南の方からたつ黒煙と合して、何と言っていいかわからないものすごさを表した。ただ北と西の空が真っ青に晴れわたっている。一高生はあるものは大学の図書の搬出に努力し、あるものは避難して来た人々の世話をした。

我々寮生はようやくありついた二片の乾パンとともに夜を迎えた。南と東の二方は全く火の海だ。避難者はますます多くなる。あちこちで夕飯をたき出す。もし教室や寮に火がついたらと心配して、寮生は校内のいたる所を見回った。正門は開け放たれ、しかも学校の高張提灯《たかはりぢょうちん》が出されてあって、一般の人の避難して来るのを収容している。

正門の外の電柱には、本郷区役所から「以後強震なし。安心すべし」という掲示が出ている。僕は二、三人の寮生と一緒に弓術の道場にいて、そこへ老人や子供を収容していた。その中には洋行中の森先生の御家族もおられた。少し強い地震が来ると、一時に皆道場から外へ飛び出すのであった。一人が「以後強震なしという掲示が出ているから大丈夫だ」といえば、一人が「帝大で説が二つにわかれているのだそうだ。大森博士はもう強震がないというのだそうだが、今村博士は十時にひどい揺りかえしが来ると言っているそうだ」という。皆は当時海外にいた大森博士を担ぎ出されても本当だと思って、うなずきながら聞いている。「じゃあ十時少し前に起こして下さい」と言って小さい子は眠る。十時になって皆今か今かと思っていても強震が来ない。やがて「十一時に強震がある」と誰かが知らせに来た。また十一時にも強震がない。ついに十二時に相当ひどい余震が来た。皆道場の外へ出て、黙ってうずくまっている。東京の町は全く火の中にある。本郷の方の火はだいたいおさまりそうだが、上野の方の火はますます盛んになる。一同ただ夜明けを待つのみであった。「夜が明ければなんとかなるだろう」それは皆が心の中でひそかに語った言葉であった。

マア平ちゃん（寮）

林　平八郎　文甲三一

「オい、天井を早く持って来てくれ、もうさっき注文したんだぜ」ホールの一角に私は二人の友達と一緒に陣取った。大正十二年九月一日正午二分前である。そこへ突然ガタガタガタ、あの思い出してもぞっとする大地震がやって来た。ホール雇い人等はあわてて逃げ出す。しかしこちらは日本男子だ。滅多な事には驚かない、というような悪いやせ我慢で、お互いに三人の中誰かが飛び出したらすぐさま続いて出ようという了見で、顔を見合わせてもじもじしている中に、やっとガタガタはおさまった。と見るや否や三人は期せずして一緒に外へとび出した。

「ナニ、大学が火事だ！」「エ、それは大変だ」ただちに門を出て駆けつける。と、驚くべしすでに四方に当たって数条《すうじょう》の黒煙は天に沖《ちゅう》している［空高くあがっている］ではないか。そして重苦しく覆い被さった灰色の空の真ん中に、血塊《けっかい》［血のかたまり］のような太陽が低く懸《かか》っている。半ば狂乱したような人々は、先を争って通りを逃げまどう。さながらに、この世の最後の日が到来したように思われた。こんな時には親しい者の安否が気遣われるものだ。牛込にいる姉のことがすぐ頭に浮かんできた。

順天堂の前まで来たら、水道橋の方へは火でもうとても行かれない。病院の前の空き地にはたくさんの人が集まってきている。そして入院患者は運び出されて行く。こんな際に病院に苦しむ人は、さぞかし気が気ではない事であろう。ぐずぐずしてはいられない。御茶ノ水の橋を渡って、ニコライ堂まで来ると、もう四面に火の手はあがっている。崩れ落ちた鐘楼《しょうろう》の傍《かたわら》に、銀髯《ぎんぜん》［白いあごひげ］長い牧師風の老人が、茫然自失《ぼうぜんじしつ》したように天を仰いで歎息《たんそく》して［嘆いて］いる。しかしここにもぐずぐずしてはいられない。神田の火事の傍を抜けて通る時は、火気を受けて熱かった。それでもやっと九段までたどりついて、牛込の方に火のないのを見たときは、いささか安堵《あんど》の胸を撫で下ろした。けれども地震でつぶされた家も途中でずいぶん見た。もしかすると姉は……と心配しながら、大急ぎでとうとう姉の家までやって来た。

「姉さん！」「マァ平ちゃん！」顔を見るや否《いな》や、思わず溢《あふ》れ出た言葉はこれだ。姉は庭の梧桐《ごとう》の木につかまって心配そうな顔をしていた。「どうせ助からないんならね、皆一緒に死にたいと思ってたんだけど、まあまあお互いに無事でよかったわね」お互いに無事でよかったと思うと、同時に腹が猛烈に減っているのに気がついた。腹をこしらえてやっと人間らしくはなったが、まだなかなか恐怖は去らない。夜に入って東南の方の物すごい火炎を望んでは、姉と共に神に祈るよりほか、せん術《すべ》も知らなかった。

裸で（寮）

榎本謹吾　文甲二

東京は全部焼失した、けれども虚栄《きょえい》だけ焼け残ったとある人はいう。しかし見るがよい、彼等はもはや、そろそろその恐ろしさも忘れ果てて吉原あたりは大賑やかだそうだ。人々は虚栄のほかに健忘性《けんぼうしょう》だけはいまだ御苦労にも保存しているらしい。

それで私は東京は焼けた、しかし焼けたのは物質だ、従って軽佻《けいちょう》な群盲《ぐんもう》［考えが浅くおろかな人々］があいった精神の弱点を鉄筋コンクリートと共に少しも損なわれることなく今に到るまで維持して来たということに対してこの疑問を発したくない。それはすでに疑問としての存在ではなく、自明の事実としての存在だからである。

菊池寛は、文芸は生きんがために生命を貪る非常時にあっては、一片のパンよりも価値がない、と歎《なげ》いている。彼ら飢えたる人々にいかに文士達がファウスト、ハムレット、神曲のごとき千古《せんこ》の傑作を与えても彼等の口は決してそれを喜んで咀嚼《そしゃく》することなく、かえって赤黒い血と共に吐き出すだろう。

しかし彼ら哀《あわ》れな人はもはや、あの当時ほどパンに対して執着を感じなくなった。日本はいうまでもなくアメリカ、イギリス、イタリーなど地の涯《はて》、海原《うなばら》の彼方を問わず世界の国々の人々は四海同胞《しかいどうほう》の［仲間であるという］理想とその実現に傾く美しい同情、人類愛の精神を自ら賛美し、自らそれによって満足せんとして色々な物質を山ほど迅速に送って来た。人々は居ながらにしてパンを得る事ができる。従って人々が現在のごとき醜悪《しゅうあく》な行為に走ったのも無理はない。彼等には父を失い、パンを失った時の悲しさ、心配な真面目さは無くなったのだ。真面目さの無くなった彼等にあの飢えたる真剣な生活のありようがない。それゆえ彼等があいった浮華《ふか》な［上辺だけが華やかで実質が伴わない］生活と意識の中に自己を没入してそれに耽溺《たんでき》する［夢中になる］に到ったのはむしろ当然だ。

しかし私だけにはまだまだあの当時の陰惨《いんさん》な［暗くむごたらしい］恐ろしい凄愴《せいそう》な［ひどく悲しい］シーンがまざまざと印刻されたかのごとく記憶の中に生きている。

私は天譴《てんけん》［天罰］を信じない。（天譴でない反証はすでに述べたはずだ）しかし私は少なくとも言語で言い尽くせない絶対的な宇宙意志の根本実在――神――ああいった種類の崇高な何物かの意志発動を感じ、かつ信じないわけには行かない。

かの三万に余る――ひとつの都市の人口に相当する――人々の生霊《せいれい》を奪った被服廠跡《ひふくしょうあと》［旧陸軍被服廠跡。この震災で、火災により最も多くの犠牲者が出た］においてすら若干の人々が焼死を免れたそうだ。人はそれを驚異に値する運だという。私もそれは確かに運だと思う。しかも私はその運命を支配する何物かを感ずる。それが私の今述べた、また今述べんとする宇宙意志の根本的実在――世間で普通に称する神だ。

少なくとも私は昔の淫靡《いんび》な皮相《ひそう》な生活はしていない。私の心にはあの大正十二年九月一日の恐ろしという言葉に尽きるシーンが生きている。私は少し題意に沿わんとする趣意より当日の私を説き、この耳なき原稿用紙にでも物語ろう。静かに聞いてください。

私は勝利の悲哀に咽《むせ》びながら八月二十九日、三十日、三十一日の三日を送った。三高［当時、京都市内にあった旧制第三高等学校〈現在の京都大学〉のこと。野球の試合が行われた］は実際気の毒だった。あの二十八日の晴れの軍に負けて三敗の恥をこうむり、三十分あまり泣き続けた彼等三高の戦友を見た時、私は敵ながら袂《たもと》をしぼった［ひどく泣いた］。

勝負事はするものではないと今更ながら強く感じた。その感じと、峠をのぼりつくした人のやがて下るべき運命になるあの必然的予感をしみじみと感じながらその三日を私はすごした。

九月一日――今日は始業の日だ。しかし二日が日曜であるため学校より超越していると自己欺瞞《ぎまん》に陥った［自分を正当化した］友達は多く、サボって三日に出る支度をしていた。

東京に身寄りの無い私は、独り淋しく始業式を済まし、十一時半頃昼飯を食べてしまってから寝室にあてられた、二階に登った。友達の梱《こうり》［荷物］や布団は包まれたまま半ば埃にまみれて棚の上に開かるる日を待ちながら安らかに眠っていた。

秋と言っても、昨日まで夏であったのだから真夏のように暑かった。それで私は元来裸でいるのが好きだったから上衣を脱ぎ、シャツを脱ぎすてて真っ裸になっていた。それでも汗が玉をなして、腋の下がズルズルする暑さであった。

私は何もすることが無かった。私の梱は上京帰寮と共に嚶鳴堂《おうめいどう》［行事を執り行うための建物］から持ち出して来てあったきり少しも手がつけられてなかった。で、読もうと思っても読むべき本が無い。遊んだりゴシップをやったり［噂話したり］しようと思っても相手がない。それで私は仕方なく、嫌でたまらなかったが、無聊《ぶりょう》［退屈］に苦しむよりはと気を取り直して梱を棚より引きずり落とし、面倒臭いと言ったようなクシャクシャした気分に支配されながら、面倒臭く結ばれた梱の紐を解き始めた。

調子づいた手にからまったままバラバラと紐は解けた。手が汚れるのもかまわず上の埃をパタパタと払って蓋《ふた》を抜いた。中身は重かったせいか、平常よく抜けないことに決まっていた、私もそう決めていた蓋は何の苦もなくスルスルと抜けた。と、同時に、四、五枚の手紙がバラバラと蓋の中から落ちた。あたかもそれが蓋の中にあったかのように、その瞬間私には思われた。

私は一枚一枚それを取り上げて読んだ。手紙と同時に私の胸に過去の喜び悲しみが蘇生するのであった。紐も蓋も始末せず、私はひたすら軽いほほえみもって読み続けた。最初落ちた五枚の手紙は読み終わった。が、それに強い面白みを覚えた私は追憶《ついおく》の甘味を追わんと、一学期の終わり帰省するとき投げるがごとく梱に詰め込んだ手紙を一枚一枚取り上げて読んだ。色々な思い出や、色々な顔が私の眼の前に現れた。それは皆手紙が変わるに従って変わった。手紙は生きた写真かも知れない。私が一枚読み終えて他の一枚を取ろうとした時、ズボンのポケットから、腕巻きの紐が切れて懐中時計に職業換《か》えさせた、小型の時計が転がり落ちた。私は手紙を持った手で時計を拾い上げげた。私は見るともなしに針を見た。朧《おぼろ》げながら十一時五十五分だなと半ば直感的に感じた、時計をまたポケットに押しこみ手のひらで鼻の汗をぬぐってその手紙に眼を落とした。それは哀《あわ》れな兄――北海道の農園に独り淋しく暮らしている――よりの手祇であった。彼は林檎の成長を喜んでいると書いていた。この春休みに私が手伝った西瓜《すいか》が大きく熟れたから今度三つ四つ送ると書いてあった。

私は思わず笑った……。突然私の身体はグラッと揺れ、私の意識はボーッとしてしまった。グラグラと引き切りなしに二階は揺れ、ギーギーと二階の棟木《むなぎ》、桁《けた》、椽《たるき》などがすれ合う。地震!! 私は手紙も何もかもすべて投げすてて廊下に飛び出した。壁はバラバラと落ちる。埃で濛々《もうもう》と立ちこめられ、足の下は間断なく揺れる。酪訂者《めいていしゃ》［酔っ払い］のごとくよろめきながら。壁をたよりに階段へと足を運んだ。私の頭には理性も無い。恐怖も無い。恐らく何のために脱れるのか、その目的すら考えていない。私は無意識に、振動の弱りめにつけ込んで走り出した。バタバタ……二段三段、私の眼中には階段も無かった。私の足は自らバネのごとく段を飛び越えた。ホッと気のついた時私の足は地面にふれていた。私の理性はそれと同時に回復し始めた。私は瓦の危険を知っていた。で、亜鉛屋根の廻廊《かいろう》中程より西寮前の広場に飛び出した……脱兎《だっと》のごとく。すでにそこは寮友や小使《こづかい》達で一杯であった。しかも皆々いい合わしたごとく中央に……不安な灰色の気分を満面に漂わして……それでも逃れ出た歓喜の色はルシファー〔明けの明星〕のごとく瞳の奥にうかがわれた。

その同じ心の動きに支配されているグループに交わると共に私は落ち着いた。私の判断はまず自己以外のものに驚異を以て向けられた。私はこの珍事の経緯を初めから終わりまで的確に掴もうとあせった。私は再び周囲を観た。と同時に私の眼に半裸体の人々が一種の驚きを以て映った。むしろ私は彼等の狼狽振りが可笑《おか》しくなった。フフフフフ、私は口の中で笑いを耐えられなかった。

「どうしたい？」

と誰かが私の肩をたたいた。ピシャリとかなり高い音と共に私はピリッと軽い肉体の接触を感じた。私はその触感によって自分自身裸であるのに気がついた。私は自尊心から心配顔を赤くした。もちろん少女らしい恥かしさの念からも……。

「どうしたい？」

また同じ声がした。それは大きい声……。私は初めて強くそれを感じて「ええ？」私はヒョンと後ろを振り返った「やや！」私は思わず頭を掻いた。

「それあれを見……」

大沼さんは私の様子に頓着《とんちゃく》なく眼前の高い煙突を指さした。私は裸でとび出すような周章狼狽《しゅうしょうろうばい》振りを人に見られたのが平素の自分を欺《あざむ》くような気がして嫌でならなかった。大地はまた揺れ出した。人々は互いに抱き合った。ある者は地に手をついた。あるものは転がった。木々は生命あるもののごとく根本から動いた。大地のゴーゴーという唸《うな》りとともに小使室の庇《ひさし》がフッと大嵐にあおられたように飛ばされた。

私は大沼さんの指さすまま煙突を見た。コンクリートの煙突は天空に反抗する地下のサタンが鉄拳のごとく揺れた。私のハートはおびえて冷たくなった。私の恐懼《きょうく》にとらわれた理性は、自分の足元から煙突の根本の距離を測り、それから煙突の高さを測った。それは煙突が倒れても私の体に影響を及ぼさないかどうかを知るためであった。

大地の静まるのを待って私は上衣を着、靴をはいた。丘から眼の下を見下ろした時、屋根の瓦が全部ゆすり落とされ塵埃《じんあい》［ほこり］にまみれた街を見た。火事!! 火事!! 四方は暗い。警鐘が鳴る。私は奔馬《ほんば》のごとく正門へと走った。帝大の煙はすでに本館の屋根を覆うている。私は走った。私の運命が万人のそれであると思いながら！

火の幕（寮）

佐々川晃次郎　文甲二三

雲低く垂れて愁《うる》わしげなる初秋の空、万有はその下に静かに憩いて寂寥《せきりょうりょう》々。深淵《しんえん》のごとき沈黙、嵐の前のごとき静けさ。驟雨《しゅうう》［にわか雨］まま至る。

余は前日の旅に疲れし身を床に横たえてうつらうつら夢路をたどりき。――と「地震だ地震だ！」とわめきののしる声。戸を開くる音。あわてふためき廊下を走る足音。破られし静寂に夢さめてつと降り立つ。ぐらぐらとあらゆるものを振り落とさんと荒れ狂うがごとき振動。走り出でんとす。その後はまた夢心地なり。

ふと眼を上ぐれば身は木の根下にあり。前なる煙突の風に戦《おのの》く葦のごとくゆらりゆらり、弓なり揺らぐ大地の底より襲い来るがごとき雑然たる音響。初めて思う地震なりと。

ふりかえれば、近く遠く数条の黒煙の高く上るを見る。「大学が火事だ」との叫び、みるみる近き一条の煙は低く広がりて、薬品の燃ゆるならん、赤き焔、緑の焔、紫の焔、風に煽《あお》られ、日は煙に遮《さえぎ》られて赤く赤く爛《ただ》れて、さながら世の破滅を宣するがごとし。

外に出づ。逃げまどう人、叫び戦く人、狼狽、混乱、叫喚《きょうかん》……さながら修羅場。白髪の老婆一人、右手に孫ならん、幼き児の手をしかと握り、左手に汚らしき包みを携えたり。流れ行く群衆に揉まれつつもふりかえりふりかえり、「あれよあれよ、火は今わが家につきたり」など叫ぶ。

見よ。地上のありとあらゆるものを焼き尽くさずんば止まざる劫火《ごうか》に、すでに彼方は一面の火の海。赤く爛れし太陽もようやく西に傾けども、夜の帳《とば》り［闇］は来らず。立ちて望めば、東より南に、南より西にわたりて火の幕を張れるがごとし。悲また荘。

校内は避難に来れる人々にて満たされたり。

超感覚の事件、彼らの面に、悲しみなし、驚きなし、恐れの色なし。一様に無感覚なる緊張に覆わる。

自然力の前には、あまりに弱き、あまりに脆《もろ》き、あまりにはかなき人の力。かっては自然を征服したりと思いしかの絢爛《けんらん》たる文明今はた何処《いずこ》。見よ今はただ火の海。

震災の夜はかくて黙々と更けて行く。

噂は噂を（寮）

原義房　文乙二二

大丈夫とは思いつつもさすがに快《こころよ》からず。居合わす友の顔にも異色あり。窓前《そうぜん》の大煙突は物凄く動きつつあり。ついに居たたらまらずして、西寮十番の二階より滑るがごとく走り降れり。誠に恐ろしきまでの震動なりき。されど余は、この震が、帝都並びに関東一帯を惨憺《さんたん》の巷《ちまた》たらしめん大災の緒《ちょ》［始まり］ならんとは、ちっとも想う能《あた》わざりき。揺震《ようしん》のために壁を落とされたる西寮の堅城も安全の場所ならざるがゆえに余は急いで和寮前庭に逃れたり。そのとき「火事だ」「一高だ」と叫んで人々走り行く。従って行けば一高ならずして隣接せる帝大の一部の焼けつつありしなり。本郷通り瓦石の落ちたる家少なからず。傾きたる家あり。負傷したる人も見受けられたり。震なお止まず。とかくする中に、帝大はいつの間にか猛火に包まれいたり。水道の鉄管破損せしとかにて水の便なく、火は思うままに猛威を振るえり。時計台［学校の本館に設置されていた、一高のシンボル］にもひび入りぬ。揺震は依然として来れるなり。帝大の書籍大半焼かれて長大息《ちょうたいそく》せる〔溜息をついて〕は、独り火を眺め居たりし彼《か》の老学者のみならず、最高学府の悲しみは、また我等が悲しみなり。余はしばらく猛火の中に、書籍の搬出に微力を致せり。火はまさに帝大のみにとどまらず。神田、日本橋など諸所に起これる由にて、焼け出されて逃れ来れる人々、本郷通りに充満せり。飢えて路傍に倒れたる人、浴衣一枚にて赤子と共に泣く婦人、病める老人を連れて涙する可憐の少女、わずか鍬《くわ》一丁を提げしのみにて、走れる大男もありき。突然の地震に、突然の火災。しかもあまりに意外なる惨状なり。太陽の光も黄色く曇り、見るからに不安の思いをもたらす。飲むに水なく、食うに食なき、この大勢の避難者は塵に閉ざされたる帝都にさまようて、如何の感かあらん。係累《けいるい》〔家族〕なき旅の身たる自身にも、不安の色濃きに……夜に入りて帝都は全く、紅の猛火に包まれぬ。本郷三丁目近くに立てば、火は追々と近づきつつあるに人々はただ傍観せるのみ。「神田、日本橋、本所深川、京橋等全滅せり」と、人々伝え言う。「山本首相危うく逃げたり」「宮城《きゅうじょう》〔皇居〕炎上せり」などと噂はさらに噂を生み、さらに「今夜の十時に再度の激震あり」「否十二時に揺れ返しあり」などの声はいやが上にも人の心を不安に導き、誠に生きたる心地なし。一高の中は避難者によりて埋められぬ。その人々が語りあう遭難当時の話はげにも涙の種なりき。親を失える人。子をなくせる人……「こうしてみんな揃って逃げられたのが何よりの幸せ」と涙《なみだ》して喜びあう人々を見てはさすがに思わず我も泣けり。電気はもちろんつかず。暗黒の都に猛火のみその勢いを振るえり。失える家族を求むる声が、身を切るごとくに胸をつく。阿鼻叫喚《あびきょうかん》〔泣き叫ぶようなむごい状態〕の巷とは誰が言い始めけん。余は全く夢中にありき。

正午前のあの揺れ……。今はこれ暴虐の大災なり。折々起こる震動は、不安なる人々の神経をつく。しかして〔そうして〕余は不安を通り越して、炎々と燃ゆる猛火に対して一種の痛快味をさえ覚えたり。恐ろしき帝都の夜。余は限りなき焦燥恐怖の心を抱いて、丘の上に一夜を明かしぬ。時折に揺れし寮の二階、今も余が心に、当時の光景目のあたり見るがごとし。

世の終わりか（寮）

庄司　光　理乙二一

九月一日は学校の始まった日である。部屋のものが皆誇らしげに真っ黒な面をさげてやってくる。学期の初めは先生も笑い顔でとどめてくださる。それが済むと皆の者がぞろぞろと寮の二階に来て寝ころびながら盛んにだべる。

その日の空は灰色の陰惨《いんさん》な冬の日を思わせるようなものだった。そんな事には一向に頓着がなかった。海の話、山の話に花がさく、誰やらの失敗談が出る。えらい騒ぎだ。昨夜汽車で眠られなかったとぐうぐうぐうやっている奴もある。

こうして愉快な時は過ぎてゆく。「おい久濶《きゅうかつ》［久しぶりに］で活動［映画］へ行こうじゃないか」「うん賛成賛成」次が地震だ、どんなにして来たのかちょっとも分からない。ぐらぐら揺れ出したのだ。何だかいつものよりきつい。寝ていた奴がパッと起きてとび出した。自分はただ走り出した。

廊下が横に揺れてうまく歩けない。その時は家が倒れない先にとただ飛び出した。寮務室の前まで夢中で来た。まだ揺れている。うまく立っていられない。長い煙突が目の前でぐらぐら揺れている。長い長い何分かがたって天地はもとに復した。人々がやっと話し出した。火事だ火事だという。

大学の応用化学の教室から黒煙がしきりに上っている。自分達は一斉に外へ駆け出した。まもなく消防隊が来た。悲しいかな水はやがて止まってしまった。その間にもおそろしい揺りかえしがあった。やがて自分は一人の友とグラウンドへ来てしみじみと恐ろしさについて語った。地は時々揺れ、火事はほしいままに燃えていく。やがて友は去った。自分は進んで大学に行った。人々が焼けつつある教室から本を出していた。自分もそこから本を取り出した。やがて数人の一高生と共に病院の方へとすすんだ。化学教室のところで本を出してくれといわれて少し手伝った。これも済んでトラックの所までゆくとそこは一面の煙であった。そこで誰かが氷の一塊をくれたのをかじった。間もなく寮へ帰って握飯を食ってから、また友と飯田橋の方まで出かけた。行けども行けども火は燃えている。空は真っ赤である。心細い限りである。

再び寮へ帰って寝ようとしたが恐ろしくてたまらない。しかたなしにグラウンドへ出て草の上に体を横たえた。夏とはいいながら寒い。体がひとりでに冷えていく。地は幾度となく揺りかえす。上野の方も真っ赤だ。もうこれが世の終わりではないか。そして自分は儚《はかな》い眠りをむさぼるのであった。

天に沖《ちゅう》する黒煙（寮）

根木辰五郎　文甲一三

大震の一過、五十年の文明を有する我が東京横浜を焦土と化せしめ、禍害を関東一帯に及ぼした彼の永久に記憶すべき記念の時刻すなわち大正十二年九月一日午前十一時五十八分四十四秒、僕はその時学校にいた。ちょうど二学期の開始された日で、授業はなかったから、僕等はすでに午食《ごしょく》［昼食］を済まして、同室の者と語り合い、バッティング練習をやるべく東寮の横を歩いていたのである。その時、僕等は第一回目の激震に遭遇したのである。その猛烈加減はいまさら喋々《ちょうちょう》する［しゃべる］までもないが、血気盛んの僕等がいかに踏ん張って見ても泰然として立っていることができなかった事によっても想像され得るのである。幸いにして東寮和寮等の新寮にはさして大なる被害もなかった。しかし東寮横の大きな煙突が中央よりポッキリと折れてしまったのには驚かされた。

和寮と朶寮《だりょう》の間の広場へ来た時、第二回目の激震が襲来したが依然として寮には被害がないように見えた。僕等がしばらくバッティングをやっている間に、ふと空を見上げると帝大方面から盛んに煙がやって来る。火事だ火事だの声とともに皆どやどやと校門を出て見ると、発火したのは角の化学室ですでに消防隊も駆けつけて鎮火に努めていた。やがてすっかり鎮火したので再び学校へ帰ってバッティングを始めた。いかにものんきそうに見えるが、実際のところ、その当時は市中に聞くも恐ろしき大変動が行われているのだということは全然知らないで、ただ大激震のために家屋にいくばくかの被害があったぐらいのものだろうと想像していたからである。しかしその中に自宅のことがだんだんと心配になり始めたので、バッティングをやめて学校を出たのは午後二時前であった。市電に乗ろうと思ったら、あにはからんや［意外なことに］停電とのことに、それでは省線［鉄道省が運行する電車］で帰ろうと思って御茶ノ水橋まで歩いたが、省線もまた動かない。前方を見れば堀を隔てた神田一帯は一面の火である。とても普通の火事ではない。黒煙天に冲し、その物凄さは筆舌の尽くす所ではない。自宅がますます心配になったので徒歩で帰宅すべく決心をしたが、神田の火炎のために熱くて堀際を歩くことができないので迂回して水道橋へ出た。橋際の歯科医専は今や炎々たる猛火の中にあり、その付近の火炎が堀を飛び越して松平伯邸に燃えうつった瞬間であった。がそんな火事などを見ている時でないから、猛火中の砲兵工廠《ほうへいこうしょう》を右に見て、飯田橋より若松町を経て西大久保の自宅へ帰ったのは三時半頃であった。自宅および付近一帯は地盤の関係のためかほとんど被害なく僕の家などは壁も落ちないくらいであった。しかしいつまた大震に襲来されるかも分からないので皆道路上に出て、いずれも心配そうであった。ちょうどその日は土曜日であったから学校へは帰らず自宅に止まることとなったが、さて地震の原因や市中の模様に至っては、全然その消息を知ることを得ないのであった。交番の巡査に聞いてみると、何でも震源地は大島の爆発と、房州新火山爆発及び江戸川上流断層の三つが同時にやって来たのだということであった。今から考えると馬鹿馬鹿しいようであるが、その当時は本気になって信用したものであった。空を見ると入道雲のような実に異様な真っ白な気味の悪い固まりが浮いている。最初は雲かそれとも火山の煙かと問題になったが、とうとう大島の火山の煙だということに決まった。ところが段々暗くなるにつれてその煙が段々と赤く染まって来る。あぁこれこそは実に数万の人命を奪い、数十億の財貨を灰と化せしめた恐ろしい火炎の煙であったのだ。それで市中の模様が非常に気になったが何しろ交通機関はなし、また自宅も心配になるので一日はついに市中に出でず、これを翌二日に延ばしたのであった。一日の晩は皆心配して、あるものは道路上に、あるものは戸山ヶ原で夜を明かしたのであるが、僕および父母は僕の家を大丈夫と信用して家の中で寝たのであった。今から思えば少し大胆であった。が一日の晩はいまだ例の鮮人《せんじん》騒ぎ［震災直後、放火、投毒、暴動、略奪したというデマが流れ、警察・軍隊らによって大量の朝鮮人らが虐殺された事件］や社会主義者騒ぎも起こらずに、恐ろしき九月一日の夜は静かに更けて行った。

揺残された玉丼（寮）

田原睦雄　理乙二一

暑中休暇もようやく終わり、新学期の準備もいそいそと整えて、数百里も隔《へだ》たった片田舎から学校へと帰り着いた。寮にはすでに二、三の友達も帰っていた。その他の友達も皆揃いも揃って新学期の始まる時刻までに帰って来た。ちょうど九月一日は土曜日で授業は午前中のみであったが先生が来たり来なかったりで結局授業は一、二時間で、後は寮の二階で着いたばかりの荷物を解いたり、書物をひろげ出したり、久しぶりの会合で話の尽きる間もなく打ち興じていた。風はよく吹くし、涼しくはあるし、疲れた体を横に投げ出して皆いい気持ちになっていた。時しもあれ！　彼の恐ろしき地──地──地震は襲来した。

軽いのが来たと思う間もなくこれに幾倍ひどいのか分からないような奴が襲って来た。もう我々は無我夢中で駆け出した。生きるか？　ペシャンコか？　という考えが頭にバッと閃《ひらめ》いたのを知っている切り、四つん這いになって駆け出したか、壁に伝って駆け出したのか一向覚えがない。とにかく寮務宅前庭まで飛び出して桜の木につかまって立っていた。大地はなお揺れている。止んだと思えば揺れる。ついには頭がふらふらして揺れていなくても揺れるような気がするようになった。何だかそれでもやんだような気がする。まだ昼飯が済まぬ、喉も渇いた、水を飲もうとすれば水道が駄目だ。まず飯だけはホールで地震で揺り残された玉子丼を大急ぎで食った、さて街の様子や如何？　火事もあるらしい、いやもう大学の学校に最も近い所から盛んに出る真っ黒い煙を、折しも吹き増した風が土埃といっしょに学校の方へ吹き付けていた。本郷通りに出て見ればもう人がうようよ、出務先から帰るもの、行くもの、避難するもの、ぞろぞろぞろぞろ。目を転じて見ると、いや、もう黒煙が五、六本上っている。自分は知らぬ中に三丁目の方まで足を運んでいた。悲しいかな！　風は強し、水はなし、消防隊は火事の何の部分を防いでいるのか、否《いな》水なくては消防隊も……。

火はみるみる広がる。風は強し、呪いの焔に追い出さるる避難民、あの道にもこの道にも。日はすでに没せんとす。焔は四方を取りまき天を焦がせども火災を防ぐ手段もない、ただ手をこまねきて天を仰ぐのみ。

一匹の蝶（寮）

山本 仁智郎 文甲一一

大正十二年九月一日は実に自分にとっては永久に忘れることのできぬ日である。自分は自分の一生涯に遭遇することのできぬであろうと思われる大悲惨事に遭《あ》った日であるから。八月三十一日の午前九時五十分名残りを惜しんで大阪を出発した私は二百余里を走ってその日の午後の九時頃東京駅に到着し、そして御茶ノ水で下車した時はあの暗い淋しい通りは静かに私を待っていてくれるように感じてなつかしい思いがした。空いた夜の電車によって学校に到着したのは十時頃であった。第二学期最初の寮の一夜を明かして翌九月一日は、前夜降雨があったので空気が清く香り、美しい朝日が丘の朝霧に映えてたいそう気持ちの良い朝だった。その日の授業が終わってから私は四人の友と共に寝室に寝そべっていた時、突如として大東京を焦土と化した地震が起こり出したのである。地震のほとんどないと言ってもよい大阪に生活した私は大変面喰らった。六分間の地震が終わるや洋服を着込んですぐ戸外に飛び出した。そしてトラックの練瓦塀から上野の方を見下ろした時にその震動の激したのに一驚した。家という家は多く屋根の瓦がずり落とされていた。壁は落ち、ちょうど二百十日《にひゃくとおか》［立春から数えて二百十日目。台風や風が強い時期と言われる］にあたる日とて強風が吹いていたので砂煙が一面に空を覆うていた。さらに灰色の砂煙の中にむくむくと凄い黒煙が渦を巻いて昇り始めた。火事だ、大学が火を発した、風上の方に火を発したために強風にあおられて瞬く間に次から次へと校舎に火が移った。余震は盛んに起こった。グランドにおった我々は大学の燃えるのを見て実際悲しまずにはいられなかった。どうして防火設備がないのだろう。ついで私は大学へ出掛けた。火は盛んに渦を巻いて荒れ狂うている。何物をも舐めずんばやまずという勢いである。我々は前側面に猛火を望んで図書館の書籍の搬出に従事した。山のように搬出された書籍も全書籍の二百分の一にすぎなかったことは帰阪後に知った。火勢はますます猛烈になった。向ヶ丘は三方火を望むことができる。太陽は煙のために真紅色に変じて大空に浮かんでいる。三方の空には白銀色の入道雲が幾層も幾層も重なり合って、それがさらに上へ下へと昇り動いている。ちょうど白刃《しらは》の牙をむき出した銀蛇が数を乱してうねり狂っているようだ。あの猛烈な銀蛇が刻々我々の方へ迫ってくるのだ。銀雲の下には真っ黒な煙が一面に流れ、その下は紅蓮《ぐれん》の炎だ、日はしだいしだいに西に入り始めた。そして淡い金色の光線が斜めに芝生にさし始めた。私は夕陽を望んで柏の木の下に立っていた。一匹の蝶が小さな野花の上に羽をたたんで眠っていたがやがて花粉を身につけてひらひらと彼方の花へ飛んでいった。あの小動物はこの惨事を夢にも知らないだろう。風が吹いて柏の葉がかさかさと騒ぎ始めた。夕日は西に入り、四辺はわずかに夕《ゆうべ》の陽光に薄ぼんやりと明るさを保っていた。火炎はいよいよ明らかに赤く赤く見えて来た。恐ろしい夜の幕が静かに物凄く迫って来て我々を包むのだ。恐ろしい震いの一夜が迫ってくるのだ。次第に夜になり始めた。壊滅の嵐に耳を傾けながら私はなお静かに立っていた、百籟《ひゃくらい》［風の声］のような騒音が四方から迫るように耳たぶを打った。悲痛の音だ。幾千の人々がすべてのことを忘れて火から逃れようとしている。火はますます激しくなって来た。私は恐ろしくなった、火はだんだん迫ってくる。苔に青《あお》んだ伝統の城、学校の建物は静かに立っていた。明日はこの建物も灰に化しているかも知れない。我々が努力と勤勉によって入る事のできた安心城は、今や明日の命も疑われる。あぁ野花繚乱の自治の城、その運命は明日如何、夜私は上野公園の方へ歩いて行った。避難者がぎっしりつまり、歩むことができないくらいである。悲しい声をあげて親を呼ぶ声、小さい子供が一個の荷物を持って愛する老祖母の手を引いて避難してくる。臨月の腹をかかえた女、よぼよぼ行く病人、一枚の薄衣に目を曇らして子供を呼ぶ老人、荷物の上に空腹を抱いてうなだれる人々、彼等の同情すべき額や眼には強い諦めの表情があった。彼等はただ目を開いているだけであった。私はただ歩くだけだ。頭は空だ。なんという悲惨事だろう？火事が生んだ悲惨事だ。数年前全欧の大乱に砲火のために家を追い出された彼のベルギーの人々の悲惨を痛切に経験することができた。戦争は悲惨だ。実に悲惨事を起こす。私は平和論者になろう。今日の光景にあって戦争の悲惨を連想した人は必ず平和を高唱するだろう。学者は地球の滅亡を推して太陽の冷却を言い、彗星との衝突の結果と説く。しかし彼等は重大なる一部人類の自殺を忘れたのだ。地球の滅亡破壊によって人類は亡ぶだろう。しかし自殺するものを忘れている。

一夜は明けた、相変わらず火の海である。夜の幕は震災の第二夜へと迫って来た。我々は銃剣で学校を警備した。恐ろしい二日の夜が明けて三日の朝、日暮里から数人の友と西に向かって東京を去った。翌四日の午後十二時平和な大阪へ到着した。学校は焼けなかった。そして自分は職務を幾分なりともつくして無事帰ることができた、その時の嬉しさを忘れることができない。

美しい場面（寮）

高橋　貢　文甲一二

大正十二年九月一日、それは永久に忘れられない印象を残して去った。地震は私達の心の奥に大きなショックをあたえたのである。私はその日の午前中に何をしたか、そんなことはちっとも思い出されないのに反して午後の自分を正確に意識している。不思議に思われるほど忘れられない。おぼろな午前中の記憶を繰《く》ってみてその日がたいそう穏やかな日であったことが思い出される。日は夏の気分を多少含んではいたけれども、南西から吹く軽い風にはいかにも初秋らしいところがあった。世の中がよく「嵐の前の静寂」などというがそれがこんな事をいうのだろうとは後になって考えられることである。

第二学期の第一日ではあり土曜日でもあったので寮生も少ししか帰っていなかったので教授も教え甲斐がないと思われたのか出席だけとって帰られたので七時始業の四時間授業だから十時半

には私達は寮に帰っていた。浅草へ活動［映画］でも見に行こうと宅［部屋］のものが言い出したけれども、飯でも食って行こうよという者があったので寮の二階に寝そべっていた。その日の朝着いたばかりの友達に対三高戦の話をしたり、友達から夏休暇中の御土産話など聞いて互いに八ツ橋をかじっていたのである。私達はずいぶん話に実を入れていたので十一時半が来て飯が食えるのも忘れていた、その時あぁ今でも思い出す、目の前に感じるようだ。その時あの第一地震が来たのである。東京の地震の多いのをよく知っている私は、大した事はあるまいと思っていたが皆話を止めて部屋をとび出したので多少恐ろしくなった。私はいつものように時計を見た。私の時計は正午六分前の所に針があった。なかなか止みそうにない。部屋に残っているのは私とK君だけであった。寮の柱がギクギクと物すごい音をたて始めた。危ないと思った自分は「おいK、俺は下りるよ、危ないようだ。君も下りよ」。こんな事を口にしながら上衣と帽子を片手に持って室を飛び出した。廊下をどんなに走ったか階段をどんなに馳せ下ったか知らないけれども南寮の前の草の上に出ていた。

第一震が終わった。あたりを見廻すとKもいつの間にか出ていた。大沼さんがあの力強い声で何かしきりに言っている。分館の屋根が凹んでいる。北寮の壁が落ちて砂煙が窓を飛び出している。私はかつてこんな事を聞いていた。「地震の少し大きいのは必ず揺り返しがある。そして時には揺り返しの方が大きいのがある」と。私は必ずもう一度やって来るに違いないと思ったので、やっぱり草の上に立ったままいた。この時何分たったのか何時間たったのか知らないが、第二が来た。いつもの私であったらすぐ時計を見るのであったろうけれども、もう心からおびやかされている私はそんな気もしなかった。

第二震もほとんど前のと変わりはなかった。変わりがなかったように思われた。どこからもなく硫酸の香りが鼻をついて来る。化学室に違いないと思って行く。煙突が倒れてその下に白煙が四方に散っている。そこにあった砂をかけて大事に至らない内に消し止めてしまった。一息ついてみると腹の空いた事に気がついた。食堂に駆け込んで飯を食う。小さい地震が時々見舞うので落ちついて食う事ができない。そこそこにして食堂を出る。帝大が火事だと誰かがいう、行って見ようと思って寮務前まで行くと第三の大きなやつがやって来た。ふと西寮の煙突を見る。煙突が動いているのか自分が動いているか多分どちらも動いていたのであろうけれども今にも倒れんとしている。やっと第三震も終わる。私は思わず寮務の前に立ち止まっているのであった。私の心はたいそうおびえていた。もう本館が煙につつまれているように見えるんだもの。

通りへ出て見た。大学の応用化学教室が燃えている。南の風が砂と煙とを一緒に運んで行く。電車が止まっている。消防の自動車が鐘の音を高くひびかせて走る。尻をはしょって通りを南から北へと飛ぶ人もある。自転車が列をなして走る。すべてが混乱している。

ふと芝の親類の事が胸に浮かぶ。男といっては主人一人。それも昼だから役所の方に出ているに違いない。従妹達は女ばかりでおびえているだろう。おお俺は行ってやらねばならない。男が一人でもいれば少しは安心するであろう。しかし電車がない。御茶ノ水まで行って見よう。省線［電車］が走っているかも知れない。私はすぐ走り出した。従妹達のおびえている様を思い出すと不思議に勇気が出て来るのであった。御茶ノ水へ出た。絶望。駿河台の岸が崩れ落ちて省線が川の中へ落ち込んでいる。駿河台は一面煙に包まれている。本石町のあたりと思われるあたりも煙である。順天堂の病人達が青い顔をしている。私はここが今晩の内に焼野となってしまおうとは「神ならぬ」であった。

省線が動かないのを知ってから大学の前まで帰った。門の側の家の人が来てくれているに違いないと強いて断定して少しでも安心しようと勉めた。見ると帝大の赤門の傍も焼けている。巡査に会う。「泉岳寺の付近はどうでしょうか」と聞いてみた。「さあ海嘯《かいしょう》［津波］が来たそうですから」と彼は言った。海嘯が来たって小高い所にあるから大丈夫だろうと思いつつも他のも一人に聞いてみた。「もう焼けてしまったでしょう。何でも芝は非常な火だそうですから」私は不安になった。歩いて行ってみようかしら。もし伯父様が役所の方でどうかなっていたら、などと思ってもみた。三人目の巡査に会って聞いてみた。巡査は自信のありそうな顔をして言った。「大丈夫です。火は西南に行っていますけれども公園ではどうしても食い止めますから、それから品川の付近には出火がないそうですから」。私は前の巡査のように不安ながら言っているのではないかとも思って見たが、その巡査の自信の顔に充分頼ることができた。やや安心して学校に帰った。しかしやっぱり不安であった。火は春木町のあたりまで来ている。伯父様のことを心配しているが自分も焼け出されそうなのである。火は必ず学校も焼くに違いない。夕食もそこそこ、三丁目の辺へ行って人々を助ける。色々の美しい場面を見る。私は今まで人間というものは利己主義のみによって生きている者であると思っていたが、今日初めてそうでない事を知った。自然は美しい。人間の心はそれにも増して美しい。この美しい発露［気持ちを行動に移す様子］を到る所で見せられて他人事ならず嬉しかったと同時に幾分恥ずかしい所があった。火は北へ北へと移って来る。学校も焼けるに違いない。しかし学校の焼けるのは明朝になるだろう。何よりも眠っておく事だと思いつつ、不安と焦慮《しょうりょ》の床に入った。

私は今も目に浮かぶ。その日の様が目に浮かふ。寮の柱の今にも倒れんとした音が耳の底に鳴る。到底一生忘れられないであろう。

西洋竈《かまど》のように（寮）

横田英二　文甲一二

十一時半になると、すぐ昼食を済まし、寮の自習室でくつろいでいた。二学期も早々で入寮している者もごく少なく、寮はひっそりしている。まだまだ休み気分で、落ち着いて、教科書を開く気にはとてもなれない。おまけに初秋の良いお天気、自分達三人の間に上野の山に散歩に行く相談がすぐまとまった。

ちょうど仲間の一人が便所へ行ったので、それを待っているとき——突然、強く、すべてが揺れた。地震である。ちょっとは馬鹿にした。が揺れる。揺れる。ますます強く。これは——と夢中で外に飛び出した。飛び出しても止まない。どころか分館の方へ走っているつもりの足は、まるで雲の上でも走ってるかのようにフラフラ安定がとれない。間もなく第二の強震がやって来た。とても立ってはいられない。風が起こる。異様な音がする。すべてが揺れる。立つ樹は身振るいする。細長い寮は長蛇のようにウネリ、ウネリ動き出す……夢中であった。ほっと一息ついて、地上にしっかり立ち上がる事のできたのは、それから約十四分の後であった。

気がついて見ると、全く夢のようだ。思い返してみて、初めて大地震であった事がわかった。家も人も木も大地も、いや自分の心までが強く揺られて考える暇などもなかったのだ。

急に薬品の臭いが鼻をついた。静まって見れば寮の近所には何の変化もない。早速街路へ飛び出した。と火事だ、火事だ、すぐそばの帝大の数室から黒煙濛々《もうもう》。地震で肝っ魂《きもったま》を失った人々は目前の火事を茫然と見ていた。言ううち蒸気ポンプが勢いよく駆けつけたが断水になす術もなく、ただいたずらにあせるだけであった。目を上げると、すでに高く上った数条の煙が初秋の空によく見える。「浅草だ。神田だ。牛込だ」　歩道には瓦が一杯落ちていて歩けない。車道に集《つど》って、わいわい騒いでいる。

何かまだフラフラ揺られているような気がする。心がちっとも落ち着かない。無理に落ちつけて今一通り考えてみた。やはり地震のあったのは確かだ。火事も現にありつつある。夢と正気との境を歩いているようだった。

一高のそばの大学の火事もひとまずそこだけでおさまり、付近は大丈夫とわかったので、一人の友といっしょに、ともかく神田の方へ急いで行った。御茶ノ水へ来ると、さあ大変。すぐ向いの崖が崩れ落ちて省線が駄目になっている。神保町一帯は火事だ。運の悪いことに、天気がよくて風が馬鹿に強い。みるみる対岸は一面火となり、順天堂病院の所にいても、吹き寄る風が暑くていられないくらい。火の粉は飛んでくる。煙はたちまちこめる。

すぐ側に喘《あえ》ぎあえぎ火の手をみつめている男があった。裸足で着物も取り乱している。大変ですねと僕が挨拶すると、不安な心配そうな顔つきで話しだした。その男の妻君《さいくん》は順天堂病院に入院していて開腹手術を受けてから、まだ一週間にならず絶対安静な室に入れられてあったそうだ。が何分この際とて病院も危ない危ないで、そのまま病院で焼けて死なすより、動かしてよし死ぬるとも、どこかへつれて行ってやりたいと思って、今看護婦に手伝ってもらって隣の女学校の広場へ出してやったところです。と語るか語らぬに急いで行ってしまった。

やがて水道橋の方から燃え上がって来た火は黒煙を先だてて病院の方へ迫ってくる。僕達も急ぎ足に一高の方へ帰ってきた、と帝大も大変ではないか、盛んに焼けている。目に入ったのは少数の人が重そうに本を運び出してるのであった。すぐさま飛び込んで手伝った。無茶苦茶に窓辺に投げ出されてる小山のような図書館の本を、正門近くの樹間に運んだのである。間もなく火がまわって近づかれない。残念ながら後に退いて、燃えるままに眺めるより仕方がなかった。屋根を焼き落とした焔は赤煉瓦の窓から吹き出して、まるで西洋竃のように次から次へと燃えてゆく。

初めのうちは夢のようななかにも、びっくりして、あっけに取られて、地震のあとや、火事を見ていたが、あまりに火事が大きくて至る所に起こっているものだから、見ているうちにも、何かあたりまえの事でも見てるような気がしてならなかった。寮に帰ってももちろん落ち着いてはいられない。心がそわそわしてるためか体まで動かさずにはいられない。東京に身寄のない自分にはここという差し迫った心配はなかったが、やはり人並みに気抜けがして、本郷通を何度となくふらふら人並みに歩き廻《まわ》ってその日の午後を過ごした。

夜はもちろん寮の中には寝られない。時々軽い余震がくるから、毛布を持ってグラウンドで語り明かした。よく澄みわたった秋の夜空、グラウンドを囲んで三方に真紅な煙の雲がモクモク天に沖する。火事の雑音は聞こえない——ただ夜空を血の雲が下界の騒動を嘲《あざけ》るように悠々と動いていた。壮観というか何というか。その日の夜空も永久に忘れられないであろう。

目茶苦茶だ（寮）

伊藤米蔵　文甲一二

俺はあの時昼食を済まして、五、六人して、自習室にいた。すると不意にかすかな動揺を感じたが、これくらいのものなら珍しくもないから、何くそと思っている中に今度はドドーッと地響きがしてきた。俺達は皆ハッと顔を見合わせた。そして無意識の中に揺れる廊下を伝って屋外へ出てしまっていた。まだぐらぐらして身体正しく立てるに甚《はなは》だしい困難を感じ、大波に揺られている小舟の中におるようであった。振りむいて見ると驚いた、北寮のあの建物が大きな波を打っているではないか。手を合わせるように両側がフワフワしているじゃないか。皆ただワアワアわめくのみだった。しばらくたって動揺が静まって、ふと我に帰った。見ると裸足だ。帽子もかぶっていない。こわごわながら室内へ飛び込んで草履をつっかけて、まだあわてていたためか帽子は見つからなかった。トラックへそろそろ下りて見る。屋根瓦の墜落のために起こった土煙が濛々《もうもう》と根津一帯の空に舞い上がっている。時々来る震動に体を揺られながら、四方を見廻す。東寮の煙突が三分の一くらい折れてしまっている。トラックのそこにもここにも亀裂が一面だ。しかし、あんな大きな災害になろうとは思わなかった。しばらくすると、南の方からいやに煙が流れてくる。同時に多勢そちらへ駆けて行く。変だなと思ってもう一度部屋へ飛び込んで、さっき見つからなかった帽子を探して出ようとすると驚いた。Nがガタガタ机の下からのこのこ這い出してきた。机の下が一番安全だよと言って澄ましたもの。それから二人して煙の方へ飛んで行く。一高に最も近い帝大の実験室に火事が起こったのだ。二人して道路の境の土手へ上ったが、グラグラ揺れて危険なので、すぐ横へ飛び下りて火の五、六間〔約九〜十一メートル〕横をまっしぐらに本郷通へ駆け抜けた。すると猛烈になった火の手は真っ黒な煙をふっかける。南の強風にあおられて、目も開いておれない。しばらく門の所で立って見る。どうもえらい事になったなと思う。荷物をかついだ人がくる、子供や女を連れて真っ青になっている人もある。電車は止まってしまって、そのうちに避難しておる人もある。自動車が走る。強風は遠慮なく、砂塵《さじん》と煤煙《ばいえん》とを吹きまくる。太陽は真っ赤に霞んでいる。何となく薄暗い。こうなると物に区別がつかなくなるものだ。貧富はいわずもがな、美醜、生死、男女、まるで目茶苦茶だ。そんな事を思いながら部屋へ帰って行った。壁の落ちた、煙の舞い込む、絶えず揺れておる室の中に、居るのはあまりいい心地じゃない。少し強い地震がくるごとに立ち上がるが止むと尻を下ろす。人間は正直なものだ。こうなると俺のような地方の者は呑気だ。自分の身一個を守って、山へでも海へでも逃げだせばよいんだから。Nは家へ帰っていった。俺は夕方本郷まであっちこっち出歩いた。砲兵工廠《ほうへいこうしょう》の方へも行って見た。上野へも行った。本郷一丁目の方へも行った。まるで他人の火事でも見るような気持ちでヒョコヒョコ歩いた。ここも焼けたな、こりゃえらく傾いた。こんな事を思いながら。夕方上野の山で避難民に押されて困った時、何用で俺はここに来たんだろうと、大きな荷物をかついでいる人を見て、何となく恥ずかしくなった。夕食になったが、水道が出ないため、握り飯が一つ宛出たのみ。幾分不安と多分の安心とを持って、二階にあがって布団にくるまったが絶えず揺れてきて眠れそうにもない。少しまどろんだかと思うとドスンドスンと大きな奴が来て、思わず布団をのり出してしまう。二、三人のものが十二時に揺れかえしがあるから外へ出ろと言って来たのでTと二人して、戸を二枚とマントや毛布を持って、西寮と中寮との間に陣どったが、折から北風で便所の臭気がいかにも堪え難いので、運動場に移転した。思わぬ時に思わぬ目に遭《あ》うものかなと思いながら、戸を二枚ならべ毛布にくるまって寝る。眼を開けば大空は一面に真っ赤に焦げておる。黙々として、炎は天に沖しておる。眠らんとして、眠り得ず、眼を開いては閉じ、閉じては開き、夢うつつの中に十一時もすぎ十二時も過ぎた。しかし予報のような大きな揺り返しもなかったので、やや安心してしばらく仮の眠りに落ちた。

銃剣で警戒（寮）

都筑輝雄　文甲一二

「ソラ、地震だ」とHはいち早く飛びだした。

グラグラと、上下に揺れたと思うも瞬時、水平動が来た。機を食らって、立ちかけたKはまた腰を後ろに下ろす。廊下まで飛び出したHは柱につかまったまま、わめいている。歩けないらしい。

時はまさに九月一日の正午（二分前とは後で知った）。この日は授業始めの日の事とて、ただ教授連の懐かしいお顔を拝しただけで休みとなった、有難さを、南寮の二階で、四、五人の友と対三高野球戦の与太話〔雑談〕に花の咲いていた最中であったのだ。

自分は、天井の電球がほとんど水平にまで揺れるのに「これはだいぶ、大きいな」と直感した。というのは寝転んで天井を眺めていた際だから。

すぐ、上草履を引っ掛けて（後で案外呑気な事をしていたなと思うたが）階段を踏みしめて前のちょっとした広場へ出た。

まだ揺れている。南寮の屋根の頂上が波をうつ。北寮は老朽な建物のこととて、見るみる瓦崩れ落ち惨憺《さんたん》たるものである。各寮から追々二、三人と駆け出して来る。いずれも「またやって来たぞ」と眼を四方に配っている。ちょっと止んだ、急いで靴と履き替えてグランドに出る。誰かが「火事だ」と叫ぶ。見ると隣の帝大、理科教室あたりから黒煙が吹いている。

ただちに、表門から帝大に駆けつけた。火は一時止んだと思うたのも束の間、他の部分から出た火はついに図書館はじめほとんど帝大全部を灰燼《かいじん》に帰せしめた［跡形もなく燃やした］のであった。

本郷通りはいずれも家から駆け出した市民で時ならぬ大混乱を呈している。それは時々やって来る地震に、制止の巡査の声に耳を貸さばこそ、あるいは右にあるいは左にフラフラと動く、否揺れる。

電車はもちろん、立ち往生、蒸気ポンプは帝大の急を聞いて駆けつけたが消火栓からは水が出ず。手をこまねいているばかり。その中にも寮が案じられるので帰って見る。

もう運動場は避難民が入り込んでいる。折から来たYと本郷三丁目に行く。途上、一避難民を助けてその荷物を負うて、再び帰って来た頃は、すっかり疲労していた。

向ヶ岡上より東京を俯瞰すれば所々に黒煙の棚引くを見る。また火炎の起こった事が判かる。

かくて夜は次第に迫って来た。時に警報あり曰く「今晩十一時までに余震あり」と。それゆえ、マント、椅子を持ってグラウンドに出る。火はますます猛烈となって、白煙黒煙に火の閃《ひらめ》きの反映する様子。桜樹の梢《こずえ》漏る激しき火の粉に思わず長大息《ちょうたいそく》する「ため息をつく」事幾度か。

夏とは言え夜明けの冷き風に目覚める。足下の草もマントも、しっとりと露に湿っている。

この日も火は止まず。否ますます猛烈に燃え出した。

向陵上より見て半円形、しかも東京の主要部分を燃やし尽くした火は九月三日の午後に至りやっと下火になった。

私等はこの間避難民の救助に努むると共に、○○○○襲来の警報に接し、残寮生百数十名ののは徹宵《てっしょう》「夜通し」、寮の警護に努力した。可憐な鮮人、五名を、救い出したのもこの時だった。

かくて、三日の夜は、尽きんとしてはまた燃え上る火力がようやく衰えて、南寮の桜木の下に、闇に銃剣を閃《ひらめ》かして、警戒に任ぜし我々も周囲のものと共々に、全くの闇の中に吸い込まれてしまった。

「もう幾時か」、懶《ものう》い友の声が静寂な空気を破る。「三時」、Hはもうすっかり疲労して椅子に寄りかかったまま、正体もない。時々付近の草むらに寝ている避難民の咳ばらいが響くのみ。夜気《やき》身に覚えて、マントにくるまっていても寒いくらいだ。

柏葉樹《はくようじゅ》か、闇中に微かな葉ずれの音を立てたが、それも止んで、また元の静寂に帰る。疲れているのにかかわらず、妙に目が冴える。

夢のような気がする。まるで別世界にいるような気がする。色々な思いに頭の中は走馬燈のごとく渦巻く。

昼間見たあの惨状。あぁ東京は亡びるのか。一切の音信、一切の交通は断絶だとある。国の方は、どうか知らん。あの濃尾の大地震で両親がやはりこのような目にあわれたという話を思い出す。大丈夫か知らん。さぞ此方《こっち》の事を心配なさっているだろう。この分じゃ当分帰郷の見込みはなし、学校の授業もどうなることやら。……突然目前に両親のお顔が浮かぶ。と授業の様が頭中に閃く……

「おい、もう起きろよ」ふと友の声に目を開くと夜は白々と明けて、二、三の避難民の囁《ささや》きが聞こえた。あぁ眠ってしまったのだ。はて、今日もまたどうして過ごす事だろう。

一高の生徒ですか（寮）

大野敏英　文乙三

ムッとするような暑さだ、ほんとに身の置き所の無いような暑さだ。それでも寮の二階は、学期初まりなので、暑中休暇中の土産話でいっぱいだった。この眠ったような、死んだような、寮にあたかも巨人の鉄鎚でも下ったように、大きなショックがやって来た、地震だ！話が途切れた、皆の顔の色が土色になった、続いてまた大きなのが！棚から空《から》の行李《こうり》［竹や籐で編んだかご］がころがった。布団が落ちた。

揺れが静まった。「揺れ返しが来ないうちに降りろ！」誰の口からともなく叫ばれた。いつの間にか自分は、広庭の真ん中に立っていた。

まだ心臓の鼓動も治まらないうちに「大学が火事だ！」という声が聞こえた。その時僕を支配したものは、好奇心だった。大学のこの災難に同情する、そんな心は影さえなかった。何というあさましさだろう。他の友達もどういう心か知らないが、皆、ぞろぞろ校門の所へ出かけて行った。

その時、僕を驚かしたものは、大学の猛火ではなかった。それは、たった五分間の中に、変わり果てた街の有様《ありさま》だった。それから方々に黒い柱のようになって日光を遮《さえぎ》ってる煙であった。「浅草が火事です」「神田が火事です」「水道が止まりましたのに、どうしたらよいでしょう」

あちらでも、こちらでも、こういう声が聞こえた。

「とにかく出かけて見よう」僕は心の中にこうささやいた。「だが何の目的のために？」それは聞いても無駄なことであった。僕の心は好奇心でいっぱいだったからだ。あたかも、知人の安否でも尋ねるごとくに僕は急ぎ足に、駆けずり廻った、そして四時頃、上野公園に着いた。公園じゅうが荷物と人とで埋められていた。

西郷隆盛の銅像が何の権威もなく立っている。遠く目を放てば、今や東京の外園は火の帯で取り巻かれている。浅草の一面は、文字通りの火の海で、中程から折られた、十二階［当時の日本で最も高い建築物・凌雲閣の通称。十二階建てだったことから、こう呼ばれた］は、この海の中の一の舟とも見られる。

ここでも、僕を駆ったものは好奇心であった。もうすぐ日の暮れることも知らないでずんずん火の海へ近寄って行った。どこをどう通り抜けたか知らないが、とにかく猛火の側まで来た。と「これはしまった！」と思った。今通って来たばかりの道に当たって火の手が挙がった。しかも僕のいる両側は残火炎々たる焼け跡ではないか！　なまぬるい風がさっと吹いて来ると、共に、火の粉が、ばらばらと顔にかかった、「やられた！」と思うと同時に悔恨《かいこん》の念がひしひしと胸を打った。

何のためにお前はここへ来たのだ？　お前の好奇心のゆえにお前は多くの憐れな、人の邪魔となって、そして、ついに、お前の命までも、危うくするに至ったではないか？　僕はたまらなかった。どうしてよいか分からなかった。と、そこへ土方風の男がやって来た。いや、彼も逃げ場を失ってここへ来たのだ。

「君は一高の生徒ですか？」と件の男はいかにも落ち着き払って僕に尋ねた。

「ええ、そうです」僕も、できるだけ気を静めて言った。

「君、あの火を見たまへ、あれはたしか本郷だよ、ちょうど一高あたりになるがね」いかにも自信ありそうに彼は言った。僕は頭がグワンとしてしまった。

「どうしたらいいでしょう！　僕は帰らなくちゃならないんですが」僕は半ば哀願するもののごとく言った。

「しかししょうがないよ、君。四方、火だからね。まあ明日までここに、じっとしていれば命だけは大丈夫だよ」

そんな呑気な事で済むか、自分の学校が焼けているじゃないか。僕は何としてでも帰って見せる。すぐ今来た所と同じ方向に引き返した。

幸いに火が、まだ遠くにあって、そこまで行かないうちにぬけ道を発見した。「しめた！」と、倒れた家の上を飛び越え、電柱にぶつかりして、やっと大道に出て、無我夢中で、上野まで来て見ると、一高は安全だと分かった。ほっとした。しかしその時、僕は以前の僕ではなかった。親は子の名を、子は親を呼びながら、上野公園を走り狂っている。それは今や僕の胸に釘打つもののごとくだった。

かくて寮へ来た。友達の安全なのがあらためて、僕に深い心からのよろこびをあたえた。ほんとに、御互いを、心から祝福したい気持ちになった。

「寮の寝室は何だか気味が悪いから、運動場で寝ようじゃないか」

皆、外套［上着］を持ち出して運動場に行った。ここにも多くの避難者がいた。昼の疲れがあったか、神経が興奮して、少しも眠れなかった。寒さがぞくぞく肩から入って来た。今日の出来事が、それからそれへと心に浮かんで来た。

「今夜十二時頃、余震があるそうですから、御注意下さい」と警告した人があった。

腕時計はちょうどいま九時を示している。

火はますます強くなるばかり。真紅な雲が空に広がっている。そのすき間すき間から星がのぞいている。かくして震災の一日は没して行く――人類の歴史の中に……。

泣くに声なし（寮）

小川　孝　文乙一

大正十二年九月一日、そは余等の短き生涯において忘るべからざる記念を印《しる》せる日なり。実に余等の頭上に大自然がその猛威を逞しうせし日なり。

午前十一時五十八分というに、突然天地を震駭《しんがい》せしむる大地震はまさに昼餐《ちゅうさん》の楽に入らんとする［昼食を楽しもうとする］市民を襲えり、当時寄宿寮にいたる余は皆の飛び出すに続いて窓を飛び出せり。なみいる人々ただ茫然として声なし。それより大学の火に馳せ付け、寮友と相連れ立ちて三丁目の十字街に至る道々、左右の家屋いずれも多少の倒壊を免れざるを見てその損害の大なるに驚く。あたかもその際彼方南方の空と北方の空に黒煙濛々《もうもう》として立ち上り、入道のごとき怪雲は黙々として翼手を拡げ、帝都を威嚇《いかく》するかのごとき感あり。あぁ、いづくんぞ知らん、この一塊の煙、たちまち徳川三百年以来の文化を灰燼に帰せしめんとは。余それよりただ一人寮友と別れ親戚の者の身を気遣いて麻布に至る。御茶ノ水橋を渡り小川町に出でて、宮城前に至る。人々いずれもなす所を知らずただ神保町の火の行手《ゆくて》を望観するのみ。神ならぬ身の知る由もなけん、その日のうちに一面焼土と化せんとは。後日追懐して憐憫《れんびん》の情に堪えず。宮城前に至れば帝室林野管理局及び警視庁はまさに猛火に包まれ、烈風火焔《かえん》を煽《あお》りて天を焦がす。正成［楠正成］の銅像の泰然として一糸乱れず皇居を護衛する英姿に心を強うしつつ急ぎ桜田門に出づ。神谷町辺の道路には電車道路に避難民密集し、歩行に困難なり。皆無事なる笑顔を見て安堵《あんど》し、ただちに帰途に就き、今は日比谷より帝劇［帝国劇場］の延焼しつつあるを左手に見て、迂回して銀座に出づ。蒸気ポンプ自動車など往来繁く喧々囂々《けんけんごうごう》として雑沓せり［やかましく人が混み合っている］。本石町に至れば東側はまさに火焔の海と化し、避難する者右往左往して落ち着く所を知らず。ここに余をして奇奥《きおう》の感［感慨深さ］を抱かしめたるは人々いずれも黙々として声なく、歩を早めんともせず、あたかも半病人のごとく、牛のごとく逃けまどうばかりなり。思うにかかる未曽有《みぞう》の大悲惨時に逢着《ほうちゃく》したる［でくわした］、彼等は極度の驚愕、極度の失望、極度の悲哀のため感情を超越し果て驚くに色なく、泣くに声なき状態に立ち至れるなり。

手拭《てぬぐい》をもって半面を覆い火気を避けながら雑踏を押し分けて須田町に出づ。見れば神保町の火は対岸に飛び火して河畔をなめ尽くし、すでに松住町を襲う。さらに伯母の身を案じて歩を転じ天神町に至る。一友人の助力を請いてその夜伯母をして避難せしめたり。

ついに夜は来れり。暗照の帳《とばり》は降りてなお暗照の帳は降りず。その夜は実に煌々として、市内は不慮のイルミネーションを以て飾らる。いま追憶して実に戦慄の感を起こさしむ、その夜の火は大自然の威力を遺憾なく発揮し居れり。そこには権力もなく、あらゆる人間の力を服従せしめて、幾多の悲哀、惨劇をふくめたる火は人間の能《あた》う限りの防火を物ともせず、暴君のごとき態度をもってなめては尽くし、尽くしてはなめ、あらんかぎりの恣《ほしいまま》を敢《あ》えてせるなり。今さら自然の力のいかに強くして人間の力のいかに薄弱なるか、科学のごときも一銭をも値せざる事を痛感せしめられたり。

二日は寮友と焼け跡を散策し、晡時《ほじ》［日暮れ時］上野公園に至る。あたかも上野駅に延焼せる火は容赦なく火の粉を公園に散らす。公園にありし避難民は先を競うて園外に溢れ出でたり。子を失える親、親を離れたる子、歩行に苦しむ老人、病に悩む病人、かよわき足になやむ女子供、号泣、喧噪《けんそう》真に名状《めいじょう》すべからず［言い表しがたい］。まさに修羅場を現世に現出せしめたりとも思わしむ。ことに人々の緊張せる容貌真に人生の終局に対する瞬間を想像せしむ。自らかえりみて、一物をも携帯せざるを見て、少なからず慚愧汗顔《ざんきかんがん》［汗が出るほど恥ずかしい］の念に堪えざりき。

あぁ今や当時を追懐して万感交々《こもごも》胸に迫り、無量の感深きを如何せん。徳川三百年の栄華を通し、明治の彼の外来文化の輸入国民の開発的智識と不断の努力とを相まって青史《せいし》［歴史］の上に赤々たる光輝を遺したる文明、今や大正の新機運に会し、さらに異常なる発展を示したる燦然《さんぜん》たる文化は、一度大自然の一撃にあい、一朝にして一塊の灰燼と帰し、その無残なる骸《なきがら》を武蔵野の一角に晒せり。余等は自然の暴威に対してあまりにその無慈悲なるを慨歎《がいたん》する［嘆いて心配する］と共に、ひるがえって過去の生活に一顧を置かざるべからず。平和の夢、文化の酒に浸りたる人々は、春は飛鳥山の花、秋は日光の紅葉に酔い、今日は三越、明日は帝劇と興遊浪歩、いたずらに紅怨紫恨《うらみつらみ》の巷《ちまた》に出入りして、果敢なき快楽に耽《ふけ》り、全く逸楽《いつらく》の［気ままに遊び暮らす］夢のとりどりとなれり。されば自然は一大痛棒を下して人々を戒めたるにあらざるか。

されどいたずらに嘆くをやめよ。落花再び枝上に帰らず、また咲く春を待つべし。

余等はこの悲嘆のどん底の中にやがて復興のきざしを認めて、さらにさらに大なる文化の建設者たらざるべからず。余等はこの光明を認めて新たに一種いうべからざる偉大なる力の動くを思いて莞爾《かんじ》［にっこり微笑む］たらざるを得ざるなり。

恵まれざる人等（寮）

服部周二　文丙一

朝の雨も遺憾なく晴れた秋晴れの九月一日の事、初秋にふさわしい透き通った蒼空、和やかな日の光、残暑とはいえはや立ち初めた秋風も涼しく吹き通っている。道行く人の顔ものんびりとして何となく一面に平穏の気が滂薄《ほうはく》して［広がって］いる。この時この日は何たる悪日であったのか、前古未曽有《ぜんこみぞう》［未だかってない］とまで全世界の視聴を傾注せしめた彼の大震災の襲う所となったのである。

震前誰が想い得たろうこの震後の惨状を。人智いかに発達したとてついに自然の敵ではなかった。綺羅《きら》を尽くした虚栄《きょえい》の殿堂、利己主義の集団なる諸大建物、その他善悪を問わずことごとく崩壊し燃焼し尽くされたのである。

世界に誇りし大東京もかくして早くもその破滅にたどりついてしまった。数日の炎焔に見舞われて、財を失い妻子眷属《けんぞく》［家族や親族］を失いし者数知れず、総数百数十万と註《ちゅう》せられた。被服廠の惨は再び記憶を新たにするに忍びない。このごとき人生の悲惨事がまたとあろうか。日本開国以来とまでいわれた旅順の役［日露戦争中の激戦］も、これの前には何とも見返られない。実に驚くべく悼《いた》むべき大惨劇であったのだ。この大震害大火災についてはいまさら余輩［私］の喋々《ちょうちょう》［あれこれ語る］すべきでない。すでに諸新聞諸雑誌に詳細報道してあるのだから。

この中にあって余一家一人も傷つくことなく無事であったとは何たる幸運であろう。震災の刹那、余は寮にいた。震動と同時に反射的に余は洋服を着けて寮務室に飛び込んでいた。無駄と知りつつかけた電話は果たして不通だった。家が気になるままに走り出し第二の強震の時はすでに本郷三丁目に達し、壱岐坂を下り、飯田橋より神楽坂に抜け、柳町より牛込台町にやっとの事でたどりついた。途上に見た避難者の悲痛な顔、紅けに染まって背負われて行く人、四方八方に起こる火の手、続々として起こる第三震、第四震、天地壊滅の図を目のあたり見た余の、家に着くまでの心配、それは実に如何なるものにもたとえ得ざるものであった。家には母ひとりと少弟三人といるのみである。

それだけ家に着いた時の喜び、また何物にも過ぎざるものであった。初めて心に小康を得たる余は再三再四、運命を支配するあるものに対し満腔《まんこう》〔体いっぱい〕の感謝の意を表したのである。己れの幸運なるに比し恵まれざる数多《あまた》の罹災者よ。

彼等今、果たしていかに暮らしているか。泣くこともできない、誰を恨みん人もない、実に泣くに泣かれぬ境涯にある彼等。人生は悲喜運不運の織り交ぜとはいえ、まことに同情に堪えぬ次第である。

一人残る（寮）

太田愼一　文丙一

新秋第二学期の第一日、九月一日午前十一時五十八分。これこそ空前の大地震の起こった時で、忘れ難い記憶になった種々様々の惨事の発端がここから始まった。

余は寮にいて、数人の同僚と雑談していた。そして夏休みに忘れかけたフランス語を読もうとして本を開けた。その時大地は動揺しだした。一同は無意識に、本能的に、あるいは狂ったように戸外へ飛び出した。それはとても室内にいたたまらぬほどひどい動揺であった。足もとが危うい。歩行が困難だ。大きな寮がユラユラと動く。桜の木の下へ行った。枝につかまった。しきりに大地は揺らぐ。心はひとえに恐恨《きょうこん》するのみ、眼を見はり、股を戦《おのの》かして恐れる。今まで万物を負載《ふさい》せる大地として人が無限の信を置いていたこの大地が、今ここに、これほどひどく動き出した。下町の方には一面の砂塵《さじん》が立ち昇る、瓦のはげた屋根が一瞬にして展開せられた。「火事だ、帝大が火事だ」「京橋の方はもう大火だ」「上野の方へも火が出た」人々は言った。誰を見ても恐怖と、狼狽の魔に取りつかれたように呆然として為す所を知らない。グラウンドへ出て余も手をこまねきて猛烈な火災に驚嘆の眼を放った。入道雲がむらむらと立ち上って、ただれた銅のように凄い色をした太陽が、その雲の間を透かして見える。風があるため、雲足が早いので、太陽はちょうどもう、この世を見捨てて去るように早く早く走ってゆく。余震はひっきり無しにあくまでも人の心を戦慄させに来る。絶えず死の恐怖に襲われる。人が生きんとする力はそれほどに強大である。余は麹町のおじの家へ出かけた、避難者が市《いち》をなして門前にいた。負傷者が、悲痛な顔をしていた。電車は停止し、人はみな戸口に出て、本郷三丁目付近へおしよせた火に対して不安の眼を光らせている。水道橋も火事だ、麹町も火事だ。すぐおじの家の近くまで紅の炎の舌は何物も残さじと舐めて来ている。暮色［夕暮れの景色］は暗然として迫り、ひとしお、火の姿は濃くなった。わずかの握り飯に腹を満足させて、家から荷物を運び出した。火の粉が美しく散る。さらに余らは荷物を遠くへ運んだ。かかる時にも人はできるだけは所有物を失うまいという欲を失う事はできない。路傍の一夜はたちまちにして白んだ。火はようやく止まった。むしろ不思議に焼け残った。近所は皆灰になっている。あぁ偶然王の支配である。食物が尽きそうだ。余は学校を案じて帰寮しようとした。九段上で生徒に会い、無事の一言に心勇んで、寮へ着いた。

文明、開化、あぁ何の言ぞ、かく偉大な自然の破壊力に対しては粉微塵《こなみじん》、一炬《いっきょ》の烟《けむり》と消え去る。江戸三百年の殿堂の美、たちまちに倒れて、感覚なき冷骸となって路傍に横たる人の群れ。死はたちまちに来たり、人はたちまちに滅ぶ。電信電話不通、交通途絶、新聞はわずかに半紙大となって電柱に貼付せられるのみ。

ただ一つ、余が慰安となったのは、この震災地域の小さな事であった。我が家は南海の陸にある。家は古い。老人、子供が多い。幸いにして免れ得た。

「朝鮮人放火」の流言蜚語《りゅうげんひご》［デマ］が高まって、寮務室前に掲示が出た。余等は武装して、我が寄宿寮を護衛した。火はしばしばこの校舎を焼かんとして、幸いに免れた。間を縫うて進む提灯の火がものものしい。疲労と飢えで眠くなる。給仕が、握り飯を持って来てくれた。水の欠乏の苦しさによって、全く、元気を失った寮生が、夜警に苦しみ互いに顔を見合わせる。かかる場合には一段と親愛の情を濃くし、相互扶助の念が強く動く。我等はあくまでこの学校を守ろう。

人は皆食料に欠乏して泣いた。「大阪から取り寄せるはもちろん外国まで交渉した」と当局が、掲示を出して民心を安んずる事に専一努力する。四日、余は故郷へ帰ろうと思って、ようやく開通した日暮里駅へ一個の袋を肩にして出かけた。あぁ群衆の山。汽車は来ぬ、来たとしてもどうして余等が乗りこめよう。ここの人は、飢餓と、住所とを失って、一時も東京に居れば死に近づかれる切迫した人々である。余は踵《きびす》を廻らしてその人々の意気に恐れ、すごすごと再び帰寮した。帰るのも命懸けである。寮では三度の食事が与えられたが、広い室内には余一人残っている。時折の余震はしつこくも、余の心臓を寒からしめる。壁の落ちた寮は誠に心細かった。外へ出ると焦土と化した所に灰色と、黒こげの板片や、樹木や瓦石が眼に入るのみ。できれば国へ帰りたい。そこには、清澄な空気の中に余を案じ佗びる家族の人々が待っている。

しかしついに余は帰国しなかった。麹町の家で玄米を食っていた。それから十月に入って、帰寮して、長い伝統のいわれを籠《こ》めた時計台が、工兵隊によって爆破せられるのを見た。

焦土に漲《みなぎ》り渡る復興改造の気は意気嘉《よみ》すべきものがあった。バラックが建築せられる。帝都改造の審議が始まる。

文明機関が復活する。軍隊の功績は忘るべからざるものがあった。全世界を挙げて同情の念が日本へ向かって動いて来る。皮膚の色、髪の色、風俗習慣こそ違え、全人類の心底を流れる血潮には一様な人類愛の念がひそんでいる。物資が救恤品《きゅうじゅっぴん》［見舞い品］として、続々輸送せられると新聞が報道した。

一方には火事場泥棒があった。自警団［自らを守るために結成された民間の警備団体。地震発生後、朝鮮人暴動のデマが流されると、竹槍や日本刀などを持って武装し通行人を検問した］の暴行があった。さらに、大いに悲しむべき事は朝鮮人に対して、全く慚愧《ざんき》に堪えぬ行為があった。人の心の荒んだ様子も方々から伝えられて来た。本能的の悪心に動かされて、生きんがために非道を行うのが、凡夫の浅ましさである。死者八万、焼失家屋は全市の半を越ゆるという。この大惨害を、わずか数日の中に行う自然は誠に測り知るべからぬものである。これを天譴《てんけん》と言い、震災前の華奢《きゃしゃ》をせめるものだという人がある。しかし、自然は全く人事を顧みない事は確実である。

我が国民たる者はこれを以て覚醒し、昨日の栄華を去って、質実、剛健の気風を養成し、もって一層の努力を尽くし、帝都を新築するの意気を有せば、かの凄惨の日もただに涙を以てのみ語るべきではない。

産褥《さんじょく》の義姉（寮）

越知俊一　文丙一

今よりその当時を回顧する時、それはまさしく一場の恐ろしき夢としか観ずるを得ず。過去は遠き月日の彼方に葬られて、今は忘れがちなり。危うきは人の心なるかな。ただわずかに残されたる惨禍の跡の荒涼惨憺《さんたん》たるのみは、心ある人にありし日を物語るに過ぎず。しかもその廃跡の上にも人々は日々新しき世界の創造に努力しつつあり。

大正十二年九月一日。朝のうちは、天候定まらず、数回の降雨を見たるも正午近くには、うらかに日光さしそめて、平時と少しの変化もなく、のどかにその半日を終えたり。当日は第二学期最初の日にして、かつ土曜なりしかば十一時に学校を終われり。昼食を済まし寮の自習室にて、手紙にても、書かんとして、机の前に座したり。その時なり。かの大地震は騒然たる音響とともに窓硝子《がらす》より訪れぬ。その震動甚だ強かりしかば、内心恐れを抱きたりしも、地震にて家屋の倒るることはほとんどなしと確信したれば、その場に我慢せり。その間幾何の時を経しかは明らかならざるも、少時《しょうじ》の後、前よりも一層激しき動揺来たり、室の壁は地響きたてて落ち、寮は今にも倒るるかと思わるるばかりなり。今は堪え難く、生きたる心地もなく思わず窓より屋外へ飛び出しぬ。実に大地は揺らぐ。波高き海を行く船に乗れるがごとく、直立する事すら能《あた》わず。余地上に座しぬ。その揺らぎの甚だしきため宛然《えんぜん》［まるで］薄紙の上にいるがごとく、一時は実に世の終わりにやあらんと観念の眼を閉じたることもありき。やがて震動ほとんど止まり、ふと根津方面を眺むるに黄塵濛々《こうじんもうもう》として一物を見るを得ず。その塵煙の晴れ行くままに見ゆる家という家は一枚の屋根瓦をも有せず、土蔵の壁は落ち、傾斜せる家、倒壊せんばかりの土蔵、倒れたる垣々を見て、大いに驚き、初めてこれは容易ならぬ大事の出来せるかを意識せり。数回の余震に戦慄しつつ運動場に出づれば、先の帝大の方に炎煙濛々たるを見、間もなく四方の家は黒煙にて覆われぬ。大地震と大火災、余の胸に電光のごとく閃《ひらめ》けり。かくて気掛りなるは、兄と姉の身の上なり。余震もだいぶ止みたれば、取る物も取りあえず校門を出で、まず姉の家へと急ぎぬ。地震におびえたる人々は皆道路の中央に敷物を敷きて避難し、電車は動かず、電線は切れ、全然倒壊せる家も二、三軒見たり。姉の家族の者は、前の広場にテントを張り、一同無事なれば、義兄と共に麹町の兄の家へと走りぬ。この時黒煙ますますはげしく、炎は天に冲し、げに恐ろしき世界となれり。途中の道は、避難民とおぼしく、足袋はだしにて、女も男も尻からげして手に荷物を持ち来る人にて満たされたり。焼けつつある所の側をすりぬけて、半ば崩れたる石崖の上に建てる兄の家を見たる時、余等はまず安堵《あんど》の胸を撫で下ろせり。しかれど家の内部はめちゃくちゃにて、人の住家とは見えず、誰も居らざりき。義姉は付近の広場に避難せしなり。余等を見し義姉は、産後いまだ日浅く赤坊を側に寝かし、三歳の昌夫を抱え、涙を出して喜ばれたり。されど兄は日本銀行よりいまだ帰宅せずとの事、余は心に恐れたり。しかれども近く三方に火の手見ゆれば、ここに長居は不可能なり。よって一先《ひとま》ず一番安全なる姉の家へ避難することとせり。義姉はいまだ床に付けるほどにて、普通ならば、歩行する能《あた》わざるも、車も電車もなきこの際なれば、致し方なく背に赤ん坊を負い、女中は三歳の昌夫を負い、余はさしあたり入用《いりよう》なる〔必要な〕赤ん坊の衣類を入れたる行李《こうり》を荷《にな》い、片手に持てるだけを持って、そろそろ途々幾回も休みて、小石川の姉の家に着きたるは五時半頃なり。夕食後余は義姉の女中と共にその家へ残りの貴重品を取りに再び出かけぬ。しかれどもその時はすでに兄の家の周囲一帯火の海にて近づくことすらできず。靖国神社の境内は避難民にて歩行もできぬほどなり。余はやむなく、帰途九段坂上に立ちて、燃えつつつある東京に別れを告げぬ。見よ、昨日までは、文明文化を誇りし栄華の巷《ちまた》は、今は見渡す限り一面の火の海なり。夜の空には怪魔のごとき雲涌き、それに真紅の炎反射し、赤々と輝き凄惨のかぎりなり。余はいまだかつてこの時ほど恐ろしき光景に接したることなし。

昨日まで美を競いし大廈高楼《たいかこうろう》［豪華な建造物］今やいずこ。余は感慨無量しばし茫然たりき。帰途母校暁星中学校に寄り諸先生の無事の顔を見て安心して帰途につきぬ。家にはいまだ兄の姿は見ること能《あた》わざりき。今はもしや兄の身に万一の事ありしにはあらざるか、悲しむ義姉を慰むる余等の胸の中は張り裂くばかりなり。今夜はしばしば起こる余震のため、家内にては安眠する能《あた》わず、よりてテントの中に寝ることとす。しかれども、この時暗黒の中に誰いうことなく流言行われ、この大震火災に加わり、より一層余等を不安と恐怖に悩ましめたり。ゆえに余は夜警に立てり。十二時頃兄はひょっくり帰り来たりぬ。無事なる兄の顔を見たる時の一同の喜び……かくこの忌《い》むべき大正十二年九月一日は喜びと恐怖と不安との中に一夜を明かしぬ。かくて地上の栄華は一朝にして灰燼に帰し、大東京の大部は昔ながらの野原と変わりぬ。親は子を失い、子は親を失い、夫は妻を失い、妻は夫を失い、この流涼たる焦土の上には、無常の風のみ吹き荒べり。げに今より考うる時は恐ろしき一場の悪夢なり。

祇園精舎《ぎおんしょうじゃ》もことふり、飛鳥川の淵瀬《ふちせ》常ならぬ浮世とは、皆人の知れる所なり。しかれども、これを忘れて眼前の利欲快楽に汲々《きゅうきゅう》たる［没頭する］は、これ小人の常なり。また生ある者は必ず死せざるべからざるは理の当然にして皆人の百も承知するところ、しかも一挙手一投足も凡生中にありと自信するがゆえに、紙一重隣の死を忘れがちなり。ある人言う。これ天の制裁なりと。もちろん可なり。しかれども、余は、人間の力の自然の前にいかに弱きか、地上の栄華のいかにはかなきか、人生のいかに無常なるかを、目前に実地に体験せしめ、突如として死を思い出さしめしところに、この震災の真の偉大なる価値ありと信ずる者なり。

去る者は日々に疎しとか。かの未曾有の大震災も時の流れには抗しかね今や忘れられんとす。忘るるにはあまりに惜しき思い出なり。失うにはあまりに貴き経験なり。ゆえにここに頭に残れる追懐をたどりて一文を草し、過ぎし日の苦しき、恐ろしき、しかれど貴き形見とせんとす。

胸に熱い雲（寮）

木村昇　理甲一

私達が外へ出ようと寮の窓へ足を掛けた刹那——その刹那幾多の貴むべき生霊は地上から去った。高い平均台の上に立って夜の帷《とばり》もかきのけられたように天地を明るくした焔を見ながら、私たちの口から安らかな空気が通っている間、魂ははるか天空に飛んで逝ってしまった。

親を残した魂もあるだろうに。子独りを残した生霊もあるだろうに。兄を弟を妹を熱い涙のうちに守り尽くして死んだ人もあるだろうに。

大震はこうした残虐を残して九月一日という過去となってしまった。

「自然の力は偉大である。人間の力とは何と貧弱なものか」あらためてしみじみこんな言葉を考えるにはあまりに自然は偉大であった。

悲しくもなかった。嘆きもしなかった。ただ熱い雲みたいなものが一杯胸の中で狂いまわるのだった。身体中血だらけに走って来る人を見ても、狂暴に荒れ狂う火をみても、ただ私に浮かんで来るのは気狂じみた笑いに似たものばかりだった。生きたいという意識も浮かばない。しかし間断なく揺れる地震にただ針でさされるような恐怖を覚えた。

家へ帰るでもなくどこへ行くともなく人波に揺られながらそこらを歩きまわった。家の事を思い出した時、火はもう自分の帰るべき道を焼き尽くしていた。

夜となった。運動場に立って見ると三方は一面の焔だ。

「ずいぶん被害が多いだろうな」

「ううん」

私達は腕を組んだまま、立木のように動かなかった。

「親爺が死んだら、どうしよう」

一人の友はこう言って黙った。

「横浜なんか全部駄目だろう」

横浜の友もこうしてじっと焔をみつめた。

恐ろしい沈黙のうちにあって私達の頭をかすめたものは何であったろう。それは「運命」であった。死ということであった。神ということだった。

「自分の運命は人のではなく自分自身のである。運命とはゆえに自分の力のグラフである」こう考えた以前とはなんと異なった世界が目の前に現れたことだ。すべては証明している。人間の力がなんだ。真っ広い海に浮かんだひとつの小船でなくて運は何であろう。私達は船をこぐことはできる。だがその船でこの広い船を覆うことはできない。こうして神という者をも認めたくなった。

「誰かこの火を消してくれたら、誰かこの地震を予言してくれたら」

誰と指されたものを誰に私達は求めたか、超自然の力を誰に持たせようとしたか。この運命の小船を誰に守ることを願ったろう。

神だ神だ。

あらゆる自己を捧げて神にひざまずく時、そこに唯一の安住の地が得られる。自己自我に無精《ぶしょう》にかじり付く時、限りない恐怖と不安とが生まれる。神を信ずればそれでいいのだ。

だが真に神は守ってくれるだろうか。何故生きるべき人々を火中に煉瓦の下に投じたか。神の怒りと考えるにはあまりにそれは無慈悲だ。運命と考えるにはあまりに無力だ。いったいどうなのだ。

火が明るくなればなるほど、私達の心はこうして暗くなって行った。腕は鉄のように組まれ、張りきった目には赤い焔がちらちらうつった。

「いったいどうなるんだろうね」

「ほんとにどうなるんだろう」

私達の目の前には家につぶされた親を見た。兄弟を見た。大きな音をたてて今にも目の前の地面が割れるのではないかとも思った。そして魔の口のような深い穴がそこに目の中にあらわれた。

私達は寄り合ったまま死人のように立ち続けた。

地は時々震う。

「今夜十二時半頃、強いのが来ますからそのつもりで」

私達はこういう声がだんだん向こうに消えて行く時、暗《くらがり》をじっと見つめて吐息した。そこには大波に揺られる船の中にぐっと抱きあっている私達の姿をはっきり見た。

勝手にしろ（寮）

富本茂業　理甲一二

ど、どうしたんだ、これは、カロム「ビリヤードのようなボードゲーム」がはね上がる、給仕はアイスコーヒーを浴《あ》びせかける、食い掛けの俺の天丼は埃で真っ黒だ。

天井の電燈が大きな弧を描いている、地震だ。こいつはひどい。尻を浮かしたHの顔は蒼い。俺も蒼いだろう。

立つ、下から突き上げる、畳が波打つ。煙、何だ……オイ、ホール、火を消せ、灰神楽《はいかぐら》「火のついた灰に水をかけると灰が舞い上がる様子」だ。ガチャン、電燈がぶつかる、Iが裸足で飛び出す、俺も。勘定？　冗談言うな。

これは……どうだ、トラックの彼方は砂煙で真っ闇……。やッ、また来た。トラックへのストロープを石もろとも転がる。……まだ、揺れてるような気がする、いや、本当だ。目が廻る……。おい、Tどうした？　驚いたろう。部屋はどうした。何、滅茶目茶だ？

何、火事？　帝大が火事だって？　行こう……道は割れている、煙突が落ちて埋まっている。大沼さんがしなびたホースを引っぱって行く。……赤い。もうそこまで来ている。火の粉がふりそそぐ。あぁ駄目だ。そらまた吹きつけた。……地はいまだ揺れている……。『揺りかえし揺りかえし、またもっと大きいのが来るぞ』え、本当か、グランドへ避難だ。桜につかまる。幹は揺れる根は持ち上がる。駄目だ、『地が割れるぞ』もうつぶされたような気だ。……「小石川で家が潰れて三人圧死したそうです」「浅草が大火事ですぜ」「動物園の獣が皆出て来たそうだぜ」「丸ビルが倒れたとか」……あぁ、家は！　家はどうしたろう。妹は祖母は……。

駄目だ、駄目だ。家にも帰れない。停電、火事、煉瓦の雨、橋は落ちる、人は死ぬ。……頭を割った夫をかついだ若い妻を見た。裸足の老婆を見た。御茶ノ水まで行った帰路。

どうしても進めないのだ。……。

学校へ帰る。芝生へ倒れる。——おや、あの雲を見ろ、何だ、あれは……自分はいつまでも何時までもそれを眺めている。眺めて考えている。何を考えたのか知らない。……三十分、一時間……段々赤く輝く。暗くなる。それでも動かない。……

時々ゆらゆらと来るがもう飛び起きない。くそっ、勝手にしろ。

来た。火が三丁目まで来た。ひた押しに来る。出て見る。

ガラクタを積んだ車の洪水、火がそれを追う。見物が邪魔をする（俺もその一人）赤門辺の大修羅場、水のないポンプがやけに暴れる。巡査が車につき倒される。車が倒れる上をふみにじる。火事場の音、父を呼ぶ声。……たまらない。

今夜は野宿だ。グランドに天幕《てんまく》［テント］を張って横たわる。

妹の顔が浮かんで消える。あんなにいじめるんじゃなかった。

色々の顔が見える。すぐ消える。空は赤い。根津の方から凄いどよめきが聞こえて来る。

心配な兄の家（寮）

平野　弘　理甲一一

九月一日、我らの二学期は開始された。若人は不思議に躍る胸を抱きつつ新たなる希望を以て再び向陵に集った。懐かしき中寮五番よ！　友等はうち語りうち笑みて第一時間目を待った。クレメント先生は無届欠席であった。岡田先生の英語の時間には「注意点」でだいぶ油をしぼられた者もあった。その実、僕もその心配で終わりまで気が気でなかった。ついに人身御供《ひとみごくう》［神へのお供え物］の白羽の矢には当たらなかったのでホッと胸なで下ろした。廊下に出るとまたひとしきり話がにぎわった。「野球で三勝してせっかく延びた寿命が、注意点攻めでまた大いに削られちゃった」などと苦笑しあったりするのも愉快だった。朝飯を食わなかったので無性に空腹を覚える。四時間目は渡邊先生の代数だった。Sさんと教師の来るのを待つ間、分館の窓辺に身を寄せて、休暇中の事どもを語り合った。外では先ほどまで盛んに吹き荒んでいた風もようやく静まって、空も明るくなって来た。もう十一時半であった。自分らは早く見切りをつけ、ホールに行って、玉井で腹をこしらえた。

故郷のTさんから長文の手紙が来ていたので、自修室に戻って読む。優しい感情的な所が気に入ったので丁寧に返事をしたため封をして「九月」と書いた。「一日」と続けようとすると、俄然［突然］寮の大テーブルが躍り出した！地震だ！怖ろしく風変わりな惶《あわただ》しい地震だ！外で友等の大声で罵《のの》しるのが聞こえる。自分はなおも「一日」と続けた。この時上下動は急に激しくなり家鳴り、柱軋《きし》み、壁土はバラバラと私の背後に崩れ掛かって来た。「これはただの地震ではないぞッ」と思うより早く、自分は窓越しに中庭に飛び出した。それでも振動はなおやまない。自分は何物かに突き飛ばされるように感じながら急いで寮の建物から遠のいた。地は突然大浪にゆらるる心地！木々はザワザワと不規則にゆらぎ、ほんの今まで中庭でキャッチボールに熱中していた多くの友等は、いずれも顔色蒼然として、眼を見張り大口を開いたまま無我夢中で、あるいは木立ちに寄り、あるいはジッと独りで踏みこたえているのであった。余動ようやく静まれば、皆一斉に彼等の驚愕と恐怖とを口に吐き出すのであった。

見れば東の方千駄木町のあたり、黄塵濛々《こうじんもうもう》として天を籠《こ》めている。あぁ何たる惨憺《さんたん》!! 大地は揺るる、なおも大地は揺れて止まらない。自分は窓から寮に入ると、ただちに帽子と上着とを取った。

　この時烈震再来！身をひるがえして窓から躍出した。K君は「こんな地震では俺の家が危ない」と気遣い出した。しかも寮は平然として向ヶ岡にそそり立っている。私はトラックに降り立った。友の中にはシャツに猿股《さるまた》［スボンの下に履く男性用の下着］だけで飛び出している者も見えた。彼等の面に漲《みなぎ》っていた怖ろしい緊張が安堵《あんど》の色に変わると、話し合う声が雑然として起こった。しかし、やがて彼等の顔はいずれも根強い不安の色に埋もれて、各自に無言のままいずれへか去って行くのであった。自分はトラックの煉瓦壁の上に立ち上がって、下の町を見渡す。家々の瓦は落ち去られ、多くの煙突はあるものは傾き、あるいは砕けてしまっている。「アァ町では死傷者も多かろう」私の心は暗くなった。

　この時、俄然帝大の一角より黒煙があがった。寮の人々は大いに驚いて消防に駆けつける、自分ももちろん正門の方へと走った。見ると帝大の応用化学の教室が凄まじい勢いで燃えている。本郷通りは大変な人出だ。家には床落ち、軒の傾いたのも見受けられた。また煉瓦が砕かれ落ちたもの非常に多く、校門前の大きな建物などはすこぶる危険に見えた。その間も激しい余震が頻々《しくしく》と［何度も繰り返し］襲来するので少しも落ち着いていられない。自分は引き返してグランドに出て見た。避難民も少しずつやって来る。この時、怪煙は彼方此方《あっちこっち》に挙がって惨また惨、さしもの大東京も今を最後に、焦土と化し去らんとするか？ 水道はすでに破裂して消防隊も如何ともする術《すべ》がないのだから。

根津の下宿の主人に下町（神保町）は大変な人死にだと聞いて、芝の兄の家が心配で心配でたまらなくなり出した。急いで靴を履いてまた大通りに出た。時計台の大時計は十二時四分の所で止まっている。思うに最初の烈震動は正に正午十二時であった。町はわずかの間に避難民でうずまっていた。その人混みの間を、我が身をも気遣いながら、本郷一丁目の方へと歩んだ。「火は元町まで来ています」「震源地は伊豆大島付近、東京を去る約二十五里の地にあり、今後強烈なる余震なし。大森博士談」など張り紙がしてあった。一丁目に来て見れば明大〔明治大学〕あたりが今や盛んに燃えている。電車は運転しないし、町は怖ろしい雑沓、それに火は元町まで来ているのだから、もしこのまま神田に出たにしろあるいは逃げ場を失うかも知れない。仕方がないから引き返した。この時天空には一大怪雲表れて宛然《えんぜん》〔まるで〕入道雲のごとくまた浅間の噴煙をも思わしめるのであった。皆々不思議がってこれに眺めいった。だいぶ疲れたがやはり芝の家が気遣われる。あぁたまらぬ。一時も早く行こう！ 何しろ腹がひどく空いてしまったのでこのままではどうすることもできない。黄昏の色迫るころ、煙塵《えんじん》に赤くにぶった太陽を仰ぎながらまず寮に引き返した。

これは容易ならぬ（寮）

塩田時夫　理乙一二

長い暑中休暇も水の流るるがごとく、瞬く間に過ぎ去り、久し振りで寮に平和な一夜を過ごした。その前夜、すなわち、八月三十一日の夜、まだ寮は淋しく、同室の者も二、三人でいかにも落ち着いた気分に充ち満ちておった時、過去一学期の経験と将来の希望とを照らし合わせて二学期、三学期……と順々に予定を立てて、英語はあれを読もう、ドイツ語はこれを読もう、植物はあの参考書を買うことにして、この参考書は少し高過ぎるから図書館で見ようなどと野心満々たる胸を踊らせつつ作り上げたあの予定表。あまりに熱中したためか、夕方、本郷通りの本屋で求めた二、三の書籍と図書目録とを取りまとめて寝室に駆け上ったのであった。なるほど、六時の鈴で目を覚ませば、枕元には「今学期は大いに勉強せよ」といわんばかりに前夜作り上げた予定表がのぞんでいる。すぐさま、飛び起きて気持ちのよい所、東の空を望んで腹の底から、声を限りに寮歌を歌った。朝の涼しき、清き空気を通して見てもなお、太陽には一種の凄みを帯びた赤黒い色が見えた。ただ「今日の太陽は少し変わって見えるぞ」という感じが、ほんの一瞬間頭に閃《ひらめ》いたに過ぎなかった。

いよいよ八時の鈴で教室へ行った。久し振りで、同じ組の者と会い、互いに健康を喜んだ。一時間目に、青木先生から「丈夫で、ここに諸君と再び会うのは誠に嬉しく思います。健康は誠に人生最大の幸福であります。私は今後ますますこの幸福を享《う》け楽しんで、諸君と共に勉強して行きたく思います」という意味の訓示があった。その他の先生は欠席かまたは、出席だけお調べになって終わった。四時間目もすぐ済んで十一時半頃寮へ帰った。同室には、平野氏一人国へ手紙を書いているのみであった。すぐホールへ行って昼食を済まして茶を飲んでいた。

その瞬間!!

大地は揺れた。家は揺れた。人も揺れた。そして万物はその瞬間死よりも静寂に帰した。ややあって、自分の身体は和寮中庭の草原にただ茫然として立っていることに気がついた。我に帰するや否《いな》や、急に激しい頭痛を感じ、思わず草原に倒れた。大地は相変わらず揺れている。大地はあたかも大洋に浮き上がって波のまにまに漂っているように見えた。頭をやっと上げて見れば根津の方面は灰燼濛々《かいじんもうもう》として家屋は一軒も認むることができなかった。初めて「これは容易ならぬ」と、悟り、頭痛も忘れて飛び上がり、帝大の方面に黒煙を認めたので、早速、飛んだ。帝大の応用化学教室から出火して、今や工学部の中心に延焼しようとしていた。これが最初見た火事であった。消防隊の出動も、水道断絶のため無効となり、ただ、焼けるに任せる外は無かった。絶えず震動を感じ、火はますます猛烈となる。

間もなく、一高の庭へ大勢の避難民が押し寄せた。病気で半身不随の老人も居り、気も狂わんばかりの女もおり、非常の驚きのためか、口を聞けぬ者すらあった。噂がそろそろ初まった。なかなか大きい。その中、日比谷方面に数条の黒煙を認めた。あたりは何となく、殺気立って来た。僕はどうして、帝大には火事が起こり、庭へは避難民が押し寄せて惨憺《さんたん》たる様を呈し、市の至るところに黒煙を見ながらも、茫然とただ、時計台を仰ぎ見るのみであったろう。思うに精神に異状を来たしてぼんやり何の気もなく、立っていたらしい。急に、自分の家のことを思い出した。

早速、帰途に着いた。行く行く不安と恐怖とに充ち満ちた人々に会いつつも、瀧野川へ近づくにつれて、家屋の損傷も少ないようで安心した。

家へ着くと戸がしまって留守の様であった。すると意外にも、家族一同、前の野原に避難していた。僕は、内心「なんだ、馬鹿な。そう驚くな、地震なんか、もうないよ」とは思ったが、あまり皆がいうので、余儀なく〔仕方なく〕外にいた。

青空には、白雲高く現れて、火山の噴火したような形勢を呈したので、大島が噴火したのだろう、また地震があるぞなどと、とりどりの噂が初まっておった。かくて、いつか夜になった。なかなか家に入れそうもない。「今夜はまだ危険だから、外へ寝るのだ」と聞いてかなり驚いた。

あたりは、次第に更けて行く。火事はますます猛烈となって天は真っ赤になっておったが、道行く人の話には、動坂へ来たの、白山へ来たのと言っておったが、真実に思わなかった。それは学校から家へ帰ったとき、家族の話によると「一高は盛んに焼けている」という噂があったと聞いて、流言がずいぶんひどいと、思っておったからだ。夜露は降りる。火は盛んに燃える。ただならぬ爆音が聞こえる。硫化気《りゅうかき》のごとき臭気は、どこからとなく匂ってきて鼻をつく。不安のうちに眠りに入った。

楽しく心強く暮そうと思っておった二学期も、第一日目から、かくのごとく乱れてしまって、思う存分勉強ができぬことを悲しむ夢でも見ていたかしら、後日起こるべき大惨事を夢にも知らぬとは、これまた、自分ながら、いじらしく思う。

あれが雨雲だったら（寮）

北川信太郎　理乙一一

ひどい揺れ方だなあ。食事もそこそこにしてグラウンドへ飛び出した。おおまだ揺れる。今にも地割れがして落ちこみそうな気がする。我々の最も信頼する大地が、この通り揺れている。もっと揺れたら、なおいつまでも揺れたら、どうしたらよいだろう。今おれはグラウンドの真ん中にいるんだ。これ以上安全なところは、この辺にあろうはずがない。

砂煙が一面立って先の方がよく見えない。あそこの屋根瓦も落ちた。こちらの長屋は軒並み屋根がはがれている。するとまた一揺れ。皆思わず煉瓦塀から離れる。

おや帝大の方面に黒い煙が上っている。火事ではないかしら。確かにそうだ。建物が魔物の様で、びくびくしながら、側を駆け抜けて電車通りへ出る。正しく火事である。しかも一高に最も近寄った化学室が火焔《かえん》に包まれている。バチバチいう音、すさまじい風が煙を本館へ吹きつける。危険、恐怖！ また揺れる！ すぐそばの屋根瓦が落ちた。皆、道のまん中へ逃げ出す。頭に怪我をして担がれて行く人がある。蒸気ポンプが来た。しかし肝心の水がろくに出ない。火は燃えるにまかせて猛《たけ》り立つ。

向こうにも黒煙が見える。やはり火事だろう。それも一つではないらしい。その最も近いものが帝大内にあろうとは、少しも知らなかった。ただ唖然《あぜん》として現状を眺めていた。

この時はまだ火事などは大して気に止めていなかった。いつものものくらいに考えて、いずれ間もなく消えることと思っていたのである。悲惨な本所深川の有様《ありさま》などは夢にも思わなかった。何というおれは幸せだった人だろう。今になってつくづくそう思う。あぁ、恵まれざりし人々よ、あの時のおれの立場はあまりにもったいなかった。

それからわが家のことを考えた。定めし屋根瓦は、全部ころげ落ちたことだろう。壁も崩れたろう。ただ怪我さえなければよいが。

道々石垣という石垣、石塀という石塀は残らず倒れていた。往来に敷物を置いて危険を避けている人の多いこと。しかしまだこの辺の人には、それほどの恐れに達していない。

家へついた。不思議にも瓦一つ落ちてはいなかった。地盤のためであろう。この近所は、どの家も何ともない。一度内へ入って見て初めて驚く。畳の上を行くこと、往来を行くごとくである。早速壁土を掃き出して雑巾をかけた。そして気がついた。水道が出ない。火事は！ここまで進まば！いったい！

近所に踏切の橋がある。常にそこは何かあると、物見台のように人が集まる。今日はまた格別である。急いで上がって見た。今日はよく晴れている。しかし日が月のように黄色く、楽に直視することができる。先の黄塵《こうじん》か、煙か、何しろ夥《おびただ》しく空気が濁っていることが解る。見渡せば浅草、千住、日本橋、否見える所は皆火災を起こしているようだ。それが一続きになってなびいて来る。しかしずいぶん遠い。立ち上る多量の煙が、下のほうは黒く上のほうは白くなって、高く天に昇り、あたかも雨雲のようになっている。雲だ、いや違うといい合っている人もいた。これが雨雲だったら、そして思い切りその時、降り出してくれたら、あるいはあの恐ろしい結果は、変わったかも知れないものを。なまじい［そうしなくてもいいのに］に雲の形などをしているのが返ってうらめしい。

これまでに見たどんな大火も、遠くから望めば小さな塊に過ぎなかったものであるが、この煙は我々を取り囲んでいるとは。不安の念が起こる。あの勢いでここまで押し寄せて来たらと思えば、いやいや今までのどんな火事を見ても、まさかそんなことになろうとは思えないと、打ち消す心が起こる。ただ落ち着かない気分で家へ帰る。

夜は我々に恐るべき驚報をもたらした。すべては裏切られた。危険はやって来た。それはもう疑う余地を与えない。おれは覚悟をせねばならない。夜の火事は遠近《おちこち》の観念を失わせる。三方を取り囲んだ火の城壁は、すぐそばに迫っている。先ほどまでちらほらだった逃げ仕度の人々が、今や刻々に増して、大小の荷物は一定の方向をさして流れてゆく。道を横切ることも、容易でなくなって来た。

類焼《るいしょう》。類焼。幻のようにおれの頭に浮かんだ。そして去った。また浮かんだ。しかしどうしてもそれが本当とは考えられない。しっかり捕らえようとすれば何もない。考えまいとすれば、頭はすっかりこれによって占領されてしまう。おれはここでどうしてもそれを考えなければならないんだ。住み慣れた家、懐かしきこの家は燃えるのかなあ。永久に別れねばならないのか。馬鹿なことと思っても駄目だ。火事になれば燃えるにきまっているではないか。あの迫った火の手を見ては、免れ得るとも考えられない。が、またこのまま燃えて見るかげもない灰と化してしまうことは、それにも増して考えられない。

事実を見よ。事実を。おれは涙をのんで真理に服せねばならない。それでもその真理は今のおれの心の疑いをば解いてくれなかった。

身仕度をして火事場に向かった。電燈のつかない町は、提灯が点ぜられている。黙々たる人、小さな子供を引きつれて恐れ戦《おのの》いている人、人その人が火事場を後に逃げて来た人であるならば、顔こそ分からないこのまっ暗な中でも、その心の状態は手に取るように知られる。往来に高く積まれた家財道具、さしもの大通りも両側の一部が通用せられて、その間を小走りに通り抜ける。左右に見られるペチャンコにつぶれた家の数々、軒並ずっと平行四辺形的にゆがんだ家。これでは火事の出ないのこそ不思議と思われた。ただただ自然の威力に恐れをなすのみであった。

ようやく火事場へ着く。小路へ入って見て驚いた。大通りの後方は全部火の海である。激しい火勢、とても熱くて長居はできない。そして誰一人として消そうとする者もなく、成り行きのままであった。

恐るべき魔の火。彼はこのあたりの家は全部なめ尽くすであろう。あの家財も何もかも必ず灰の中に数えらるるに違いない。おれは道々すっかり決心した。

その夜遅くまでわが家の中はごたごたにかき回された。目ぼしいと思われる物の荷作りを終わったのは十二時頃である。一同蝋燭《ろうそく》の薄暗い所に集って、なりをひそめ、時々庭へ下りて、火をながめては、飽き足りぬ名残りを惜しむ目で夜をながめ。外を行くけたたましい人の叫びに耳を傾けて、夜は更けて行った。

一家上野山へ（寮）

坂路壽郎　理甲一

あぁ、誰か大正十二年九月一日の大震大火を、その一瞬前に予期せし。一昼夜にして帝都を灰燼に帰し、五十年来の文明を破壊せし、かの震火災を。

夜中の暴雨も名残りなく晴れて、晴天高く、白雲は団々として走り、風は庭木にさわさわと鳴る。今日は長き休暇も終わりし最初の日なれば、いまだに休暇中に楽しかりし事ども思い出されて、気も落ちつかず、かつ授業もなく、我は机にもたれて、休暇中の出来事などに考え耽りいたり。

俄然《がぜん》「地震」と思うや否《いな》や、インキ壷はころげ落ち、本箱は、倒れぬ。驚きて立ち上がるや、寮の壁はばさばさと崩れ落つ。急ぎて窓より飛び下り、庭の木につかまりて、その静まるを待ち、ただちにグラウンドに至りぬ。と見るや、校の西南隅にありて、黒煙濛々《もうもう》。すわ火事と驚き行きしに、幸いにも我が校は無事なりしが、帝大の応化教室は盛んに焼け、火の粉は雨と落ちたり。茫然とせる時、肩を打ちし者あり。驚きて見返るに、友は本館の中央に大なる亀裂生ぜしを指す。しばし我は我が眼を信ずる能《あた》わざりき。かくて我が家のことも気になりたれば、ただちに家路に急げり。電車通りには、町人各々家財をここに運び、身震いして立ち居たり。電線は切り垂れて危険なること甚だし。不忍池《しのばずのいけ》に出ずれば遥か神田の方面に当たり、黒煙一面に広がりて、凄惨の状言語に絶す。上野の山に上りしに、黒煙天を摩し［天に接するほど高く］、ために太陽は血を流ししごとく物すごく輝けり。足を早めて竹の台に出で、十二階の方を見しに、十二階は中途より折れて盛んに焔を吐き、その元にては数箇所より火を吹く。あるいは我が家もすでに灰燼に帰せしかと、驚きて山を下れり。往来は夜具、道具などを担える者右往左往その混乱甚だし。急ぎてこの中を分け行くに、我が家の通りの家屋は将棋倒しとなり、我は倒屋の上をのぼりてついに我が家に到りぬ。その無事なりしに、初めて安堵《あんど》し、ただちに家財を運びて手伝えり。火は三方を取り巻きて黒煙天に沖し、不安の念絶えず。されども風は次第に凪ぎ、火もやや下火となりしかば、もはや危険も過ぎたらんと、しばし家の前に付近の者と憩う。次第に風は方向を変じ、北風となり、今まで微々たりし、三の輪辺の火は、一途にその勢いを増し、黒煙は我が家の上を過ぎぬ。されど、その火の遠きに心を許ししに、火は早や数町に迫り、火焔《かえん》は盛んに狂う。ついに危難の免れ難きを見、我が一家は相携えて、上野山に逃げのびぬ。混雑せる中を分け行くに、山のもとは、全く人車にうずまりて、先に進むべしとも思われず。辛うじて他路をとり、ついに山に達するを得たり。山は一面に黒く立錐《りっすい》の地を残さず。中に尋ね人の名を呼ばりて往来する声耳に満つ。出でて見るに一面の火の海、明るきこと昼のごとく、顔はほてりて、長く正視するに堪えず。時計はまさに十二時を指す。弦月《げんげつ》は樹上に段々と冴え、一星を認めず。

月の死相 （本郷）

石田英一郎　文甲三一

K君と「西川」で昼食をとった所だった。グラグラと来る、ちょっと大きいぞと思う間に、側の棚のビール瓶がガラガラと一斉に落ち始める。破片が水しぶきのように顔まで飛んで来る、吃驚《びっくり》して表に飛び出すと大地は大波に揺られているよう。電柱も波に揉まれるマストのようにふり動く。屋根瓦がグワラグワラと落ちる。土煙が濛々《もうもう》と立つ。あわてて飛び出した一人の男が、同じくあわててブレーキをかけている電車の救助網に引っ掛って、四足をついている様がチラリと目に映る。

第二回目だ、ザーザーと瓦や壁土の雨が降るがごとくさえ感じられる。急に自分の足下の大地が裂けはしまいかという気がしてゾッとする。

ひとまずは鎮まったらしい。けれども息絶えた獣の心臓がビクビクと打つように、まだ大地の鼓動が感ぜられる。

恐ろしい地震だと思う、家に帰る途中、どの街路でも道の真ん中に人が一杯固まっている。次に来る強震を思って、兢々《きょうきょう》としているのらしい。血に染まった一人の老人が、家の中から運ばれて来るのが目に入る。見るに堪えないほど傷《いた》ましい気がする。

家に帰る。隣近所の人達も家の者も、皆前の広場に出ている。火の手が各所に赤黒い煙の柱を立てる。やがてこれらの幾本もの柱が合して、下町方面一体の天を山のような火煙で覆うのを見る。

隣家のＭさんが帰って来る。神田方面が全滅だという話が伝わる。どこそこも焼けている、どこそこも、と、新しい報知が続々伝えられる。煙の山は刻一刻ムクムクと膨大して、ドス黒いその山の上に、さらに雪のように白い、すばらしい雲の峰が盛り上がってはまた崩れている。全市の大半が、火に包まれていることが分かる。「いったいどうなるのだろう」人々は互いにこの問を発して、その答えに苦しんでいる。

一時間、二時間、三時間、小石川方面は比較的安全地帯らしい。人々は前の広場に席、食器、椅子などをそろそろ持ち出して来る。平常は家庭という狭い垣の中に閉じこもって、道で会っても挨拶ひとつしない連中が、こんな際には極めて仲よく、お互い語り合い労《いたわ》り合っている。

夜が来る。東から南にかけて天が紅に映えてくる。電灯も来ない、水道も来ない。ガスも来ない、電車もない、いったいどうなることなんだろう。こんな時こそ人と人との接触がひとしお心強くなつかしくそして尊く感じられて来る。

夜が更ける。月、月。恐ろしい色だ。黄でもない、白でもない、面に血がにじんでいるような色だ。お月様に死相が見える。物凄い。

夜は更けて行く。疲れた人の子の群れは、次第に口少なになって行く。いったいどうなるのだろうと思いつつも。

滑稽を感ずる余裕（本郷）

天野利武　文甲三一

記憶力の弱い私の頭に、九月一日午前十一時五十八分四十六秒という時刻がはっきりと印《しる》せられてから、早や三月あまりになる。

地は揺れ動き、東京はその生命を焼いてしまった。自然は私を脅かした。恐らく数百万の魂を脅かしたのであったろう。しかし私は、決して自然を心から恐れはしなかった。以前から自然を長敬し、自然を口には言われないほど、否、そんなことをいっても到底人には分るまいと思われるほど――愛していた私は、よくやってくれたというような気がしたのであった。

一日の午後、濛々《もうもう》と立ち上る黒煙の上に、天を剣して躍るあの不可思議な入道雲を見た時に、私の心の中に人間らしい何物をも見出すことはできなかった。私は大蛇の前に立った蛙に過ぎなかった。しかも、今目前の大蛇に呑み込まれることを恐れもせず、かえってその時を期待しているような蛙であったのだ。もしも私が自然を心の裁判官以上に怖れることができるのだったら!!

あの日は朝から気味の悪い天気であった。YやKやSやOと本館の側を通る時に、誰かが――私自身が言ったような気もする――嫌な日だなあと言ったのを覚えている。黒い雲の切れ目切れ目が薄朱くなったようなのが強い風に押し流されて行くのを見た時に――その時はまだ、東京が数百年の文化の嶺において、昨日と同じようにその生活を繰り返し、昨日と同じように活動していたのであったが――誰しも嫌な日だなあと思わなかった者は無かったに違いない。が、そんなことが地殻の一部に起こった変動と何の関係があろう。事実午後になってから初秋の空は青々と晴れ渡ったのである。ただ九月一日の記録として、その日の午前中天候が険悪であったということを記せば足るのである。

私は朝八時半頃学校へ行った。朶寮《だりょう》〔当時一高に存在した寮の建物の名称〕一番へ行くと、久し振りで出会った同室の者達が、夏休み中御互いの生活について話し合っていた。そして、例によって、諧謔《かいぎゃく》〔冗談〕と洒落とを投げあうことによって、結局笑い声と野次に終わるような雑談をやった後で、前に書いたY、S、K、Oの四人の者と学校を出たのだった。それは十一時少し前だったかと思う。

大学正門の少し手前の角を右へ折れると、天神山という学生専門の洋食屋がある。そこで昼食をとることにした。

「弁当にしようか」

「うん、よかろう」

「では御弁当にしますか」

給仕はこう言って行きかけた。

「ちょっと待ってくれ。俺はランチがいいな」

と、誰かが言った。

「俺もランチにしようかな」

「ランチと弁当とどう違うんだい」と、私が質問を発した。

「同じことさ、だがここでは内容が違う」

「どう違う」

「ランチの方が上等なんだ」

「じゃあ、久し振りで会ったんだからランチにしようか」

「それじゃあ皆ランチにしてくれ」

そして、コロッケとポークと何とかいうのとが食卓に運ばれた……食事は終わった。

「おい、天神山、勘定してくれ」

「はい」

給仕はやって来た。皆立ち上がった。

「何時だろう、ここの時計は違っているな」

「今十二時二分前だよ」

「そうか」

「お一人前七十銭」

この時である、突然激しい上下振動が起こった。私はほとんど反射的にひどい地震だと感じた、と同時に、沈着の二字が頭の中に閃《ひらめ》いた。Yがまず飛び出した。家はますます激しく揺れる。四辺は物凄い音響に包まれた。私は駆けて行くYの後ろ姿を見た、足は千鳥足である。私はあの恐怖の瞬間において、その芝居がかりの足取りに滑稽を感じ、微笑みかけたことを忘れることができない。私の理性は大地の振動と、Yの千鳥足との間に因果の関係を見出し得なかったほどに狼狽し、しかも一方において、私の心は、不思議なことには、Yの逃げ行く足取りに滑稽さを感じ得るほどの余裕を持っていたのだ。人間は死に面してもなお笑い得るものかも知れぬ。

Yに続いてOが出た、Kが出た。しかし沈着の二字が微かに私の頭の中に残っていた、——この二字のために生命を失くした人もあったろう、と、後から考えると恐ろしくなる——。が、私は、私の全身を以て周囲を見、かつ聞いた。俄然、向こう側の家のガラス戸が激しい音響と共に落ち砕けた。私は入口に出て屋根を見た。そして瓦の落ちて来ないのを見て、電車通りへ駆け出した。

叙述は長い、しかしこれらはすべて一瞬の間に行われたのである。

私は、大学の応用化学教室のめらめらと焼け落ちるのを、嘆賞《たんしょう》するような心持ちで眺めてから、皆と分れてOと一緒に三丁目の方へ歩いて行った。赤門の前まで来ると、薬学の教室の窓からも赤い焔が見えた。電車通りは戸板や莚《むしろ》を敷いた上に、町の人達が不安の面持《おもも》ちで立ったり、座ったりしている。私はこれ等の有様《ありさま》を珍しげに眺めたのであった。そして、私のこの時の心持ちには地震がもっとひどければよかったのにというような、また目の前の騒然たる有様を、なお物足りなさを感じながらも。自己の体験として、しっかり味わっておこうとするようなところがあったことを記憶している。

私とOとが順天堂病院の側に出るまでにも。幾度となく激しい余震が足元に感ぜられた。河の向こう岸の崖が省線のレールもろともに河中に崩れ落ちているのを見た時に私は初めて地震の大きかったことに対する驚きと、一種の満足とを感じた。そしてこの時私は、飯田町の方面と神保町の方面と、も一つ日本橋の方面とに黒煙が上っているのを見た。が実際はこの時すでに百何箇所から火の手が上がっていたのだという。

大きな地震は火事を伴うという実例を目の前に見た私は、しかしながらこの時。帝都の大半を灰燼に帰するような大火は想像し得なかったのだ。が、私は大正の紀文たり、長五郎たり得る資格がなかったことをさほど遺憾とも思わない。私は人間の力、人間の知力、人間の科学というものを深く信頼していたのだ。

私は現代に生れて東京に生き、この大火を想像しなかった。私は否すべての人間はやはり溺れていたのだ。しかもそれは当然である。が、その溺れは裏切られた。私は裏切られた。私は裏切られたことを喜ぶ。私は科学よりも自然の味方であったから。

私が砲兵工廠《ほうへいこうしょう》の惨状を見て、牛込の方へ行こうとする頃には、神田一帯は早や黒煙に覆われていた。そして空は美しく晴れていた。私の家は無事であった。私は帰るとすぐ京橋の伯母の所へ見舞いに行かねばならなかった。私がその日の夕方京橋から燃え盛っている帝都を眺めて帰って来た時に、そして夜の八時頃九段の坂上から、近くは神田、遠くは日本橋、京橋の方面を眺めた時、私の感慨はどんなに深かった事か。私が潜《くぐ》り抜けて来た焔の下で見た幾多の出来事、私はそれ等について書きたいこと、述べたい感想は山ほどある。あまりに長くして果てしがないから、ここで筆を置く。火の神の乱舞を遠く眺めながら、緊張した一夜を明かしたその夜の記憶は、一生私の胸から去らないであろう。

沖の草原へ（本郷）

関野武夫　理甲二一

彼が学校を出て家へ向かった時は、もう本郷の上は岩のような黒煙が南西の風にあおられて渦巻いて流れていた。時々煙の絶え間から日の光が漏れて、照らし出された電柱や商家が白銀のように白く光って見えた。煙の中で目がならされたためだと思ってもあまり際立って白いので、彼にはいつまでも不思議で仕様がなかった。三丁目で二人の友に別れた。何だかお互いがもう会えるかどうか分からないような、もうこれが永の別れになるのではないかしら、否どんなにひどくまた揺れても死ぬような事はないだろうなどと色々の思いが起こった。

何となくこんな時同勢が減るのは心細いものである。彼ら三人は一人は深川であった、一人は日本橋馬喰町でもう一人は駿河台であった。三人は黙って煙の中を歩いた。時々火の方へ近付いて行く。駿河台の友の家は今燃えている明治大学の煙をまともにかぶってとても助かりそうもない。家は荷の運び出しで戦《いくさ》のようだ。とうとう二人になってしまった。坂を下りて須田町の方へいった。神田鍛冶町から東へ通ずる大通りは真ん中が電車の通路となるので掘り下げられている。たくさんの人が荷物を運び出してその中へ避難している。ずっと人で埋まっている。道は逃げまどう女子達で一杯である。その中を荷物をかついで男が走る。車が押し分けて来る。話で聞くと三越辺りが燃えているらしい。その煙が大通りの西の空を通って、平行してどんどん北東へなびいている。一人の友の家はどうも風下である。

とうとう彼は一人になった。泣きたいような気になりながら、どんどん道を水天宮《すいてんぐう》に取って進んだ。汗がじめじめ出て来た。彼は夏服の上着を脱いで腕にかけ、また足がきを早めた。まだしかし彼は江東が燃えているとは思わなかった。あまり煙も見えないし、ことに深川は水も豊富だ。とかなり安心の気があった。

水天宮の西が燃えていた。逃げるようにして彼はやっと新大橋の上まで来た。あ！ 彼は驚駭《きょうがい》の［非常に驚いた］声を上げて立ちすくんでしまった。彼の安心は裏切られた。見よ大川に面した六間堀から林町にかけて今や火の海ではないか。もう大部分燃えてしまって立ち残った柱がパチパチと燃え盛っている。彼は頬の熱いのも忘れて立っていた。どうしても渡れないと思って彼は永代橋へ逃げ出した。箱崎町が燃えているので大迂回をして彼は霊岸《れいがん》橋へ出て電車通りを真っすぐに永代へ来た。永代橋の手前右側がもう燃えてしまって灰ばかりとなり、左側の家が今燃え盛っていた。

辛うじて橋を渡った。橋詰の角の汁粉屋が門に冷蔵庫を運び出していた。彼は無理に頼んでソーダ水を一杯飲んだ。

彼が大丈夫と思った深川も火は洲崎の方から起こったらしく、今や深川八幡［富岡八幡宮］や不動様［深川不動堂］を襲って燃えていた。風も少し変わったらしい。余儀なく［仕方なく］彼は海岸を廻《めぐ》って越中島の商船校の所へ出た。漁夫の家の前を通る堤に上って東へ東へと急いだ。道が亀裂している。進むに従って火は左手の屋根越しに手に取るように見える。

やっと洲崎の埋立地まで彼は逃げた。運河にかかった橋の上に立って見渡すと東は洲崎から前面の木場へかけて黒煙が禍を巻いてだんだん永代橋の方へ進んで行く。彼が通って来たあたりも火が来た様である。彼の家の千代田町の方向を見渡すのに煙はないのでまず助かったと思った。先きからやはりこの橋の欄干にひじをついてじっと火を見ていた人がある。白い上シャツとズボンを穿《は》いている。朝鮮から来た労働者らしい。

「京橋の方へ逃げようと思うのですが永代橋は渡れますか」と割合丁寧な言葉でたずねられた。

「さあ、渡れるには渡れるでしょうけれど、そこへ行くまでの道がもう燃えているから危ないでしょう」

彼は困ったというような顔付きをしながら、この火の中をあまり詳しくないこの不案内の土地でどこへ逃げたらよいか思い惑っているらしい。

「こう燃えてきてはお互いに自分の身が危ないですからね、この埋立地に居れば大丈夫です、動かずに今夜はここにじっとして居られる方がいいでしょう」こう言った彼自身もこの前面の火の有様《ありよう》ではとても家へは帰れないので今晩はこの原で野宿をしようと決心した。

木場の火はなかなか衰えない。海を見ると灰色にどんよりしている。

彼は橋の手すりにひじをかけてぼんやり火を見つめた。夏の日もだんだん薄暗くなってきて火が際立って赤くまた黄色く見え出した。

午後七時と思う頃にわかに風が北に変わった。焔はどんどん南に吹きつけられて彼の頬も熱くなって来た。

とぼとぼとまた彼は橋を渡ってもう一つ沖の草原へ逃げた。日はもうすっかり暮れてしまった。たくさんの人が一緒に避難していた。彼は突っ立ったまま猛烈な勢いで空高く飛ぶ火の粉を眺めていた。突然前の方に夜目にも白く濛々《もうもう》たる砂煙が舞い上がると見るや「ざあびゅう」と猛烈なる風が吹いて来た。

彼ははっと思う間もなくどんどん風に押しまくられて自然に走り出した。前に水たまりがあろうが除《よ》ける事もできればこそ「ばしゃばしゃ」と飛び込んでしまった、風はやっと収まった。彼はとぼとぼ草の上へ行って濡れたズボンを脱いだ。靴もぬいで手にさげた。

火の粉はますます猛烈に降りかかって来る。

彼は左手に濡れたズボンを右手に靴をさげて草の上を歩いて沖の方へ逃げた。草原の端にコンクリートの堤がある。その上へ座を定めた。そしてズボンと靴とをその上に拡げた。

夜は段々に更ける。火は南へ南へと家をなめ尽くして進んで来る。その中にガスタンクが今に破裂してここにいる人は皆殺しになると、誰からともなく伝えられた。皆また荷物を持って動き出した。彼もまたズボンと靴とさげて、またも下の橋を渡って今度は一番沖のごみで埋め立てた原へ入って行った。ちょうど一丁ぐらい来たと思う所に木の台がある。彼も皆と一緒にその上に上がり込んだ。

もう安心だと彼は思った。もし津波が来たら死ぬ。しかし今頃になって来ようとは思わなかった。

昼の疲れも出た。彼は横になって静かに目をつぶった。彼は家の事が気になった。妹ばかりである彼の家庭、誰も怪我はなかったかしら。父は早速飛んで帰ったであろうが、もしやそれまでに棚から物でも落ちて来て、誰か傷を受けはしなかったかしら。あの、廻りを池に囲まれた彼の家がそうやすやすと燃えはしないだろう。しかし、ともかく早く妹達だけでも、誰かが連れて逃げればよいが、彼の頭の中にはあるいは担架に載せられて逃げる傷ついた妹の姿や、またもう今頃は燃えてしまって自分一人この世に残されたのじゃないかしらなどと段々考えが走馬燈のように浮かんで来る。

突風はまた時々やって来る。「ひゅう」と一声鳴ると幾万の男も女も「わあ」と言って伏してござをかぶったりして避けている。

落ち着けば落ち着くほど心配が増して来る。彼は神戸や大阪や日本の事を考えた。もし東京より以上にひどい所があったらどうであろう。日本国中が皆家をつぶされ、焼かれてしまったのじゃないかしら。食糧はなく飲料はなく彼のロシアの飢饉のように死人の肉をあさって歩くようになるのじゃないかしら。

これが世の終わりではないかなど忌《いま》わしい気が起こってくる。

海の向こうは京橋あたりとおぼしく炎々として焔は天に沖している。木場は夕方からまだ燃え盛っている。九月一日の夜は海の沖にのみ静かに更け渡る。

子供のような気持ち（本郷）

川野達雄　文甲一二

突然ほど恐ろしいものはない。あらかじめこれに備える覚悟を許さない。しかしまた考えようでは突然ほど有難いものはない。喜びでも悲しみでも突然なるがゆえに有難いことがある。ことに後者において著しい。人間の将来には必ず死がある。厭世《えんせい》悲観によって［人生を否定的に捉えて］尊き一命を無為に棄てるものはいざ知らず、死は生ける人間にとって一凶事であるべきだ。この死も突然に襲い来って、あらかじめ何らの予覚を与えないのがせめてもの情けである。予言者なるものがあってお前は何時何日死ぬぞといわれたらその人の心はすでにこの世のものでないだろう。突然なるがゆえに幸せである。

大正十二年九月一日にまさかあんな大恐慌が襲来しようとは、白十字［本郷にあった喫茶・洋菓子店］で室のものと紅茶をすすっている瞬間までそれこそ身体中のどこにも、頭の中にはもちろん影だにない。それが「ガチャガチャ」と硝子張りが壊れ出した刹那に「コリャイカン」と思う。思った時はもう自分もその大震災の禍中の一人である。突然である。全く突然である。この突然に驚かされた人達が（その瞬間は突然に呆れてなすところを知らなかった）初めて気が付いたように喚声をあげてひょろひょろとうよめく中を、自分も外の四人の友達と一緒に、呑みかけの紅茶を捨ててひょろひょろと同じくよろめきあわてながら、どこまで行っても同じ地の上を訳もなく馳せ歩いてようやく大学内の銀杏《いちょう》の木にその助けを求めた。第一震はすでに終わった。五人は我知らず噛り付いていた手を思わず離しながら互いに顔を見合わせて笑った。世の中に笑いは多い。苦笑、冷笑、嘲笑など数多《あまた》ある。けれどこの時の笑いほど意味のある、仮面のない、そしてお互いに共通な笑いはないだろう。恐ろしい偶然を不思議な偶然で助かった後のほほえみである。しかしお互いの顔は全く真っ青であった。「こんな時哲学者は何を考えてるだろう」と一人が言った。そろそろ突然の恐ろしさを忘れたのである。自分の頭の中にもだんだん外のことが進入する余地ができてきた。第一に母のいる田舎の方は大丈夫だったかということである。母が独りであわてている様まで眼の前にあらわれた。次には皆で笑いながら一日の大震を語っている光景が浮かんで来た。次には寮に置いてあるものが心配になって来た。突然の脅威はだんだん薄らいで来た。するとまたゴーと地鳴りがした。頭の中はまた早速空になった。ただ銀杏の樹にワッと噛り付くことを忘れなかっただけである。これでもまだ贅沢なことを考えるかといわぬばかりに地面をやけにゆすぶる。何しろ自分の住んでいる、土台がぐらつくのであるから、ただ一身を偶然にまかせるほかはない。人間の無力が甚だしく頭にこたえる。それでも第二震の時は幾らか覚悟があったからこれだけ考える余裕があった。これで第二震も終わった。もうあるまいと思うと客観的に騒ぎが見たくなった。自然の突然の怒りの前に恐れ戦《おのの》いている人間の状を見たくなった。ちょうど子供が優しくしてやって増長した所を急にどやしつけたような貌《かお》である。人々が急がしげに駆け廻り、頭上に大学の火が黒ずんで燃え上がったのを見た時は自分の住んでるのと別な世界で何かごたごたが起こったような気がして、自分もその世界の中に住む一人だと気が付いた時はちょっと不思議に感じた。しかしそう気が付いて見るとこうして外事に見てるのが、すまなくなって急に早足に歩き出した。無意識に向かった方向は牛込の自分の家である。何となく急がしいような気がして気ばかりあせった。けれど家が焼けてるなどとはほとんど考えなかった。自分もこの混雑中の一人として急がしく歩いてるのが何だか愉快な興奮した気分になって来た。

家に帰り着いて留守中の姉と妹の二人きりが赤ん坊と一緒に広場に出て、物におびえたような様子をしてるのを見た時は初めて自分のなすべき仕事が見つかった。それで一人前になったという感じがした。

夜が来た。黒かった。煙がだんだん赤色を増して来る。入道雲が頭の上に覆いかぶさる。じっと見つめているが少しも動かない。まるで画の火を見てるようだ。どうしても同じ東京の一部分が焼けてるとは思えなかった。続々と帰って来る人達が今はどこそこが焼けてるというのを聞いても、ぴったりと頭にこない。大なる危険に瀕している場合と心持ちが同じかも知れない。手造りテントは自分と兄と隣の主人の手ででき上がった。

戸板をはこんだり布団を出したりしてやっと家の外に枕を置いた。周囲にたくさん近所の人々が集まってこんな広場に寝るのが子供のような気持ちで嬉しかった。火はいつまでたっても真紅で動かない。あれが動いて来て家まで焼けるとは思えないなと思ってるうちに、昼の疲れが紅い火を夢の中へつないでいった。

爆音の解釈（本郷）

高野義武　文甲一二

対三高野球戦に三勝の栄冠を勝ち得て、祝勝の杯にいまだ余香の消え失せない九月一日、その日は第二学期の授業開始の日であった。夏期休業の二ヶ月にわたる期間において鍛え上げた身体と精神とを以て新学期の授業を受けんとする若人の心の中は、皆溌剌《はつらつ》たる元気と希望と、そして一種の長閑《のどか》な平和な気分とに満たされていた。この日授業は午前中にて、また第一日の事とて別段授業と言うものもなく、また天候もこの時分には珍しい春霞《はるがすみ》のような薄雲が一面棚引いており、それを通して来る日光はぽかぽかとして寮内に我々を止むる事を妨げる。この誘惑に引かれて折から食堂より帰って来た友人三名と散歩に出掛けた。この時十一時半過ぎておった。例の通り本郷通りを愉快に語りながら三丁目を過ぎて三、四十歩来たと思った。が急に付近が騒がしくなった。眼前へ走って来た電車がハタと止まって左右にガタガタ震えている。鉄筋コンクリート建の三階の家が震えている。両側の土蔵造りの屋根からは土煙を上げて瓦がガラガラ落ちる。足もとの道路はグラグラして体の安定がとれない。皆青白い顔をして上の方を見ている。電車の軌道がウネウネと蛇のように曲がっている。自分は靴を履いていたので立ってはいたがフラフラとしてどうしても静止していられない。すべての事が一度に来て一度に止んだ。足もとが静かになった。「大きい地震だったな」と友人が言った。なるほど地震だった。歩行中だったので初期微動を感ぜずにグラッと来たので、一時は世界の終わりかとも思われてちょっと悲しくなった。このような場合には危険だとか、世の終局だとか、悲しい事だとかと人の話に聞いたり、人の想像した事を本の上で読んだりして恐怖の何者であるかを知らない者、ただ周囲が騒ぐから自分も騒いでみよう。周間が悲しむから自分も悲しい風をしようとかいうような境遇の人になって見たいような気がする。二、三歩歩いて見たがどうも頭が変だ。何となく頭が軽くなった様であり、また周囲の建物が動いているように見える。被害の状態を見ようと思って台町の方へ入って行った。友人は第一震が止むと同時に家が心配だと言って飛んで行って自分と二人しかいない。家の中には人なく街路はいっぱいの人の群れだ。屋根が禿げている。壁はもちろん落ちている。飾窓の厚いガラスが上手に割られてある。商品が散乱している。土煙りが眼や鼻をいためる。交番の前で人だかりがしていて頭から土だらけの五十男が訳の分からぬ事を言ってわめいて警官を困らしている。保証人の家に立ち寄った。人にも家にも被害はないと言ったが皆震えている。安全なのを知って、どこと言う目的もなく歩く。半時間ほど経ったと思う頃、第二の震動に狭い路地で洗礼された。頭上で瓦がガラガラ鳴る。落下しはしないかと見上げると、三尺［約一メートル］ばかりの青い空が狭くなったり広くなったりしている。壁板がミシミシと音を立て、台にしてある石がグラグラする。第一震で恐怖の念に満たされて、もう来はしないか、また来るだろうと思っている所へ震動が始まったのでその恐ろしさったらない。

やがて家に圧《お》しつぶされもせずに無事大通りへ出る事ができた。学校の様子はどんなであろうか。ひと先ず帰ろうと思って、道に大学の失火したのを聞き大急ぎで来て見ると盛んに燃えつつあった。ポンプが、凄い音響を立てて働いているが水道が破壊されたのか水が無い。筒先から二、三間［約三・六〜五・五メートル］くらいしか飛ばない。悲哀な分子を含んだ痛快さに襲われた。一高の本館は時計台の下に割れ目を見たのみで無事であった。これが使用の不可能のものであるとは思われなかった。しかし寮内は壁がない。床の上は土の山だ、出る時整頓して行った本は本棚から跳り出て、土の間に散乱している。隣室、その隣室、数室は見通す事ができる。運動場に出た。大学の煙が地面の近くを襲って鼻がいたくなって来た。時々余震が来る。通りへ出て帝大正門前へ来ると、帝大の図書を救ってくれという。早く、早く非常な努力、多数の人の努力によってもついにその何分の幾つかが救われたのみだった。

大地震はところどころに失火させ、やがて大火災が生じた。第一震と共に発火した火軍は水の欠乏と強烈な風とに助けられて猛威を振るい始めた。台町の岡上から見渡すと九段坂のはるか彼方に当たって二箇所より煙が立ち登っている。右手にある煙はこの岡の上に向かって来る。幸いにもここは左手の煙に比して勢い弱く二時間の後には鎮火した様子であった。それと風向きの変わった事とによってこの付近は助かり得たのだ。この岡の上の人々に生気の生ずると同時に左の煙はもはや飯田町付近から神田の辺を、底力のある唸声《うなりごえ》と、調子の高い爆音とによって歩調を進めて行く。その進行は堂々としかし迅速に、砲兵工廠《ほうへいこうしょう》も火に包まれている。火軍の進む所は一死物も一生物も止むる事は不可能だ。自然の力、自然の威、不可抗力なのか？ 痛快、あの古本が焼けている。しかし残念だ。あの古本が焼けるとは。時々爆音が聞こえる。神経は極度に鈍い。その爆音の解釈に二説生じた。一は砲兵工廠の火薬を一度にせずに時々爆発させるのだと言う。しかしそれだけの余裕があるなら安全地帯へ運ぶ事ができるだろうのに。二は不逞《ふてい》［けしからぬ］鮮人の爆弾だと言う。しかし燃えている所へ爆弾を投げても無益だろう。とにかく何かが爆発する。誰見るとなく空を仰げばいかに形容してよいか、現し得ないような雲、真っ白い雲、驚怖に魔睡させられた眼には一層神秘的に映じたその雲はいったいどこから現れたか、いつ現れたか、火煙に満たされた中で渦巻きを返している宛然《えんぜん》［まるで］白龍のようだ。太陽は黄色く光って淡い光線を投げている。荘厳、壮大、この自然の威に打たれて一人涙ぐましくなって岡を下り、本郷通りへ出た。震動と共に動かなくなった電車の横に大森博士の説として震源地が発表してあった。相模湾は故郷に近い。先に熱海が全滅した、小田原が全焼したとか色々の風説が起こってから頭の中にこびりついた。心配事は故郷の事であった。東京より震源地に接近しているから従って被害も大きい事は偲ばれるが、家は皆昔造りの丈夫なのであるから倒壊の恐れはない。しかし、病める父、腸チフスで隔離病舎に在る父は！　あのバラックに等しい病舎で、あの不自由な、手足を動かす事を禁ぜられてある身体で。思わず胸が迫るのであった。心配は募るばかりだ。どこも一様な状態で電柱が傾いたり電線が地上に這ったりしている所を通って上野の山へ来た。避難者でいっぱいだ。ガタガタな荷車に乗せられて、見るからに哀《あわ》れな姿の病人が一人の看護婦、二、三の知己［知り合い］に守られているのが多数目につく。もう何の感じも起こらなかったほど、神経は悲惨時に麻痺せられていた。病人の身になれば何の因縁でこのような天の制裁を受けねばならないのかと思うであろう。しかし誰も事のここに際して歎《なげ》く者はない。我々が歎く時、喜ぶ時、そこには未来あり、過去があるからだ。今この騒ぎ、戦いの中にあって未来を考え過去を思い浮かべる余裕の生じた者があろうか。風呂敷包みを背負い足袋のままの婦人が語っていた。「家族の者と離れ、分かれてしまって、あの火焔《かえん》の中をどうして通ったか。この所へ来るまでは、いいえこの所へ来て、私が行く先の事を考えた時、初めて涙が湧き出ました」と。夕暮れが近づくにつれて火勢は一層猛烈に見える。岡の上から見渡す三方は火の海で、中心であるこの上へ向かって静かに攻め寄せて来る。昼間嫌な色で輝いた太陽が全く没した時、大東京は火に包まれた。恐怖の夜が来たのだ。寮に帰った我々はこの一夜をトラックの草原の上で時々来る余震に時々驚かされながら、また余震の来るのを待ち遠しく思いながら、そして明るい向こうの空を仰ぎながらこの一夜を過ごさねばならなかった。しかし悲惨事は二日、三日と共に増したのである。

夜が明けてくれ（本郷）

石井友壽　理甲一一

あの日自分は家におった。学校から帰った私は昼食を済ましてその日の新聞を見ていた。空はよく晴れていつもと変わりはなかった。庭の木の葉はときどきガサッガサッと落ちた、外は風があるとも見えなかった。至って平和な秋の日であった。自分は依然として新聞を見続けていた、ちょうどその時であった、遠くから異様な音がしてきた。私はやはり自動車の音だとばかり思っていた。なぜならそこにはひっきりなしに自動車が煙草を運ぶために行き来しているのであるから。けれどもそれは自動車の音ではなかった。家はまもなくグラグラと揺れはじめた。私はすぐ地震だと気付いた。気付くより早く縁側へ出た。私の家は周りは全部煉瓦の塀で囲まれていて庭は五、六坪ばかりの狭いものであった。それで私は庭へ出るのは危険だ、出るなら外だと思った。けれども外へ出るには二つの木戸を開けてからでなければ出られない。出るうちに家がつぶれたら……などとほんの一瞬間のうちにほとんど本能的に考えて、出ようか出まいかとほとんど途方にくれてまだ縁側にいた。そのときには第二回目の震動がきて家はますます揺れ始めた。とそのとき自分の後ろで父の声がした「外へ出るのは危ない、こっちへ」私は言われるがままに父の側に行った。そこには父が姉とともにミシン台の陰におった。姉も外へ出ようとするのを無理に父にひき止められているようであった。私がそこに行ってからも震動はなかなかやまなかった。その間にも自分の耳に入った色々の音があったけれども、その音が何であるかなどはとんと分からなかった。あとでそれは壁の落ちる音、本箱の倒れる音などが雑然として響いて来たのであるということが分かった。

震動が止むとともに私らは裏の広場に避難した。そこは根津権現の境内である。そこにはもうすでに多くの人が集まっておってその騒々しさったらなかった。そこで私は色々の人々を見た、八十にもなろうとする一人のおばあさんが口に「ナムアミダブツ……」を唱えながら地に生えている小さな草を唯一のたよりとしてぎっしりつかんでおったなどは、今になってもありありと頭に浮かぶ。自分はこれらの光景を眼の前に見た時、とても現実のものとして見られなかった。自分が新聞を見ていた時からこの時まではほんの五分ばかりしかたっていなかった。ほんの五分ばかりの間にこれほどの変わり様を見せつけた自然に対し、一種の驚異を感ぜざるを得なかった。それと共に人間の力の自然の力に対しいかに微弱なものであるかを痛感した。

それからも大小の震動はしきりにやって来た。家は倒れなかったものの家の中に再び入る元気はとてもなかった。そのときまで私は上を仰ぐことをしなかった。いやむしろ仰ぐだけの力がなかった。自然の偉大なる力に圧迫せられるがごとくに、ただ俯《うつむ》くことだけをしておった。地震後の空の恐ろしさはかねてから聞いて知っておったが、その時それを見るに及んで新しくその恐ろしさを知った、赤黒い空に輝く太陽を見た時の恐ろしさはいまだに忘れられない。

根津権現の境内は十分もたたないうちにほとんど立錐《りっすい》の余地もない「わずかな空きもない」ほどに人が集まった。そのとき誰かが「帝大が火事だ」とさけんだ。その方に目をやるとまさしく南の空には黒煙が濛々《もうもう》とあがっていた。人々の顔色はなかった。

私らは家に入るのはやめ、急いで露宿《ろしょく》［野宿］の用意をし始めた、その後しきりにくる余震におびやかされながらようやくにして露宿の用意も終わった。そのときはすでに日も暮れかけていた。恐ろしい事どもを皆の口からきかされた。火事は全市至るところに起こっている様であった。夜になってそれは明らかに証明された。空という空は真っ赤にそめられた。私は自分の家から一歩も離れる元気はなかった。この後どうなる事かとそればかりが心配であった。ほとんど見当がつかなかった。ただ恐ろしいという感じのほか何もなかった。寝る事などはてんでできそうもなかった。ただもう早く夜が明けてくれればいいとそればかりの願いであった。夜が明ければどうにかなるだろうとそのときは思っていた。

風を起こし浪を起こし（本郷）

赤堀邦夫　理甲一一

突如として去り、去りてまた来たる、自然の大波浪は浅はかな人間の知恵を乗り越えて、去往九月一日関東一帯、ことに東京、横浜、湘南一帯の地に鞺鞳《とうとう》囂々《ごうごう》として逆巻いた。溺るるものの阿鼻叫喚《あびきょうかん》の声、親を子を互いに呼び交わす悲痛な叫び、あぁ兄一人失いし我が身にとって生ある限りこの耳朶《みみたぶ》に残るであろう。

この頃でも道ゆくごとになおも当時の様が回想されて幾度も幾度も悲しい思い出に逢着《ほうちゃく》してしまうのである。自分の書くことも今はこれらの思い出に過ぎぬ。

長たらしい夏の休暇を終えて今日は新学期の最初の日であった。いつもより授業も簡単に終わって、僕達はやがて家に帰ろうとした。僕は寮にいることになっていたけれども、都合上家に帰らねばならぬ用ができたからだ。友達らもだいぶ帰ったらしく寮の昼間近くは、いやに物静かだった。空はからっと晴れていた。風もあまりなかったようだ。もっとも一時ちょっと雨が通り過ぎたようにも記憶しているけれど。長い間の休みのことについて仲間の様子を聞いて互いに黒光りする顔を眺めながら冗談を言っていた。僕も幾分つき合っては時々今学期の決心、休暇中の怠惰を思って独り苦笑いしたりして妙に昂奮していた。汚い室の壁を凝視していた眼を外に投げやって、乱雑な机の上をざッと整理するとすぐ校門の外に出た。間もなく電車も来た。小走りに乗ったものの妙な気分は消えそうもなかった。

本当に珍事というものは妙な所にひそむものですね。右往左往の本郷三丁目に電車が停まるとほとんど同時だったと思う。突然向かいのパン屋の屋根瓦がギシッとゆがんだ、柱のまともに滑り落ちたのである。人々の神経は一斉に大地の動揺を感じた。窓から首を出す人、家という家から女子供となく老人となく、相期《あいき》したように電車線路上に走り出て来た。喧々《けんけん》の〔口々に話す〕声、物騒がしい汽笛の響き、自動車の砂塵《さじん》の煙、その間におろおろした老婆の眼付き、それらのものが雑然として驚異に満ちた眼底に映じた。しばらくして僕の身体は大きな動揺を感じた。線路の軋《きし》む音が薄気味悪く「ひどい」と感じた心には、濛々《もうもう》たる砂塵を上げながら、もろに倒れてゆく家を見た時、我が家の痛ましき光景を思わずにいられなかった。

震動はまだまだ続くらしい。極度に緊張した青ざめた顔の人々が、危険を冒《おか》して家に入るのも見えた。妻子が声を枯らして制しているのも見えた。自分の経験ではこのような物々しい、真剣な有様《ありさま》は初めてであった。東京の上空に敵軍の飛行船でも飛んで来た時は、まさにこうもあろうなどと考えて自分には余程呑気なところがあったと思っては、今でも微笑を禁じ得ない。

しばらくしているうちに線路の上は戸板や道具で一杯であった。震動はしきりに襲って来る。またッまたッ、人々の顔はその度ごとに締まっていった。身体は次第に往来の真ん中へ真ん中へと寄っていった。

恐怖と戦慄がしばし全世界を占領していた。

あぁ何たる魔日よ、巧妙な自然という放火狂は恐怖に狂う人を、そのままで済まそうと思わなかった。帝大に当たって魔の烽火《のろし》は挙げられた。やがてこれに応ずる烽火は諸所に挙げられたのであったとは。

事重大と悟った僕はすぐさま電車を捨てて一直線に厩橋《うまやばし》指して歩き始めた。今僕の心を満たすものは父母、兄弟ばかりであった。沿道皆人々で一杯な中を危うく人や車に突き当たりそうになりながら、ひたむきに歩く道はなかなかに長かった。右手に左手に立ち上る黒煙と人の罵る声を聞くにつけて、我が家のことが気遣われるばかりであった。

大川にさしかかった時の光景、これほど僕を愕然《がくぜん》とせしめたものは臍《へそ》の緒切って無いことだった。江東の天地に漲《みなぎ》る黒煙と猛火は水に映じてものすごく、風を起こし浪を起こし、海の遠鳴りを耳底に聞いた時、身を寄するの地いずこにや、やがて行くべき地を思い出して自ら鬼気身に迫り、仇《あだ》なる橋板一枚を踏む足は一瞬戦慄を覚えた。

心はあせり、足はさらに早まったが、逃げ惑う人の混雑に自分は思うように進むこともできなかったが、やっと亀澤町までたどり着くことができた。夢中より醒《さ》めてと見れば、驚くべし行手《ゆくて》は焔々たる火の海と化し、家々の屋根、電柱、看板、見なれた家の奇怪な広告塔など焔の波に翻弄されていた。もはや如何ともすることができぬ。愕然たる悲しき憶《おく》は胸奥よりこみ上げて来た。如何なる力を以てしても制することができぬほどに。

自分はしばし茫然として人々の混乱、叫喚《きょうかん》を見聞きしていた。行くべき道は潰れた家で塞がっていた。行くべきか行くまいか。家火煙の中にあり、父母いかに、兄妹いかに、えーい自分のその時の心……幸いに我を怯懦《きょうだ》［いくじなし］なるものと言うなかれ。自分の生命は引き返すことに決心した時、間髪を入れずに救われたものと言ってよい。

火は高橋方面から順風に追いやられて我等を襲うている。水なき我等はひたすらに逃げるほか術はなかった。

もうその時は夕べ近く人々は火を後ろに思い思いに逃げていた。

雑踏の死地より逃れて無事寮に帰って来たのはもう夜に入る頃だった。市民は万事を忘れていたらしかった。ただ心を留むるものは呪わしき魔火の軍を防ぐことだけであった。しかし惜しむらくは消防機関も用をなさぬ市民にとって、ただ魔軍の威を振るうに委《まか》せねばならなかった。凪は吹きまくり、真紅の焔、火花、燃ゆる木の裂くる音、まぁ何と恐ろしい音楽であったろう、気味悪い絵画であったろう。

試みに常夜《じょうや》市の上空にあって俯瞰していたとせよ。

魔王の奴!! 煙に咽《むせ》び、火に追われ「母」と呼び「父」と言われ、我が子を庇《かば》う人々の狂い廻るをいかに苦々しき呪いの笑みもって眺めたことだろう。

かくして様々な悲劇はこの一夜にして作られて行ったのだ。いまだ火はやまぬ。人々の祈りも何かは焔は僕等の眉に迫らんとしているのである。

夜も更けた頃、戦況の報告のごとく、おびえた市民には、本所、深川の全滅は報ぜられた。「万事休す」いかに僕の一家が幸運であったと考えてもそれは駄目だった。全滅の二字は僕の肺腑《はいふ》を抉《えぐ》った。

諦めた。これからは独りだ。

こんなことを胸に秘めて僕は混乱の中を彷徨《ほうこう》した［さまよった］人々の噂を漁りつつ。やがて鮮人騒ぎは口々に伝えられて騒擾《そうじょう》［騒動］はいや増した。しかし騒擾混乱の中にも夜は次第に深くなった。空の紅は鮮やかに油然《ゆうぜん》として［盛んに沸き起こる］巻き返る薄気味悪い雲の様、友と共に呪いつつ眺めやれば思いなしか、悪魔の下界を眺めにやりにやりと物凄い微笑を投げかけているようだ。

学校のグラウンドでは避難の人が一杯であった。

僕一人梁木《りょうぼく》の上に突っ立って遥けき怪雲を見下ろした時、物響かねど胸に、悲惨なる痛哭《つうこく》の［嘆き悲しむ］声は囁《ささや》き、父、母、兄妹の逃げまどう様も網膜に映り来る。かくして何で眠られよう。余震がまだあるという。時々火焔《かえん》が勢いよく燃え盛る。

混乱はいよいよ増してゆくらしく、夜通し自動車の騒音は聞こえていた。この一日の大震がやがて今も脳裡《のうり》に浮かべるも痛ましい惨害を起こしたのだとは後に初めて知ったことだった。

竹藪の中に（本郷）

本多　彪　理甲一三

渚に打ち寄する波の調べか。はたまた天にうそぶく松風の音か。恐怖は夢ううつの中に我が心を脅していた。醒《さ》むれば外は未だほの暗い。衾《ふすま》の中には未だ友は安き夢路を辿っているらしかった。窓に吹きつくる彼《か》の豪雨、窓前の樹々を震う烈風、地をも呪わん彼の隠険《いんけん》の空、見るもの聞くものすべて驚愕の種ならざるはなかった。未明の暴風雨は去った。日は昇る。あぁこれで二百十日ごろの災厄は免れたのか。にわかに我は安堵《あんど》の思いに愁眉《しゅうび》を開いた［ほっと安心した］。授業も型のごとく終わり、T、Hの二友は寮に戻って来た。窓にもたれて寛《くつろ》ぐ様はさすがに始業の日と覚ゆ。話は咲き話はとぎれた。三越へ行こうかと叫びが続く。すわとばかりにここに三人は校門を出て行った。あの長い大学通も過ぎ、三丁目の交差点を渡り終わるや否《いな》や、私の眼は眩《くるめ》き出した。そして間もなく私は二友の間に倒れんとした。あまりの突然さにどうしてこれを地震と知ろう。その瞬間にはこれを朝来《ちょうらい》の不気分にかこつけていた。するとたちまちどこからともなく爆音が聞こえて来た。化粧煉瓦は剥がれる。瓦は落ちる。砂煙は道を塞いで天へ捲《ま》く。電車も停まる。自動車も止まる。馬力もぴたりと地につく。慌てて家より飛び出す蒼白の人、路上にたじろぐ喪心《そしん》の［正気を失った］顔。万人すべてが一時に虚飾の面皮《めんぴ》を剥いだ。私等も恐ろしい。第一震は無意識のうちに終わったが、これが終わるや、直ぐに電車道に馳せた。第二震は来た。T君と互いに肩を寄せ合っていたが、H君はすでに路上に匍匐《ほふく》していた［腹ばいになっていた］。震動が少し静まると、我が心は家へ馳せた。三越行きもこれで終わりだ。これにおいて二君に事情をのべ家路に就いた。一老人が三丁目の交番に馳せつけた。見れば頭から砂だらけで剰え《あまつさ》［その上］血がにじんでいる。しきりに何事か巡査に述べていた。巡査はしきりに手帳に記す。その口吻《こうふん》［言いぶり］より察すれば、この人は潰れた家の下より辛うじて出て、その家族は家の下敷きになっているらしい。菊坂を急ぎ下る。この辺の被害はとても本郷通りの比ではない。瓦は道の両側を敷き詰めていた。人々は道の真ん中であちこちに群れをなす。変事に迷うは人の習い。一老婦はまじないを人に説いて得々と［得意になって］していた。さらに進むと一家族が戸にのせた一老病者を囲んで前途を慨《なげ》いていた。悲話哀話はここかしこに充ち満ちている。柳町通りへ出た。この辺は土地低軟のためか、その被害甚大なるに驚かされた。倒壊家屋は所々に見受けられた。震動の大はまた実に想外であった。間欠的に来ては地を真底から大きく動かす。さすがの電車道も陥没すまいかと疑われた。その度ごとに両側の瓦の落ちた家が倒れんばかりに揺れる。とても立ってはいられない。一人の人が我が側に来た。尋ねると我が行くべき道はすこぶるひどくて死者もだいぶ出たようだという。私は落胆してしまった。潰れた家を心に描き、母の身の上の事さえ考えるに悲しかった。あぁまたポンペイなどの惨事をここに繰り返さなければならぬのかと天を仰いで歎息《たんそく》した。高き青天を誇る秋の空には陰鬱な悪雲広がり、天日《てんじつ》［太陽］傍目《はため》に赤黒く、触るだに薄気味悪き魔風は吹き頻《しき》った。ふと彼方を望めば、すでに二方向より二条の太き黒煙立ち上り、しかもそれがますます此方《こっち》へと延びて来ておった。この烟《けむり》こそやがてほとんど全市をなめた焔雲《ほむらぐも》と誰が思おう。下町よりは陸続きとして勤め人が帰って来る。私はここにおいて意を決し家に帰りついた。幸《こう》なるかな。家は依然として立ち、父母も無事でおられた。喜び何かこれに過ぎよう。学校の方からも真近く黒煙が上っていた。一高は焼けたという。実に悲観してしまった。この間まで近所に居て、今はその住居を人に貸して転居した家の主人が尋ねて来られた。相当偉い人でかつ常に無口大胆の人に見えたが、富の魔力は恐ろしいもので、ここまで来られたのだが、その顔色なきを見て転感せざるを得なかった。近所の家々は次第に空家になって行く。私等も家を棄てて植物園に避難した。俗言《ぞくげん》［言い伝え］のごとく竹藪の中に入ったが、その湿潤に悩まされること一通りでない。夜に入れば彼の恐ろしき白羊《はくよう》の毛雲は灼けて真紅に天を焦がし、その凄惨は火狂ネロ帝の弄《もてあそ》びしローマの大火に越ゆること万々なるべく、黙々のうちに今にも修羅の巷《ちまた》を見せられんとした。四囲《しい》はただ暗々としてあちこちに明滅する燭火《しょっか》［灯火］のみ。あぁさらにさらに恐怖の二昼夜をここに過ごさねばならなかった。

火海焔濤《えんとう》（神田）

清水轍二　文甲二二

蒼天《そうてん》〔青空〕朗《ほが》らかに晴れ、気麗《うらら》かにして秋の景色なり。松坂屋に鳥弁当を喰い、十一時三十五分広小路にて青山行電車に乗りぬ。駿河台下を過ぎカーブを曲がるや、戛然《かつぜん》〔硬いものが触れ合って音が鳴る様〕として轢轢《りょうれき》の響きあり。窓外を覗《うかが》れば屋家ことごとく揺れ、たちまち眼前の瓦屋は蟹潰して倒れ、隣の時計店のショーウインドは破れ、ラッチは鎖に吊られてショックの波動を起こせり。

人々叫べば、稚子は恟然《きょうぜん》として〔驚き恐れて〕泣く。次の震動は地を揺り、出《い》でたる男女の手は舞い、足は転びぬ。午砲《ごほう》〔正午を知らせる砲声〕耳を打つ。見上ぐれば一縷《いちる》の煙り一ッ橋に方《あた》り、霏忽として〔突然〕昇る。「火事！」群衆車中に入る。三回の地震は、車掌がポールを引きたれば、カーを左右に動かして、爺野《じいや》を始め「南無妙法連華経！」と唱えたり、余は呵笑《かしょう》して電車を下りぬ。砲声続いて聞こゆ。

駿河台の交差点は水涌きたり。御茶ノ水に来たれば、余震して女学生が泣かんばかりなるを「電車路こそ安全なれ」と導きぬ。竹町にも倒壊家屋あり。春木町に親戚を訪《おとの》えば、皆箸投げて庭なる松の樹に凭《もた》れり。大学は火なり。余は芝なる老父独りが心配なれば寮には行かで返す。錦町に来れば、祝融《しゅくゆう》［火の神］すでに東京堂［書店］を襲えり。荷を出す人、あるいは恐怖し、あるいは急忙す。河岸には看護婦の負傷者を包帯せるあり。神田橋は半ば落ちぬ。内務省の石門は倒れ歩哨《ほしょう》［見張り番］空しく立てり。和田倉門内の林野局の焔は堀を越えて熱し、頃《ころ》しも九月一日なれば、途行く人は流汗淋漓《りゅうかんりんり》たり［汗が滴っている］。舗石上《しきいし》に変圧計墜ちてあり。警視庁さえ黒煙濛々《もうもう》として火に包まれ、灰燼は坤《ひつじさる》［南西］の烈風に煽《あお》られて馬場先門に霙《みぞれ》と降りたれば、懈《だる》き［重く疲れた］脚を馳せて広場に出づ。人々右往左往せり、凱旋道路《かいせんどうろ》は亀裂して、踏む足さえ振るいたり。虎の門に来れば、溜池の煙は艮《うしとら》［北東］の方に靡《なび》き、飯倉にては煤《すす》かぶりたる婦人に出会いぬ。小僧が運びたる水に渇きを癒やし、三田通りに来つれば、縷々《るる》として［細長く連らなって］昇る煙に心戦《おのの》き、迂回して泉岳寺前に菓子を購《あがな》う。店の翁が計る指は慄《ふる》えたり。

二本榎に着きぬれば、父は裏なる墓所へ避難し、隣家の叔母は顔色蒼くして、馨嬢が帰らぬとてことさら落ち着かぬほどにやがて帰り来ぬ。父はまさに二階に座し、強震の時、柱によって家の傾きを察すれば、甍瓦沛然《いらかはいぜん》として［激しく］降り、膳を迎えて空腹を満たしつつあるや、第二震はたちまち塵埃《じんあい》を揚げて食う能《あた》わざれば、間歇《かんけつ》［揺れの止み間］中に階段を下りて出で、隣人の火を警《いまし》めつつ一旦承教寺園に避くれば、人々仁王門に凭《もた》りたれば、甍《いらか》［瓦］落ちんこそ危けれとののしり退かせぬと語りぬ。

竈《かまど》持ち出し、松葉掻き塔婆《とうば》［墓地に置かれた経文を書いた木製の札］折り焚きし黄金飯も恐懼《きょうく》の胸ふたがりて、鉢に残りぬ。折から艮《うしとら》の方に暗澹たる雲現れ、轟然《ごうぜん》たる音加わりて、雷の怒号するがごとし。父は「地震に追われて、雷雨に濡れん」と託《かこ》ちたれば［嘆くので］、余は「回祿《かいろく》の雲」［火災の雲］と諍《いさか》いぬ。

暮色暖々《ぼしょくだんだん》として、落暉《らっき》［沈む太陽］の一射は、明治学院の方尖頭に映え、虞淵《ぐえん》の紺碧杳《こんぺきよう》として［暗くなり］日昃《かたむ》く。三光晻昧《さんこうあんまい》にして、四辺闇なり。渰雲業火《えんうんごうか》に輝き雲然たり。灰燼遥かに煌々として婦女を戦《おのの》かし、蝋燭淡く墓碑を写す。往来は人騒然として、墓所に往き交う提灯は怪し。

夜十時聖坂に行けば、芝京橋日本橋は一大溶鉱炉の中にありて、炳然《へいぜん》として蛍光を放つ。一六六六年のローマの火災も想像せられたり。轟然たる響き、爆声は凛乎《りんこ》として耳を打つ。火海は業風《ごうふう》に煽《あお》られ、焔濤《えんとう》は月島に及びぬ。遠く赤々たるは深川本所なり。今や三越の炎魔は、虚栄《きょえい》の全市を圧服《あっぷく》せんとして、鼓を撃つに似たり。

帰り来れば、さすがに草木は眠り、淡き燈《あかり》の蔭には語り低き人も横たえられたり。父は甘露を飲みて、嗜好したる蚊帳に寝る。折から層雲《そううん》の蔭には皓《こう》として、弦月瓢う。九秋《きゅうしゅう》［秋の三ヶ月］霜空しく地上に苦《う》えて、心ある人愁傷《しゅうしょう》す。素光頃刻《そこうけいこく》［しばらくの間］にして霆雲《ていうん》［雷雲］また覆う。月暈《つきがさ》の下、永く馨嬢と座す。偉大なる信念と、奇異の経験と、我が脳裏を襲い、聖《きよ》き愛と、貴き宗教と、我が脳裏に涌きぬ。

駄目だ行こう（神田）

大島治善　文乙二

長き夏休みは去りぬ。学ぶべぎ秋は来たりぬ。残暑甚しかりしかど、元気に満ち満ちて友の顔見んとて学校に行きぬ。時に九月一日、世は平和に包まれ、人々は何の不安恐怖もなく、楽しく業務に従事し居たりき。友と休み中の出来事を語り合い雨を衝《つ》いて家に帰りしは、いまだ十一時前なりき。ただちに濡れる衣服を脱ぎ、寝巻一枚にくるまりて食事を終わり、食後の談話、それは平生《へいぜい》と何の異なる所なく一家挙がりて語り、笑い、楽しく時を過ごせり。その時すでに自然の偉大なる力は人力のいかに弱きを示さんためか、着々としてその計画を進め居たりしなり。それを何人《なんびと》かしらん。自然が破壊の手をこの地上に現し、その瞬間まですべての予言者もすべての科学者も、一人としてこれを感ぜしものあらざりしなり。あぁ人智の発達大なりといえども自然の力より見ればいかばかりぞ。

ガタリ「地震」ガタガタ「少し大きいようだぞ」と思う間もなくメリメリッと柱の曲がる音とともに家じゅうが大洋上の小船のごとく揺れ始む。今まで横たわりて新聞など読み居たりし者どもも「それ表へ」というかけ声もろとも立ち上がりしが、前後左右に家の激しく揺るるため、歩むはおろか、足の踏むべき所もなくて、柱にしがみつきしまま、互いに顔見合わせて、一語を発する事もなく、ただ揺るるに任せたり。一秒二秒床はますます揺れる。メリメリ柱がきしむ、ガチャンガチャン硝子戸外れ、硝子砕けて木葉微塵《こっぱみじん》に飛び散り、バタンバタン棚々の本が何十冊となく揺れ落ちる音が入り乱れて、耳を聾《ろう》する［聞こえなくする］ばかり。父の口の動くは見ゆれども、一語も耳に入らず。恐怖全身を支配し、どうにかして、家より逃れ出んとすれど、全く歩む能《あた》わず、ついにはこのまま家に圧せられて家族全滅するにあらずやと思われたり。されど天やわずかに恵を賜える。家の圧せざるに先立ち、地はようやく震いを止めたり。地震止むと感ぜし時、はや我は表の硝子戸を蹴飛ばして表に出づ。家族全部瞬間を経ずして我に続けり。たちまち大通りに走り、家なくて小さき板塀のわずかに立てるに身を寄せて、余震や来ると待ち構えたり。かくて気もようやく落ち着きしかば、町の様を目に見るを得たり。往来は砂煙一面に濛々《もうもう》として立ち、瓦は一面に道を覆えり。家々潰れて、屋根地に生えり。今まで家に隠れて望み得ざりし所も、今や何の妨げもなく、見通し得。やがて白服の巡査右往左往す。頭を割られ、胸を打たれし者、血みどろになりて、運び去らる。家の書生《しょせい》一人足を深く硝子にて切り、血にまみれて来る。されど他に誰の負傷もなかりしかば、わずかに幸福を喜び合いしも束の間、三方に黒煙は上れり。今川小路の火最も近し。一散に火は迫る。先刻《せんこく》の雨も、快晴のために全く乾きて、一物として火を遮《さえぎ》るものなし。はや我が家は危険に瀕せり。家財を出さんとせしが余震なお盛んにして、家は左右に揺れて近づく能《あた》はず。恐怖未だ去らざりしが、無一物にて焼け出されんはなお恐ろし。ついに勇を鼓して家に入り、手当たり次第目に入る物を引き出して商大の中に運び出しぬ。はや前の下宿屋は燃え始めぬ、黒煙は瓦の間より迸出《ふきだ》す。紅焔《こうえん》は障子をなめ、柱を包み、我が家に吹き掛けぬ。我は今一度と家に飛び込み夜具を担いぬ。巡査は表より「出ろ出ろ」と叫ぶ。はや我が家は焼くるか。十年一日のごとく我を宿しし我が家は焼くるか。愛着の念は胸に充ち充つれども、今やせん術《すべ》なきを如何せん。

「駄目だ、行こう」父と目を見合わせ、家を去り出ぬ。振り返ればはや火は点きぬとおぼしく煙はもうもうと立ち上りぬ。やがて焔に包まれ、父の苦心の結晶も灰となるらん。残念！

下に二、三人居ります（神田）

有賀資農夫　理乙一

朝驟雨《しゅうう》［にわか雨］があったが間もなく晴れ、十時頃には少しの風があったけれども空には一片の雲もなく、二百十日［立春から数えて二百十日。台風や風が強い時期と言われる］の前日にしては、あまり穏やかであった。このような静穏な日にあのような大惨事が起ころうとは、何人《なんびと》も夢にも思わなかった。

その日僕は学校の帰りに、ちょっと買い物のために銀座に行くつもりで友達二人で友達の家に行った。その途中二人で、人間がいかに万物の霊長なんだといった所で大自然の前には何らの力もない、など言いあった。友達の家から神田にまわり、ちょうど昼時だったから、とある蕎麦屋に寄って、昼飯の準備最中に、気味の悪い鳴動が起こり、その途端にぐらぐらと家が揺れ出した。おや地震だなと思って、敷石を見た時に突然に石が躍り上ったから、心の落ち着きも失って脱いでおった帽子も下駄も捨ててあわてて往来に飛び出した。その内にちょっと静まってすこしたって、また前よりも大きなのがやって来た。瓦壁などの落ちる音、人の悲鳴、家の倒れる音がごっちゃになって聞こえる。砂煙がもうもう立って一種耐えられない臭気が鼻をつく。揺られながら今までおった蕎麦屋の方をふりかえって見た時ははっとした。今まで何事もなかったその家は潰れて、その家の主人とおぼしき人は、屋根の上にのぼって、おろおろした声で「下に二、三人いますから、早く助けて下さい」と叫んで瓦をはいでいる。そうしている内に九段に近い方に二、三箇所の火の手が上がるのを見たので、ここにこうしておった所が致し方がないから、早く逃げようと思って、二人は裸足のままようやく九段にたどりついた。牛ヶ淵の公園も、九段も家から飛び出した人で一杯であった。近衛師団《このえしだん》の石垣もおおかた崩れて、池の中に落ちこんでいる。坂上から見ると火の手が五、六箇所に見える。咽喉《のど》が乾いたから、水道の栓をひねって見たが、もう水は出てこなかった。こうなればこの火事は火の暴れるままに任せるより仕方がないと思った。

僕の家は浅草にあったから、家の方が心配になったので、すぐその足で本郷にぬけて下谷に出た。途中諏訪町帝大が盛んに燃えていた。夢中で駆け抜け、ようやく上野まで来た時は、空には奇麗な層雲があり、ただ白くなっている限り、何物も見えなかった。

それから後の事は記するに堪えない。あぁもし火事が起こらなかったら、こう思うだけである。僕の親戚の家はもちろん焼けて祖父さんが焼死し、すぐ裏の池では八百人からの人が死んでおった。ようやくの事翌朝になって、親戚の人々の無事の顔を見て、互いに喜び合った。

学校は八日まで休業になったけれども、僕は学校用品もすべて焼いてしまったから、ひとまず国に帰ることにした。

世界第六位を誇りし東京も、一朝にして、その大半は焼け野原となってしまった。否東京のみならず関東の大半、日本の文化の中心地を焦土と化してしまった。ある者は今回の地震を天譴《てんけん》といい、ある者は自然の一現象としてこれを葬り去らんとする。我々は十分に注意して二度かくならざるべく心得べきである。

鳩三、四羽（神田）

荒船清一　文甲一二

非常に蒸し暑い日であった。午前ひとしきりさっと強い風が吹いてパッタリと吹き止んだ。と突然ドッと体が持ち上げられたと思うとグラグラ家が揺れ、ソレ地震と箪笥の下に逃げると次第に動揺は激しくなるばかり。ゴーッという地震の音、器物の破損する音が交々《こもごも》聞こえ、屋根の土はばらばらと屋内に吹き込んで四辺がよく見えない。動く事もできずにじっとしているとだんだん震動が静まって、やっと外に飛び出した。屋根の瓦は滑り、ある家は二階が落ち、土蔵の土は落ち、口々に何かわめきながら人々は大通りに固まって茫然自失《ぼうぜんじしつ》している。と彼方《あっち》に火事がおきた。此方《こっち》も煙が出た。向こうの方にも火の手が上がった、という声にまた驚いてその方向を見れば黒い煙が四方からわいて出ている。十分――二十分――三十分しかし、少しも火勢が衰えず、次第に煙が近づいて来る。逃げようか、とどまろうか、どこへ逃げようと惑いつつ、また幾十分か経つ。そのうちに背に荷物を負い、手車に荷を積み、自動車を走らせて、火の手より比較的離れている西の方へと急いで行く。次第にその足音がしげくなりゆく。火の手はまた近づいて来る。恐るおそる毀《こわ》れた家に入る。手荷物を作って西の方、一ッ橋方面に急いで行く。進んだり戻ったり、人の波に揺られてやっと一ッ橋の橋を渡って堀端にほっと息をついた。でもまだ遠くの火が気になる、もう夕日もだいぶ傾いて、黒煙に映って恐ろしい色をなし、いつから現れたか入道雲がひろく、煙の空に広がって凄い形相《ぎょうそう》のように思われ、どこから飛んで来たのか鳩が三、四羽空高く煙の中をあっちに飛びこっちに迷っていた。内務省あたりを焼いている火は次第に手前へ押し寄せてくる。日ももう没して暗くなれば人々の不安は一層増し、四方の黒煙は、赤く輝き火の粉はすでに頭上に振りかかって、そこに一杯つまっている避難民の荷物の上へどしどし落ちかかる。前の中央気象台、建物の上に立って二、三人ホースで懸命に防火せんと努めている。もうこの場所におっても火の気で暑くなって来た。火の粉の振り方はますます猛烈、空一面真っ赤となった。神保町方面の火がすぐ前の商大に飛び火したのである。

「危ない危ないッ」という声がし、大きい物音がした「ソレ橋が落ちた」と人々が総立ちとなり、宮内省の平川門の開くと同時になだれを打って押し込まれる。家族を見失わぬようにと眼を配りながら——中に入って松の樹の繁っている石垣の上にたどり付き、家族全部の無事を喜んでほっとする。次第に入って来る人でさすがの馬場もどこも一杯になり、家族の名を大声に呼び探し求めているのが方々にあった。前も後ろも右も左も空一面赤く輝いて真昼のごとく。その赤い煙が先の入道雲の中央を縫うて行った。石垣の上より堀を越えて丸の内方面を臨むと、すべて火の海であった。大建築物の円塔も尖塔も平たき屋根もすべて真紅の焔になめられ、鉄も石も木もありとあらゆるもの皆、火の前には征服されて、高く低く火の波は躍り狂っていた。

この場所も火に襲われはせぬかという不安にたえず恐れては、チョットの刺激にもすぐビクッとし、極度の緊張に達していた心も非常な疲労に堪えられず、ついにうとうと眠りに落ち、またすぐに不安な眠りより覚めて、朝日の早く出づるを待った。

モルヒネはきかぬ（神田）

金石一雄　文甲一二

小刀細工のような人間がどう騒いで見たところで仕方のない出来事でした。こういうことがありましたよと笑いながら今でこそ食後の無駄話に朋友《ほうゆう》を前にして語り出す私自身の声音《こわね》に、被服廠も永代橋も勘定に入れないような気楽さがあるのは全く私に分与された運命（でしょう）のあまりに僥倖《ぎょうこう》であったためでしょう。

大して丈夫そうでもないのに、私は生涯初めて入院したのは、実に九月一日だった。ある手術を受けるために神田連雀町の阿久津病院だった。この病院は元琴清楼《きんせいろう》とかいう料理屋であったという話、純日本式な贅を尽くした頑丈な建物であった。それがため、あれほどの強震には崩壊はしなかったが、あの無人の野を行くような火災だけは如何ともすることができなかった。

「速く速く」と病院の人々に急《せ》き立てられて、あの混雑の中をやっと人力車を一台調達して、動けない私の体を乗せて御成街道を上野の濱野病院まで他の患者と一緒に避難した。本郷を疾駆《しっく》する火焔《かえん》、とてもお話にならぬ混雑、その間を押し分け押し分け上野の山を通り抜けて濱野病院に到着、十五畳ほどの間へごちゃごちゃと阿久津病院の患者が寝かされた。六時頃であったと思う。

「どうだ痛むか」と父の大きな顔が覆い被さるように私を覗き込んだ。極度に緊張した気が緩んだせいか堪え難い痛みがズキズキ骨をさす、力なく頷いて私は枕にしがみついた。

「家はもう焼けたよ」とまた父が言った。何だかそれがちょっとも不思議のない当然のことのように私の耳には響いた。

混乱の内に夜は更ける。

柱時計がボンボンと九時を打った。

「九時だ」誰かが淋しそうに言った。「まだか」とまた一人。

どうしても紛れない痛みの内に私は十時を聞いた十一時も聞いた……

「あ痛たッ」いきなり私の左腕へ何か突込まれた。「モルヒネです、今度はよく眠れましょう」親切そうな医師の顔が暗い電灯の蔭に茫《ぼう》と［ぼんやり］見えた。

眼を開くと庭の木の上に高く動かぬ火が見える。門前の人の叫び声は一種不気味なうなり声となって聞こえてくる。

二時を聞く。やっぱりモルヒネは利かぬらしい。

誰も眠っていないらしい。誰かが父をつかまえて「こんな時一緒になった人々が生涯本当のよいお仲間になるのではないでしょうか」と言いながらかすれるように笑った。

巷に彷徨《さまよ》う魂（神田）

前原正徹　文丙一

天気晴朗《せいろう》にして一抹《いつまつ》の雲影をも止めず。砂塵《さじん》都市に飛散して、市民は己《おの》が職務に熱中せる時、誰が一秒後の大悲惨を予感せし者かありつる。あゝ回顧するだに一場の悪夢に襲われて身魂《しんこん》身に添わざる［現実のものと思えない］ごとき感ある大地震は、予等の第二学期の第一の日、大正十二年九月一日午前十一時五十八分を以て、その火蓋《ひぶた》を切って放ちたるなり。その厄に会いたる者にして想起するごとに、深く印象せられたる何物かあるを知らざる者なからん。予の人生観をして新たにせしめたるその日こそは、最も予に取りては忘れ得ざる思い出なり。今や十幾万の霊は地下に眠り、万物静かにして心なき草木に梢《こずえ》あるごとく、父子を失いあるいは友を葬り、親戚を愁《うる》うるの涙乾く暇《ひま》なき者あるを思えば木強漢《ぼっきょうかん》［屈強］の者といえども一掬《いっきく》の［わずかな］涙、あに禁じ得ざらんや。当時予は神田小川町の知人の宅に在り。該宅《がいたく》［その家］に親友あれば彼と共に夏休み後に再び相会せしを喜び、相擁して旧情を温め、肩を控きて将来を語れり。

昼餐《ちゅうさん》前にしばし休憩もやせむと心安らかに天井を眺めつつ、やがて眼を閉じ十分ばかりも伏しいたりけん、ぐらぐらと家揺れ始めたり。

「地震なるか、五、六分もすれば止むべし」と思いて心覚めいたれど、身体依然として横たわり友の我を呼び起こすを煩《うるさ》しとぞ思いける。

にわかに家鳴《やなり》［家屋がみしみし音を立てること］振動普通に異なり、形勢は不穏にして友は窓より外に飛び出でんとせり。しかるに家屋の瓦片頻々《しくしく》として雨の降るごとく落ち来たりたれば、踵《きびす》を返してまたも予がもとに飛び来れり。

予は起きて座したれど、立たんとして身体前後に揺れて如何ともなし難く、うつ伏して両手にて顔覆ひて友と共にうずくまれり。

その間一大音響と共に教会の煉瓦は落下し来たり、予等の上には幸いにも一枚の襖頭上に落下せしのみなりしかど、屋根は予等の側を去る三尺ばかりの所に落ち、その危険いうばかりなりき。土砂粉々として鼻口目耳到る所に入れど、身体を動かすだに苦し。友は予に向かいて動くべからずと制し居れり。振動ややに治まりぬれば出でんとせしも、またぐらぐらと家の揺るるにぞ幾度か肝を冷やしし事ならん。

かかる間にまず友はようようそこを這い出でたり。予もこれに続きて出でたり。見渡す限り煉瓦飛散し、二階は平屋のごとく圧倒され、瓦は道路を埋め、家の棟木《むなぎ》飛び出て目も当てられず。

助けを求むる声は家の下より響き出で、施す術も考えられず。家は半分倒れ半分立ちて吹く風だにも震動するばかりなれば近寄る事難く、下手に歩行せんかたちまち地上の釘は迫りて足の裏を破るべし。瞬間にして天は地獄を現出せしめたり。屋根より落ち来たりたる柱のためなるべし、昇君はあたかもヒキガエルのごとく家の下敷きになりて助けを求めいたり。さながら床下にありて家を支えんとする石のごとくその悲惨は見ゆるだけに一層なり。そのほか家人の声と覚しくて声はすれども姿は見えずに救助を求むる事、阿修羅《あしゅら》の巷《ちまた》に彷徨《さまよ》う魂に異ならず。二階に在りしものならんこの家の妻君《さいくん》の妹は、己《おの》が［自分の］子供を掻き抱きて格子戸より出ずる事能《あた》わず。予輩《よはい》に向かいて四畳半にたくさん人圧《お》し潰され居れば、助け出して下され早く早くと飛び立つ鳥のごとくあわてふためくにぞ、予は家の棟木《むなぎ》を取りてまず格子戸を破ればそこより彼女は親子二人して走り出でたり。友は昇君を助けんとして一生懸命になりいたれば、予はただちに声する方へと畳をはぐり床板をめくり一生懸命に働けり。かかる所へ表門に堤君の姿見えければ共に共に力をあわせて汗を流し、力を限りに天井なる二重の床を取り外しにかかれり。その間にも地震は数分おきに恐れ戦《おのの》く人々の肝を浮き立たせ、互いに顔見合わせしめたる事なり。

なれど倦《う》まず撓《たゆ》まず必死の力を尽くしたれば、中より無事に四人共々に相次いで出でたり。

不幸中の幸いとはこの事なるべし。一人出ずるごとに相励まし力を致して救わんとする人の心ぞ麗わしかりける。大塚君の時は最も苦心せしめられたり。堤君は鋸《のこぎり》をまで持ち出して木を切りてようやく出だす事を得たるなり。

かかる間に昇君も下の方を掘りて這い出ずる事を得て、皆ほっとひと先ず安心の胸をなで下ろせり。予はその時襦袢《じゅばん》［下着］とズボンのみを着して上衣は倒壊せる家屋の下に置きたるままにて忘れていたるなり。皆助かる事を得て道路に出ずれば、もはや第二の災害の淵に立てる予等を発見して思わず驚きの声を上げたり。それは大地震に伴う火事なり。火の手はこの上になお全市街を甜《な》め尽くさんず勢いにて紅蓮《ぐれん》の舌を巻き、それは恐ろしき事いわん方なく、予等はしばし茫然として四ッ角に佇《たたず》めり。かくてあり得ぬ事なれば、再び倒壊家屋の中に入り、箪笥布団など貴重品の持ち出しにまたも第二の力をしぼりたり。

予も辛うじて上衣と帽子とをわずかに開ける所より引き出し得たり。

天のなせる災いはなお避くべし、自ら成せる災いは避くべからず、天我に災いすとも我誠の力にて以てこれに対せん。人事を尽くしてぞ天命を待つべきなる。予等がこの不慮の災いの中に在りて共々に助けんとする力や、天に通じけん。堤君はどこよりかまた車を借り来れるぞ、先の鋸といい感謝すべき限りなりき。

早速運び出せる荷物を車に満載して阪田町の川辺へと避難し行けり。その様や桜島の噴火の時の事ども思い出でられて悲惨なりき。

惜しむべきはこの家の主人公、学者にしてその蔵書数多く、いずれも稀なる貴重の品々なりしを予等の不注意のためとやいわん、また書斎倒壊のゆえなりしにやあらん、とにかく一冊も持ち出し得ざりし事なりき。

なれど命の助かりし事をせめてもの慰藉《いしゃ》〔慰め〕と主人は何も愚痴の一言葉も発せざりしに予等は愧《は》じ入りたり。

かくて一旦川辺に避難し、車より荷物など取り出し、対岸の火事を眺むるほどの余裕を持ち得し頃しもあれ、火の手はあおりにあおられて今度は阪田町の停車場の四方辺りより我等に迫れり。余等はその形勢偵察に二度までも阪田町電車通りに出でたり。遠近《おちこち》に九段を指して避難する人、相続いて見えたり。

ここにおいて我等もまた人々と共にまたも荷物を整理して車に乗せて牛ヶ淵へと曳き行けり。あまたの人満ちて通る由もなきを押し分けてようやく一隅を占むるを得て腹も満たすを得たり。

かくて近くに燃ゆる火事恐ろしき入道雲を見ながら、青天井の下に今宵の野宿を定めたるぞ臍《へそ》の緒切って初めての事なりし。

寒き風は肌に迫りて、粟を生じ握飯食う悲哀を感ぜしめられたり。我が身の苦痛はともかくも、今より後はかかる状態を続けざるべからざる人の身の上を思えば、また潜然《せんぜん》［こっそり］たらざらんとするも得んや。あぁ何すれぞ天は無辜《むこ》［罪のない］の民を災する。愛子を放育せんためにこれを鞭うつに譬《たと》うべきか。何ぞその天譴《てんけん》の大なる。良薬の口に苦きに比せんか。何ぞその多くの人の口に合わずしてこれを死せしむるほどに甚だしき。

予その正しきを理解せんとして迷うなり。

罪ある人のいる所までは（小石川）

宮本　環　文甲三一

「何ですって、今のが地震、嘘を！　オヤやっぱり地震だわ、だが小さな奴だこと、さっきの涙ぐらいの奴よ」もう地震に慣れきった人達の声を聞き流して大通りに出た。頭に瓦が落ちても大丈夫のようにと、固い麦わら帽の下にタオルを置いて、それをかぶってその上をまた手拭いで結んで、浴衣がけでぶらりと出た。さすがは大通りだ、停電していても明るいなと思いながら、店々をのぞけば、皆店先で蝋燭の細い光をたよりに、一家じゅうが寄っている。口ばかりは達者だが、やはり怖いと見えると思って、ひとりで可笑《おか》しくなった。平常ならば真っ暗なはずの目白不動尊の所も、影が映るほどに明るい、東の真っ赤な空は、昼の火事がずっと消えぬらしい。それでこそ大通りが明るいのだ。火事には違いないが、火事とはいい難いような一面の紅《くれない》の空と、これと相応ずる一面の火の地とが照り返し合っている。太陽が赤い色だけを投じている光景である、「ウワッ、たまらねえ」と野次馬が一人走って行く。

恐ろしく続いている火の海、北の果てのは日暮里あたりのか、南の果てのは品川だそうな、真正面は火に火が重なって、その中には本所深川が全滅しているとか。「ホゥ提灯はいらなかった」と、二、三人の若い男が通った。足元の音羽の火は、二、三十軒も焼いて今は焔も絶え絶えに昇る。地震後すぐに飛び出して来た時は、四人の負傷者と一人の死骸が運ばれて行ったが、今はどうしたことやら。急に火事場に行きたくなる、一生に一度の大火事だ、死ぬことはあるまいと強行軍で明るみのところへ行った。道すがら往来は地震に恐れて外に出ている人や荷物やで、急げもせぬ、そこに眩しいヘッドライトで自動車が来る、さすが人々をよけて通る。

諏訪町の火はまだ盛んに燃えて、電信柱がしきりに火を吐いている、怖い恐ろしい一点張りの老人や女や、よく燃えると得意顔の若衆や、そこらここらに群がって、法螺《ほら》と本当と練りまぜて、九死一生の功名話の土方《どかた》に耳を傾ける。「逃げたね、立派な奥さんやお嬢さんが、下駄履く間もないって、皆裸足だぜ、まったくひどく揺れたよ」これは三越の物語り。「全くね、何しろ上野の山が人だらけだ、かかあを連れていたから、あの山を下るのに五時間あまりさ」これは上野の群集の話。火事泥もない、野次馬もない、非常線を張ってない飯田町の火事は全く熱かった。ガード一つで一面の火、そこここに二、三人ずつ心細げに見ているものもある。何が何やら一面の火、駿河台の土地と富士見町の台地とが黒く見える。人は誰でも金時面［金太郎のような赤い顔］。北辰社《ほくしんしゃ》［当時飯田橋付近にあった乳牛を飼育する牧場］の倉が火を吹いて近寄れず、空しくとって返して本郷台へ出る。焼けたはずの一高がちゃんとある。ここは閑人が多いらしい。もう三丁目までは大通りが段々人に搾《し》められて行く。三丁目の角はもう焼けるだろう、さすがに非常線を張っていて通さない。押され押されて最前列に出た時、後に声あり曰く、非常線張る暇《ひま》があんなら火を消せと。逆上の査公［巡査］ますます逆上の気味で、満面朱怒して「誰だっ」と振り向けば、男はすでに隠れて正面の余輩を睨《にら》む。喞筒《そくとう》［ポンプ］もない、消防手も居ず、青年団と店の者とが、角から三軒目の家に水をかける。数里を焦がした火はどうして手桶一杯では消える由もない。「忙がしい中に喧嘩する奴も無いもんだ」「なんと、此奴が生意気だからよ、馬鹿野郎、かねやす［江戸時代以来、本郷で営業をしていた洋品店］の道路じゃねえ、東京市の道路だ、俺等の税でできた道だい」と、かねやすの道に乱れ積んである道具の上で兄哥《あにい》が叫ぶ。「何だ税も出しゃしねえで」とまぜかえす。「べらぼうめ、ありゃ家賃だ」でドッと来る。火を前にして余裕ある冗談をいう兄哥は焼け出された者らしい。油屋の倉に火が入った。もう焼けると見ていると、後ろからの力でとうとう非常線を破る。電車通りは熱い。人道を急いで通る。二、三町［約三百メートル］ぐらいで道の両側が火となる。五人くらいの集まりに入って自分も共々火事の話に耽る。三越も、白木屋も、警視庁も、宮城も、皆焼けた、本所深川の火が浅草京橋にうつったそうだ、渋谷の火で青山は全滅、銀座は影も無かろう、人死も多かろう。こんな話にまた新手が飛び込んで来た。見ればパンツに薄シャツに、マラソンの練習らしい若い男、やあオヤで挨拶は抜きに、早速話はは ずむ。「エ、青年会館は早かった、何しろ池袋じゃ歩くこともヨロヨロでしたよ、火事で道が人だらけ、それでもこんななりでしたから、真っ先に走りましたよ、本郷に帰りたいが、人が逆に寄せて来るのでどうにもならず、また引き返して神田橋へ来ると、これが渡れず、エ壊れてですよ、大蔵省が火でしょう、サァ宮城もどうですか、時間は四時頃でしょう、一ツ橋が渡れたんで命拾いですよ、あれが落ちていたら、隠分人が死んだでしょう」若者は事もなげに語る。「小川町も何もありやしませんよ、きっと」傍から番頭らしいのが口を出す。「十二階はすぐ倒れたと言いますね」と、新聞配達らしいのが話す。次から次へと倒れた話、焼けた話が続く。傍に立っていた巡査までも集団に加わる。そしてこの集まりは火を本当に前にひかえながら、貪るように話に気を取られていた。

絵絹《えぎぬ》に書いたような一枚一枚の焔が、地を這い上に昇り、しきりに躍る。不思議に焼け残ったこの一筋の街の、不気味なような黒に数尺を隔らない赤い火が、チョロチョロと向かって来る。好奇と緊張とに心を奪われたこの五、六人の赤い面もチラチラ動く。人気のない里の山火事のような、東京を灰とするようには思われないような火に押しつけられた静けさ。それを破って聞こえる大爆音は、砲兵工廠《ほうへいこうしょう》だろうと噂される。仰げば月も面を赤く彩って、焔隠れに出ている。小さな人間が数十年で積み上げた華美の都も自然の目からは一塊の焚木《たきぎ》に過ぎないのだろう。今は全く燃えるだけ燃やさねばなるまい。人間が小賢《こざか》しくも神の火を盗んだために、この苦しみを受けねばなるまい。劫火《ごうか》であろう。危ない！　バサリと電信柱の燃えかけが数尺の前に落ちる。消えずに悩む火の手がバッと上がり、周囲をグッと明るくする。この火事はいったいどこからどこまで行くのやら、罪ある人のいる所までは燃えて狂って追って行くのだろう。

石壁の炉（小石川）

岡本　清　文甲一二

昔ガリアのブレンヌスが「世界は強者の有なり」といい、また戦敗国ローマを憐《あわれ》んで「あぁ敗北者は不幸なるかな」と言った。九月一日における自然の暴威――これはブレンヌスを以て喩《たと》える事ができる――はローマにはあらぬ大東京の市を焦土とし、思うさま荒れ狂って立ち去った。誠に「敗北者は不幸なるかな」とは人類が叫び得るべき、最大真摯の言の一つである。あぁ九月一日の帝都市民！　同じ自然に対する戦の敗北者としてのレベルに立った彼等は、一人の人間でも、同じ一国でも相共に救いたいと、為し得るすべてを尽くした。もとよりその結果は微細であったかも知れぬが。

この日上京した余は小石川の叔父の宅にあった。東京に家のないため、しばしば小石川に赴くのである。ちょうど玄関で挨拶を済ました途端に、大地の震動は始まった。ぐあらぐあら！瓦の落つる音もすごい。柱は左右に一尺くらい〔約三十センチメートル〕（上方で）の振れ幅を以て振動するように見える。ちょっと袋部屋のようになっているので出られない。傍にいる従妹は青くなる。少し思慮を失った余は、従妹の手を引いて表の庭に駆け下りた。表の方の屋根は、裏手の方と違って瓦が一枚も落下しなかったのは実に幸いであった。そのうちに一家は庭の中央の銀杏《いちょう》の下に集まる。水道ガスはもちろん止まったので、井戸水を汲んだり、食糧を買い集めたりする。その中早くも表通りに蒸気ポンプのベルが聞こえた。すぐに神田が火事だという怒鳴り声が聞こえる。隣家の屋根に上っている青年の声だ。余震が来るかも知れぬと嫌な心配をする。屋根から見ると神田の全滅が手にとるごとく見えるそうだ。そのうち大学でも火が起こったという。寮も心許《こころもと》ない。幸い買い集めも一通り終わったので、別れを告げて寮に駆けつける。来て見るとなるほど大学の化学室はいまだ燃えている、しかしもう余程下火だ。

そのうち正門の内部に上った火の手も勢いを増して来る。さながら白い石壁の炉に、火を焚いているようなものだ。暴虐な自然は今や焚き火の真っ最中である。火の燃える音が物凄い感じを与える。寮へ来た。大丈夫だ。友人と顔を合わせてホッとする。電車がないので赤坂の自宅に帰れなかったH君は実に気の毒だった。君の自宅は安全だと後になって分かった。

かくてこの晩、グランドの南東隅に炎々天を焦がす炎を見ながら友と一つ毛布にくるまって寝た。余震におびえる避難民の間に。

実際人には運というものがある。この日、余においても、もしあの袋部屋同様の玄関でビシャリとやられたら、また、庭に飛び出す時、瓦が落下したら、あるいはあの帝大の火が寮へでも飛び火したら、それこそ決死の覚悟をすべく余儀なくされたろう。

実際夜、グランドで、湯島あたりから東に燃え進む火が、浅草上野あたりから南へ燃え進むそれと、風もないのに合するのを見ると――それはあるいは炎の対流作用かも知れぬが――何となく自然の人類に対する暴力的示威運動《じいうんどう》［デモ］のように思われて物凄かった。さるにても弱き人の力！ ことに科学の力！ 自然が一度怒れば、人は徹底的なこの圧迫により、これに「敗北せる、不幸な、しかし熱烈なる真摯の意気のみを堅く身に体した」自身を発見するのである。敗北者よ！ 一致協力して自然に対する消極的対策でも凝らそうではないか。

産褥《さんじょく》の主婦（小石川）

安藤銀作　文甲二二

今年くらいつまらなく過ごした夏休みはない。だれ切ったところに暑さがまた激しいので病気にでもなるのかと思うくらいであった。

三高戦はどんなに自分に活気づけてくれたろう。しかも三勝という新記録を残してくれた野球部選手に厚いお礼を申し上げる。新学期はいろんな意味にてかなり期待をもって迎える事ができた。

九月一日土曜日授業開始、例年の通り始業式もない。三時間の授業が終わって、道場を掃除してから春日町の停留場まで帰って乗り換《か》えの電車を待っている時の事、突然大地が揺れ出して、じっと立っていることすらできなく、あの広い交差点であっちへ行ったりこっちに来たりしてうろうろしていた。電柱につかまるもの、立木にしがみついているもの、地に腹這うもの、腰をかがめるもの、わめき叫ぶものさえいた。付近の煉瓦の家が崩れ出して、中の電気の機械が青いスパークを飛ばしている。向こうの二階が倒れんとするほど揺れている。女事務員が窓から顔を出している、彼女が平気そうにしているのが癪《しゃく》にさわるくらいだ。電車が皆立ち往生して、運転手が集まって運転が困難でどうしようかと思ったなどと話している。乗客は乗ったり降りたりしている。余震は引っきらず続いている。

直覚的に寄寓先《きぐうさき》［下宿先］なる青山のM氏の邸に早く駆け付けなければならぬと思った。市電も駄目、自動電話も駄目。省線で帰ろうと急いで水道橋駅に向かった。濛々《もうもう》たる砂塵《さじん》は真正面より吹きつけて来る。天地はにわかに暗黒となって来た。砲兵工廠《ほうへいこうしょう》の長い土壁は一時に倒れて、職工は皆そこを乗り越して道路に飛び出していた。どの人の顔も真っ青だ。ある者は頭から土を被っている。血さえにじんでいるものもある。

神田方面は白煙黒煙の中に将棋倒しになっているのが見える。避難の人々は水道橋をうずめて小石川の方に進んでいる。白い作業服の医専の学生が学校の前にうろうろしている。その時ある年若い小僧くらいの男が倒れているのを見つけた。あまり可哀想になって立ちどまった。彼は全身土ぼこりにまみれている。足から血がにじんでいる。僕を見つけて助けを求めている。「自分の家の主婦が二階で産褥《さんじょく》にいたまま［産後の弱った体のまま］家が倒壊して、自分はようやく通りの人に引き出してもらったが主婦はまだ出られない。自分ははるばるその人を頼って上京したので、もしその人に別れたら自分は生きていても何とも仕方がない。何とかしてください」と。僕は咄嗟の間何としてよいか分からない。彼の言う家のあたり一面に倒壊していて、そこまではとても行けそうもない。彼は痛そうに引きずってついて来た。医専の人に看護してもらうとしても、彼等とてもどうすることもできない。ついに交番を見つけて巡査に托して卑怯ながら責任を逃れた。

風は猛烈に吹く。怖ろしい唸り声が天地に轟いている。僕はこの少年一人さえどうすることもできずに省線線路に駆け登った。

砲兵工廠の大きな煉瓦の建物、煙突があるいは倒れあるいは折れて、しかもその一隅から今まさに火は起こらんとしている。上野、浅草方面にも黒煙が上がっている。九段のあたりには物凄い紅蓮《ぐれん》の焔が今にも全市をなめ尽くさん勢いで燃え広がっている。神田の黒煙も焔が見え出している。

狂気のようになってグッタリした子供を抱いて、医者を呼んで走る人も一人や二人ではない。血のにじんだシャツを一枚着て、屋根に上って火をにらんでいる人もずいぶん多かった。

風下のある家では主人がいないと言うて女子供が泣きわめきながら、荷物を線路に出している。隣の若者が自動車ポンプの音が聞こえるようになったから火事はもう大丈夫だから心配するなと言うて慰めている。彼自身も荷物出しに余念がなかった。

病院から可弱い医師、看護婦の手で運び出された病人は、蒼白な顔をしてお濠の土堤の草原におずおずした目を見張って戦いている。

すべてこれら（まだまだ悲惨な事実は沢山あった）の光景を見て見ぬ振りをして通らねばならなかった僕は、何とも言い知れぬ感に襲われながら、人をかき分けるようにしてM氏の邸に飛び帰った。青山一帯は焼けつつあると聞いた。赤坂見附の火を過ごしてから青山通りには火事の気配がなかった。青山御所もそのままと拝した。

M氏は役所から飛んで帰って玄関口に突っ立っていた。僕の見舞いを喜んでくれた。夫人と令嬢と女中は水道の大鉄管の所に戦《おのの》いていた。地震の最中観念して始終、家の中にうずくまっていたが、しばらく静まりかけてから着替えもそこそこに飛び出したのだそうだ。

ただ一人の子息は大磯の別邸にいた一番末の妹を訪ね、方々出かけて今汽車の中にいるはずなのだ。転覆でもしなければ良いがと念じつつも、聞く術がなかった。普通の時なら入るのさえ遠慮せられるような立派な座敷、しかも靴ばきのまま歩いて何とも思わずに、万一の場合の用意に荷造りをしていた。その時彼はヒョッコリ汗みどろになって帰って来た。汽車は脱線もせずに大森先で止まって、それから歩いて帰って来たのだ。夫人は後で「あんな嬉しい事は生まれて初めてだった」と言っておられた。

幸いに火事は起こらなかった。余震はかなりはげしく続いた。炊事道具を出し、寝具を出し、しまいに畳まで出して道路の上に座敷を造ってしまった。夜になっても空は真紅に焼けてその広がりがますます大きくなって来る。

今まで近隣の人と誰も滅多に言葉さえ交した事のなかった人々が急に馴れ馴れしくなって来た。飲料水食物なども出し合うようになった。こんな気の安そうな人がどうして平常はあんなにむっとしているのだろうと不思議に思われるくらいだ。筑波山の噴火か大島の爆発かに違いないとした煙も火事のための煙だったのだ。夕焼けと火事の焔のために紅くなった大空、煙は物凄いとしか形容のできない景《かげ》であった。

下町の有様《ありさま》はほとんど分からなかった。全市が火になっている事と、警視庁が火を出して丸の内が全焼し、東京駅も八分通り倒壊した事や、皇居東宮御所は御無事な事なども伝えられていた。

夜になって横浜の全滅、湘南地方の大海嘯《かいしょう》［大津波］全滅の報が伝わって来た。新聞社の写真版の号外も夕方には電柱に張り付けられた。大磯の別邸はどうなったろう。この家一家の憂いは増して来た。夫人の沈んだ面を見るに忍びずというて何らの施す術もない。M氏は地形を説き種々の事より大磯の安全を説きしも、氏自らも不安のうちにあった。

鉄管《てっかん》に入ったり椅子にもたれたり、夜具に入ったりしても、とてもまどろむ事さえできない。表の通りへ出て情報を聞かんとしても、いずれも判然としない。戒厳令《かいげんれい》が敷かれたとか避難民がもうやって来たとか、明日になると食料暴動がこちらに押し寄せて来るとかの流言もただよっていた。火がどこまで押し寄せて来ているかも分からない。風の向きようによってはいつ延焼するやも計り知れない。不安と焦燥の中に夜は明け放たれる。赤い煙はそれと共に黒い煙となって天を覆っている。

あぁ天はいつまでその狂暴さを続けるであろう。

僕は翌二日自動車に乗じて大磯のM氏別邸に救援に行った。そしてさらに余は種々な惨状に接した。M氏の令嬢は家の下敷きになったが幸いに怪我もなかった。

図書館図書館（小石川）

小澤　衛　理甲二三

大正十二年九月一日午前十一時五十八分、この時刻こそは東京市民、否我が日本国民の終生忘れることのできぬ時刻である。三百年の文化の華、大江戸の名と共に栄え来し東洋第一の我が帝都大東京はこの記憶すべき時刻において開闢《かいびゃく》［世界の始まり］以来未曽有《みぞう》と称せられる大震災に襲われ大廈高楼《たいかこうろう》あいついで倒れ、火災八方に起こって焔々天を焦がし僅々《きんきん》［わずか］十八時間にして帝都の大半を焦土と化せしめたのである。

朝夕寝食を共にし喜憂を分かつ学友と離れること久しく、まして四旬の休暇を利用して朝鮮、満州、支那にわたる長路の旅行を終えた秋である。九月一日の始業日はいかに楽しかったことであろう。健やかな先生方の風貌を覗いて独り喜んでおったのである。田舎の農家から九月二日は大厄日、二百十日なので充分に警戒もし、皆事なかれかしと祈っているという通知を受けたのもこの日の午前中のことであった。中央気象台では八月三十一日午後警報を発して警戒を促したが、東京地方は午前三時頃風雨を催《もよお》し四時には晴れて麗らかな初秋の朝明《ちょうみょう》となった。人々は明日の厄日もこれくらいで済むかと喜んでおった。かくして午餐《ごさん》〔昼食〕の支度にと、あるいは厨房に入り、あるいは食堂を開き、まさに食膳につこうとしたその刹那である。自分は巣鴨の宿への帰途、白山上にさしかかるやどこともなく異様の音響は起こった。と、大地はたちまち波打つごとく大震動を始めた。すわ大事と思う間もなく続いて起こる大震動に煉瓦崩れ瓦飛び柱くだけ家倒れ、たちまち土砂の煙の天に沖するかと思えば、すでに火は紅蓮《ぐれん》の焔となって家より家へ燃え移り、驚いて戸外に飛び出すもの、倒れて五体の自由を失うもの、逃げ遅れて圧死を遂げるもの、阿鼻叫喚《あびきょうかん》の声たちまち全市を覆ってその惨状名状《めいじょう》すべからず。かかる間に猛火は八方に起こって黒煙渦巻き上がり突風これに加わって見る見る近隣に燃え広がり、土砂の煙と黒煙と濛々《もうもう》天日を閉ざして、この世からなる阿修羅《あしゅら》地獄を現出した。宿所にたどり着いたのは午後三時頃であった。地盤の関係上か何の変化もなくその恵まれたのを不思議としたくらいであった。再び身仕度をし学校如何と引き返し、駕籠町で家屋の下敷きとなった家内三人の掘り出しに助力し、二人は蘇生せしめたが一名はついにそのまま事絶え、また如何ともすることができなかった。帝大の火事とは意外に思ったが、あの大学園も猛火に包まれおわらんばかりの現状を見ては、全く気も転倒せんばかりであった。図書館図書館、われわれには今なおその悲壮な叫びが耳朶《みみたぶ》に強く響く。狂気のごとく数巻の古書を抱えて館内に出入りしたことは、今思えば全く夢の様である。本郷通りは町民の避難所と化し、本郷座付近の紅蓮の焔はいかに吾人《ごじん》「われわれ」を恐怖せしめたことであろう。万人沈黙の中に夜の幕は全く切り下ろされたのである。本校校門前には焼き出された女学生十数名、無言のまましゃがんでいた。韓国併合記念日、不逞鮮人暴行、囚人破獄《しゅうじんはごく》、掠奪《りゃくだつ》殺伐極まる流言蜚語《りゅうげんひご》「デマ」は、誰言うとなくいたずらに良民を駆って弱者を不安に導き、強者をして無謀な不詳事件を惹起《じゃっき》せしむる「引き起こす」に至った。暗黒の帝都は悲惨、壮絶極まりない一大悲劇の舞台と化してしまった。天を仰げばほとんど四面火焔《かえん》の海と化し、生温かき微風面《つら》を撫で、渇きと飢えとに力なく庭樹の根本に寄りかかれば、虫の声だになく地上の生あるものも声をひそめて天意の動くままに服従しないわけにはいかなかった。あぁ恐ろしかりし恐ろしかりし二百十日の前日よ。　以上

小笠原島の爆発（小石川）

伊藤　斌　文甲一一

ひどい暴風雨がやっと静まって二百十日の前日もこれならばまず安心と思い、国の近所の農家も定めて安堵《あんど》した事だろうなぞと思って、太陽の赤々と照っている真っ青の大空を眺めて、私は下宿の二階に国から上がって来たままの旅装《たびすがた》で寝そべっていた。

午前十一時、早い昼食をとって、今年院展へ入選した武井さんと上野竹之台の芸術の園へと出掛けた。

辻町の電車停留場前で幾台かを乗り過ごした後で、やっと思い通りの厩橋《うまやばし》行が来たので、さあと電車に手を出した瞬間、突然妙な地鳴りがして来たので、ハッと思って四辺を見回すと同時に自分の体はいきなり上下に引き上げ引き下げられ、続いて今度は軌道の上に横倒しに転ばされてしまった。この時やっと激しい地震だなあという考えと四辺の家のきしむ音とに気がついた。

武井さんは見ると真っ青な顔をして、自分のすぐ傍によつばいになっていた。

「ひどいね」「ひどいのう」という言葉がほとんど同時に私達の口から出た。

もう四辺にはいつの間に出て来たのかいっぱいの人で、皆裸足で、赤児を抱えている人も居れば肌着一枚でいる人もあり、皆取り乱した風で全く血の気のない顔をしてすくんでいた。中には盛装した女の人が七つばかりの男の子と共にまだ道の傍の水溜りにころんだままでいた。

しばらくの間誰も動こうともせず恐怖に打ち震えていた。その間が幾分も続いたと思う頃、あちらこちらの人々がざわめき出した。

それから余程過ぎてから下宿に飛び帰って見ると無惨無惨、下宿の屋根瓦はほとんど落ちてしまい、中はがらんとして誰もいない。変だなあと思って近所を探すと、半町ほど離れた空き地に皆避難していた。

こうしている間にも余震はたびたびに私達の肝を冷やすべくやって来た。

何にしてもこんな激しい地震は初めてであり、余震の回数も多いので家の中に居るのは危険と思い、庭の一隅でどの家が潰れて来ても大丈夫の所を見つけて、そこへ食事道具や畳や戸を持ち出して来て、しばらくの避難所を作り食料品の買い出しに出かけた。

下宿と言っても男手は無し、ほとんど私達ばかりであるから、何をするにも皆先になって色々の仕事をした。

そうこうしている内に下町の方がすっかり煙になってしまい、その煙の上には今まで見た事もない物凄い雲が出て妙な動き方をしていた。そんな場合であったからある人は大島の噴火の煙だと言い、またある人は小笠原島の爆発だなぞと、今考えれば途方も無いような事を言い合っていた。自分もそんな場合だったのでそれらの話を聞いても別段怪しみもせず、なるほどなるほどと本気で聞いていた。

とやかくしているうちに夕方になったので、電車通りを下町の方へ火事を見に行ったが、前方を見るとほとんど右から左へかけ一面に真っ赤で、大勢の人が風呂敷包みや何やかや持って避難して来て、皆郊外の方へ逃げて行くので、自分達も何だか恐ろしくなり途中から引き返して、道々色々の惨話《さんわ》を耳にしながら帰って来た。

帰ってからも火がもう伝通院まで来たとか、もう竹早町あたりまで迫ったなぞと区々《くく》まちまちの取り沙汰でじっと落ち着いてもいられず、万一を思って必要の荷物だけまとめてすぐに持ち出せるようにしておいた。

こうしている内にも増すものはただ恐怖ばかりで一向取りまとまった考えも出ず、人々と共にあちらへ行ったりこちらへ行ったりして、段々と分かって来た下町のひどい様々な話に肝を冷していた。

真っ黒の中にやっと蝋燭の火を当てに、冷え切った握りめしを食べて真っ赤な大空を眺めながら時を移した。何しろ寝たくとも頻々《しくしく》として来る余震は恐ろし、燃え盛っている火が恐ろしで寝られるどころの騒ぎではなかった。

九時頃前にこの下宿にいた郷里の先輩が、両国から一家十名ほど引き連れて避難して来たので、それらの人々にあたたかな物を食べさせるために一時大騒ぎであった。

これらの人は地震とともに起こった高工［当時、蔵前にあった東京高等工業学校］の火災が起こると、一所に全部の所有品を打ち捨てて避難し、上野から駒込巣鴨と逃げてここへ来たのであったが、なかには足弱の女子供もおり、よく数里もの道中ができたものとすっかり感心してしまった。人間は緊急の場合にはおそろしい力や元気が出ることを聞いていたが、今度事実を目の当たりに見たのだ。こうしてその夜は火事の起こらぬように火の用心をしながら、ほとんど一睡もせずに過ぎてしまった。夜が明けても火はさかんに燃え広がっている。

今も記憶に残る事はただ恐怖の念ばかりである。恐らく自分はこの時は自制心を失ってしまっていたに違いない。

異様な気持ち（小石川）

山路　誠　文甲一二

九月一日、その日の朝は雨模様の静かな陰気な朝であった。秋の第一日には似つかわしくない日であった。しかしこの日が彼の戦慄すべき大地震の日とは誰が予知するものがあったであろうか。実に考えれば世の中は不思議なものである。世の無常というのもまたこのごときものをいうのであろうか。

俄然［にわかに］、十一時五十八分何秒その瞬間においてすべてが混乱の中へと巻き込まれたのである。思い返せば返すほどあの数秒間数分間の光景が凄い、天地を揺りかえす地球の破滅かと思われる光景であった事を感じる。私はちょうど縁先《えんさき》で本を読んでいた。朝の雨模様もいずこに消えて暖かい日の光がじりじりと照り出していた。その時「地震だ、地震だ」という声を聞いた。初めは普段の通りの地震だろうと高を括《くく》っているとたちまち家内で箪笥の上のものは落ちる。柱や天井がミシミシ音がするという騒ぎで驚いて庭へ降りた。物凄いうなり、それは天地のゆらぐ音であろう。思い出してもぞっとするうなりであった。すると崖下の家々は黄塵《こうじん》に包まれてもうもうとしている。これは瓦がはがれて屋根の泥のたつためであろう。ただもう驚いて茫然自失《ぼうぜんじしつ》していると、たちまち二、三個所にもくもくと黒煙の立ち昇るのを見た。火事だ。火事と聞いてこれに緊張させられたのか驚かされたのか、全く異様な気持ちになってしまった。近い火は砲兵工廠《ほうへいこうしょう》らしかった。

往来へ出て見ると、またまた驚かされた。電車道の石の上に人が皆出て座っているではないか。これで地震のまた大きいことに気がついた。実際地震の揺れる時は驚愕のためか見解の狭いためか何かは知らないが、電車道へ出て座るほど大きな地震とは思わなかった。ただ全く驚きの中にあって地震の程度を考える余裕はなかったというのが適切かも知れない。いわんやそれが東京、横浜をしてほとんど全滅に帰せしむるごとき大震災であり、また大火災の原因であるとは常人のよく想像するところではなかった。

一時となり二時となると火事のいよいよ拡大して行くのが見えるし、通信交通機関の全く途絶したことを聞くし、もっていよいよ事の容易ならぬを感じた。家の前へ出ると近所の者も道に出ている。出入りの商人が見舞いに来たりするにつれてますます新しい椿事惨事《ちんじさんじ》［珍しいことや悲惨なこと」を告げて来る。神田橋は焼けたと言い、三越は焼けぬとか焼けたとか言い、あるいは火事はすでに本郷方面より春日町を越えて小石川方面へ移ったと言う。また早くも地方の通信をもたらす者が来て、江之島は海底に陥没したとか大島が噴火しているとか種々様々な事が伝えられる。流言も事実も当時の夢心地の我々にとっては皆驚きの種であった。

火事はますます大きくなる。聞けばなるほど、水道が断絶して消火の方法もなく全く焼けるまでまだそうだ。飯田橋付近の火事は家からは手にとるごとく見える。他にもまだ幾箇所か黒煙のみ立ち昇るところが見える。しかし幸いにうちは風上であって狼狽するほどの事もなかった。そのためであるか、または事があまりに厖大《ぼうだい》で神経の鈍くなっているためかは知らないが、僕は二階に上がってただ燃えに燃える親類の家の方面の火事を見ていた。しかしもし風向きが変わって来たらこんなに余裕のあるのに一物も出せないといけないと言うので、とにかく少しばかり荷物をつくることになった。この時にはさすがに嫌な心細い気持ちになった。

日も暮れかかる頃、親類の類焼した者が哀《あわ》れな姿で避難して来た。火の手はあたりの暗くなるにつれてますます明るくなって来て、外で握り飯を食う頃には物凄くなった。父もようやくのことで帰って来た。日本橋から小石川へ帰るのに赤坂四谷を回って来たとのことである。子供等はもう寝る時分になっても寝る場所に困って、まず玄関に寝ていざ地震という時にただちに出られるようにという戦々恐々たる有様《ありさま》である。十時、十一時となると家から見渡すところ左り半分は全く火の海である。九段麹町あたりより神田、さらに上野と全く火焔《かえん》で赫赫《かくかく》として「赤く照り輝いて」いて生きた心持ちはなかった。これをもって後になって今度の地震は天譴《てんけん》なりということはあまりに残酷である。天譴とすれば天はあまりに残酷である。夜は刻々と更け二日となっても火はついに消えようとはしない。そして我々もあの恐ろしい火を見ては夜の白むまでついに寝ることはできなかった。しかし今考えれば寝るどころではない類焼者、罹災者の人々、さらにまた被服廠を始め各所における犠牲者達があの時にどんな思いをしていたことであろう。全く考えれば考えるほど恐ろしい日であった。この九月一日は誰も永久に忘れることはあるまい。

合掌して（小石川）

宮内　乾　文甲一三

大正十二年九月一日の朔日《ついたち》［陰暦の一日］、その日私共が事物を知覚することができるようになって以来、かつて経験した事のなかった――否将来ももちろん経験し得ない天殃《てんおう》〔災い〕が現代人の頭に一大鉄槌《てっつい》を下したのであった。

その日の朝は善い天気であった。私はあたかも二学期始業の日だったので、新学期における最初の登校の喜びに、一種落ちつかない様子で本郷時計台下に来た。学校は始業日なので授業は無く、平常よりはるかに早く終わってしまった。そして私は約三十分ばかりを、寮の級友のもとで、雑談に送った。その時、いつしか空が薄いセピア色に曇って、蜘蛛の糸のような雨が、桜の濃緑の葉蔭にしんみりと降り注いでいた。実に世のもの皆が静寂に掩《おお》われた日であった。誰がこの日しかも一、二時間後に、かくのごとき天災が来ると思ったろう。

雨はやがて晴れた。私は友のもとを辞して、いまだ乾ききってしまわない本郷の街路樹の下を、白山上に向かった。そして十一時半頃帰宅した。家には病める祖母が床に臥《ふ》して、私の帰宅を待っていたのである。ちょうど一日に母、妹と二人の弟は父に伴われて日光から帰京するはずであった。私と、私より年上の従兄とが、留守を預かって、この老祖母の看護に努めていたのである。人数も少なし、かつは一同が帰京する日であるからと、私共は早く昼餐《ちゅうさん》を喫し終わって、私は茶の間の中央に寝そべって新聞を見、従兄は私の傍にあって次の室に寝ておられる祖母の無聊《ぶりょう》［退屈］を慰めていた。時計が十二時を報じた。——私の家の時計は私共兄弟が遅刻しないため、十分ほど進めてある。——しばらくの間、私共の間に沈黙が続いた。すると突如として家が礎《いしずえ》かどこかに一撃を受けたごとく動揺した。揺れたのでない、あたかも戦慄した様である。同時に締め切ってある硝子戸が非常な騒音を立てた。地震だなという感じが直覚的に私の頭に閃いた。そして私は私共のしばしば体験する程度の、もし大きいとした所で昨夏ぐらいのものであろうと高を括った観察を施した。しかしこれとほとんど相前後して、動揺はますます猛烈となって続いた。天井の一隅を凝視していた私の眼は、水平に沿うて動く天井と左右に揺れる柱の、盛んに軋《きし》りつつあるのを見た。柱は天井の一隅から離れんとしては、また反動のために逆に戻った。柱に接続している壁は、一寸二寸くらいの大間隙《だいかんげき》［すきま］を柱との間に作って、粉末のような土塊を落とした。しかし昨年の夏のものと同じぐらいだなと私は思ったのである。しかるに［それなのに］その動揺はますます辛辣なるものとなり、一つの輪を描くように動揺する柱の先端のために、私の眼は眩んでしまった。箪笥の引き手は次第に大きな音響を立て、揺れて揺れ、硝子戸、障子、ふすまは形を歪めて崩壊するかと思われるくらい鳴り響き、耳もいつしか聴覚を失ってしまったがごとくに麻痺してしまった。突然下婢《かひ》［女中］が色を失って茶の間へ飛び込んで来た。「ご隠居さま、ご隠居さま」と連呼して長押の下に立ったまま、如何ともせん様なきがごとく、もはや目が眩んでいると見えて、その足許《あしもと》も極めて危うく見える。両手は柱を握っているが、その柱はたわいもなく揺れている。祖母はこの騒音の中で、静かに眼を見開いて、横臥《おうが》せられた［横になった］ままであった。祖母の頭上の電燈はほとんど笠が天井につかんとする程度に揺れている。私は絶叫した。「皆座れ!! 座れ!! 出ると瓦で怪我するぞ」私の念頭には、安政の地震で死亡した藤田東湖《ふじたとうご》先生の事が閃いた。すなわち私は敢《あ》えて祖母を負うて戸外へ出なかったのである。私は極度の疲労と、驚愕と、周章［うろたえ騒ぐ様］とのために、失神したごとくになって天井を熟視していた。大震の第一回目はすでにその時去っていた。気が付いて見ると私の頬には冷汗が玉をなして、肌は粟粒を生じている。そして家がいまだ動揺せるがごとく、また私自身の体があの百トンばかりの小蒸気船に投じて、外房小湊辺を航行せるがごとく、立てば足はすでに力を失っており、座すれば目はなお眩惑《げんわく》して定まらなかった。

三分ぐらい後に再度の大震が見舞った。今回の再震は最初上下動であったのと、初回の大震で私の家がすでに倒壊するまでに傷んでは居らぬかという疑念とで、その驚愕はさらに甚しかった。しかし天に謝せねばならぬ。私の家は壁が崩れたにせよ、屋根瓦は数枚崩落としたにせよ、私共を中に入れて崩壊するには至らなかった。私はこの時初めて私共の身辺を守る、私共に生命を保有せしむるある実在が宇宙間に存するように思われてならなかった。私は思わず合掌して跪拝《きはい》したく［敬意を表したく］なったのである。私共は生命を得たのである。私共は自然を、また天帝［万物を支配する神］を畏敬せねばならぬ。私共は復活した事を自覚せねばならぬ。――とかような想念が連続して私の念頭に浮かんだ。

しかし大震はそれ自体よりもさらにより大なる災害をもたらした。最初の一撃によって私共は私共の唯一の防火設備なる水道を奪却せられた。そして大震が不幸、火気を最も多く使用する正午に起こった事は、私共が文化の淵叢《えんそう》［中心地］として誇るに足る、大東京市を紅蓮《ぐれん》の焔を以て包むに最も直接なる誘因となって、市内はあらゆる部分から火を失した。そして帝大も焼けた。また市内もほとんど同時に幾十条の黒煙を揚げ、夜に入るに至って火災は赤熱《しゃくねつ》した銅のごとき色で、傷《いた》ましくも帝都の上空を焦がしたのであった。

爆発の伝令（小石川）

加藤威夫　理甲一一

その日は朝からよい天気であった。二百十日という厄日にしては全く珍しい好天気であった。始業日であったので夏休みの話に花が咲いた。十時半頃に小雨が降り出し急に涼しくなった。十一時頃授業が終わったのですぐ帰ろうとは思ったが雨が止まないので寮で雨の止むのを待つこと暫時《ざんじ》［しばらくの間］、上富坂の我が家へ帰ったのは十二時に五分ぐらい前であった。暑かったので早速猿股《さるまた》［ズボンの下に履く男性用の下着］一つになり、縁側の端にある洗面所で顔を洗い、身体を拭きはじめたその途端である。みしみしと音がして上下に軽く身体が持ち上げられた。またいつもの小さい地震だなと思っているうち、母が子供を集めて裸足で裏庭へとび出し早く出て来いといわれたので、大した地震とは思わなかったがとにかくそのまま裸足で柿の木のところへ行った。ちょうどその時、一つ大きいのが揺れて我が家の二階が倒れそうに見えた。庭の東側の家ではがらがらと、大きな音を立てて瓦が落ちる。遠くの方でも砲兵工廠《ほうへいこうしょう》の建物でも崩れるらしく非常に大きな音がしている。この時はじめて容易ならぬ地震であると思った。その後すぐまた二つ大きな揺りかえしが来た。家のものも近所のものも黙々として、聞こゆるものは建物の崩壊する音のみであった。しかしいつまでもこうしていられないので、裏の雨戸をはずしてそれを葡萄棚《ぶどうだな》の下にしき、着物を着て足をあらい昼飯を食った。そのうち消防自動車がけたたましい音を立ててすぐ前の表通りを通りすぎる。そら火が出たと思ってふと空を見上げると、今まで気がつかなかったが東南の方から我が家の少し東の方へかけて白い煙がもくもくと這っている。台所へ行って見ると床の上は雪でも積もったように天井から落ちた埃で真っ白だ。水道栓をひねって見るともはや一滴も水が出ない。さあ大変だと火元を訪ねに行こうとすると近所の人が来て、神田三崎町と諏訪町から火が出たという。三崎町の方はこちらが風下で燃えて来るとしてもだいぶ時間があるが、諏訪町の方は甚だ近く直線距離にすれば三、四町しかない。しかも煙がちょうど我々の真上を北の方へと走っている。そのために太陽が煙に遮《さえぎ》られて気味悪く真っ赤に見える。もしこのままどんどん燃えて来れば、一時間そこらのうちに逃げなければならぬのは必定《ひつじょう》であるから、早速皆にて大急ぎにて逃げ支度を整え、その後僕は諏訪町の方へ火災視察にと行った。牛天神まで行くと南の石段下の家々が盛んに猛烈な焔をあげて燃えている。幸いなことには風が先刻よりも東へ幾分まわって、火が盛んに砲兵工廠の方へ吹きつけていたので、これなら十中八九までは安心と見てとり、家へ急いで帰った。ところが誰一人居ない。どうしたのであろうと思っているうちに下女が来て、たった今皆で二、三町先の某外人の庭へ逃げたという。何でも水道橋の大砲の丸〔弾〕のある倉とかへ火が入って大きな音がするかも知れぬから、しばらく爆発の終わるまで少し遠くへ立ち退いていたらよかろうとの伝令が来たとの話であった。この時がちょうど四時で、諏訪町の火事は崖下で止まったらしく、今までの煙は見えなくなった。

二時間ほど近所の人々と東方の異様な雲を眺めつつ、ここにおったが爆発も大した事もなかったので、六時頃家へ帰りまた戸板の上で飯を食った。これで諏訪町の火事もおさまり、砲兵工廠の火事も北の方へは類焼して来ずひと先ず安心と思った所が、一方三崎町から起こった火災はますます烈しく段々こちらへ移って来てもう全く暗くなった。七時すぎには水道橋を越して松平邸へ火が入ったという話が伝わった。この火もこのまま砲兵工廠の塀に沿うて北進して春日町まで来れば四方に広がるゆえ、あと四時間ほども経ち火が春日町まで来ればもう逃げる覚悟でただ時を待つのみであった。富坂上まで来て見ると破壊された砲兵工廠の塀を通して家々の燃えているのが明に見える。九時頃火はうすくなって火事は壱岐坂下で青年団の力により消し止められたのでひと先ず安心した。その夜は九段、下谷方面の赤き天を望みつつ、例の葡萄棚の下の戸板の上に蚊帳を吊り、布団を敷いてもぐりこみ、時々襲って来る余震におびやかされながら眠るともなく不安な一夜を送った。

妙な物が降る（牛込）

福原満洲雄　理甲一一

時は九月一日。二ヶ月以上も前のことだから記憶はやや鮮明を欠くが、その日は朝来［朝から］しばしば降雨があったことは確かである。二百十日の大厄日が大震当日であったか、その翌日であったかはよく知らぬが、時あたかも暴風雨の襲来する季節であったからその警戒こそしたが、大震が我等を襲おうとは誰が思ったであろう。

自分はこの日学校の授業開始の日であったから、出校し授業を終えて、家に帰って少憩の後、食事に取り掛った時、あの地震が起こったのである。始めはいつもの地震ぐらいに思っていて食事をしていたが、止む様子がないのみか、ますます大きくなる傾向に、なにぶん家が古いからこれはたまらぬと庭に飛び出すと、地の震動が激しいために立っていられない。腰を下ろして家を見ると盛んに揺れている。その時締めてあった二階の雨戸が落ちかける。両隣の家を見ると、暴風のためとかでせっかく換《か》えたばかりの屋根瓦はほとんど大部分は落ちてしまっている。ようやく震動が止んだので家に入って見ると、壁は落ちている、茶碗は転げて飯櫃《めしびつ》の蓋は開いて、中は汚くて食べられない。障子が閉まらなくなってしまった所もある。その中に余震がやって来る。すぐ飛び出す。止むとまた入る、どうも家の中が汚い、そこで掃除をしたがなかなか綺麗にならない。その中も余震が頻々《しくしく》と襲って来る。その度に飛び出し、止むとまた中に入って掃除をする、その中に火事が所々に起こったということが伝わってくる。東を見ればなるほど黒いが、しかしその中に赤味のある煙も物凄い。南を見ればやはり煙、それが南風で我が頭上まで来ている。さっきから妙な物が降ると思っていたがよく見れば灰だ。そうすると、早稲田でも火事だという。気が気でない。掃除も止めてしまった。東隣の家では「加太さんの家の屋根が禿頭だ」などと子供が騒いでいる。少しも心配などはないらしい。が、こちらはそれ所ではない。北の方は見えぬが他の三方は煙で青空などは見えぬくらいである。水道が出ないということに気がつくとますます不安の念は増すのみである、兄と老人と女中の四人庭に出ていたが、ただ恐怖に襲われるのみ。しかし火事はいったいどこなのか、近ければ逃げねばなるまい。こう思うとじっとしてはいられぬ。この時はすでに南の方には煙は見えなかった。後で聞いたのだがこれは士官学校が火を出したので、その生徒が消し止めたのだそうである。家を出て牛込見附に出て見ると濠の向こう側は盛んに燃えている。東に見えた煙はこれである。飯田橋まで行って見ると、江戸川の対岸は火事である。火勢は猛烈であるがこの方面はいわゆる対岸の火災で、川と濠《ほり》を隔てているのでまず安心と引き返す。残るは早稲田方面であるが、これも消えたとの事。実際にその方面には煙も見えぬ。これで安心して家に帰る。神楽坂通りや牛込見附の橋など避難して来た人、見に行く人で一杯であった。火事の方はほとんど絶対安全ということがわかってやっと落ち着いた。夕食もすみ、夜になると東から東北の方へかけて真っ赤である。余震は相変わらず来るが眠らないのも辛し。外にいては蚊がいる。それで不安ではあるが家の中に入ってついにとろとろとして一日も終えたのである。しかしあの余震頻々《しくしく》たる時よく家の中で寝られたものだ。鮮人襲来などのことが伝わったのはその翌日である。それから二、三日はほとんど徹夜で、無論家の中では寝なかった。かくのごとくにして古今未曾有の惨害を起こした大震の日、九月一日も過ぎたのである。

一本の蝋燭《ろうそく》を便りに（牛込）

酒井佐昌　理甲一三

南関東を襲った大震大火。あぁ何たる悲惨事であろう。

時は大正十二年の晩夏、九月一日である。当日は朝より曇りがちで今にも泣き出しそうな、しかも風の無い蒸し暑い日であった。我等は今日からいよいよ第二学期が始まるので午前登校したが、土曜日の上教官が欠席のため授業はなかった。幸い十時頃より空は全く晴れ上がり、風さえも出て来たので私等は校庭で野球などしていた。空にはわずか数点の白雲を残すのみ。晩夏のこととて日光は焼くように照りつけていたが、涼風のために愉快に時は過ぎた。かく快晴にして楽しき時、その後わずか一時間内にかの東京湘南一帯を一面の荒れ野と化せしむる大事件が突発せんとは誰か想像し得よう。神ならぬ身の知る由もない事である。十一時過ぎ、瀑《たき》なす汗を拭いつつ帰宅し二階で涼むうち、ついうとうとと眠り始めた。ほっと夢から覚めてきょろきょろあたりを見まわしながら起き上ろうとした刹那であった、何だか異様の響きが耳に感じた。変だな、しかし大した事もあるまいと思いながらも大急ぎで飛ぶように下へ降りて来た時、グラグラと地が揺れ始めた。オヤ地震だと思う間もなくにわかに地軸も折れんばかりの大地震が来た。それでももう止むだろうといつものように平気でいたが、何だか揺れ方が普通でないようだと思う中に、屋根瓦は飛ぶ、戸障子は外れる。見る見る四辺は騒擾《そうじょう》の巷《ちまた》と化し、黄塵《こうじん》天日を被い、異様の臭気がつんと鼻をついた。しかし驚きのためか一時は声一つ聞こえなかった。やっと静まった頃一同は飛んで庭の隅へ逃げた。もちろん下駄などを履く暇などはない。すると間もなくまた来た。前にも勝る大きな奴が来た。庭にちぢこまって見ると、二階は風になびく草木のごとく揺れている。自分等は立っていることもできず樹にしがみついて頑張っていた。こいつは大きいぞと思いながら注意してわずかに家の倒れるのを待つばかりであった。しかし案外早くおさまったので門外へ出て見た。通りは町の人が一杯で、皆真っ蒼になっている。ここから大通りへ出て見ると驚いた。町の両側の家はほとんど将棋倒しになり、傾いたぐらいで助かっているのは少なかった。この時三度目の大きい揺れが来たので立木にすがってブルブルふるえていた。その中に東天に大きな黒煙が立った。見る見る広がって天を呑まん勢いで燃え上がっている。これは飯田橋、九段、砲兵工廠の一帯が燃えているのである。これは大変と思いながら大曲りへ出て見ると電車無論立ち往生になり、道には避難者がわいわい騒いでいる。見れば江戸川を隔てて向こう岸は今盛んに燃えつつある、立木に火のつく音、家屋の倒壊する響き、その物凄さ、その恐ろしさはとても筆舌に尽くし難い。電車道には地震のため二、三尺［六十〜九十センチメートル］亀裂ができて、河の方が半間ばかり陥落している。これに驚きながら飯田橋へ出た。先の火の手はここを経て遥か牛込見附の方へ続き、向こうはどこまで続いているか煙に包まれて見当がつかないが、ずいぶん遠くまで続いているらしい。自分は大いに驚き飛んで帰宅し、病床の母にこれを告げ、車をやっと一台雇って母と妹とを最も安全と思った大久保の親戚へ避けさせ、家は兄等と共に守っていたが、天の助けか神の救いか、幸いにも川からこちらへは火は来なかった。しかし新宿方面も音羽の方も周囲一体炎々たる猛火に包まれているが、あまり近くはないらしいのでようやく安堵《あんど》の胸を撫で下ろした。かくする内に日は西に傾く、電燈はつかず、早速提灯を求め、わずか一本の蝋燭を頼りに夜を明かすこととなった。

日は全く暮れても東天一帯はいまだ火の海。四辺はそのためかいまだうす明るい。火勢は容易におさまろうともせず、盛んに燃えている。しかも引き続きて来る余震にまたか、またか、と肝を冷やしながら延焼を免れんことを天に祈り、ほとんど一睡だもせずして恐怖と心配の中にこの恐ろしい天禍《てんか》［天の災い］の夜は更けて行く。しかもあたりはうす明るい。空には半月が入道雲に追われてはかくれ、かくれては逃げ、嘲《あざ》けるように罵るように、淡くこの騒擾の巷を照らしていた。

地獄極楽（牛込）

横山正実　理甲一三

朝の暴風に、昼の烈震に、夕《ゆうべ》の猛火に見舞われし我等東京市民は、彼の大正十二年九月一日、いかなる罪業《ざいごう》の報いや来たりけん。

朝来の荒天により、翌日の厄日を気遣いたる市民は、昼前より晴れる模様に愁眉《しゅうび》を開きつつ［安心しつつ］、平和なる初秋の一日を過ごさんとする希望は裏切られぬ。正午に先立つこと一分あまり、我この時、食膳に向かいける折しも、俄然、音響と共に、我が家は波上の木の葉のごとく、自然の力のままにもてあそばれぬ。一度は、我が命もろとも、自然の力にまかせんとして、なおも縦波、横波にもまれつつ家《うち》じゅうに居りて、危険突発せざれ、と注視怠らざりしが、やがて揺りも治まりければ、世間の景色はいかにと、倒壊せる門より出づれば、十間ほど先の一商家、二階もろとも、丸潰れとなりて、一家四人即死せるものあり。また筋向かいを見れば、今日しも新たに積み上げたる材木は、四間の道路を優に塞ぎ、二名の即死者、五名の重傷者を出し騒げる最中なり。いずれの家も瓦の剥げざるはなく、傾度もまた甚し。げに人生は自然の前に在りては、獅子の前の鼠かな。いずれを見るも、一つとして痛恨の情をそそらざるはなし。家に入りて、部屋を巡視すれば、昨日までは、雑巾だに触るるを許さざりし床の間の床も、落ち来る壁土に、一面の塵汚れと切り傷を被り、その他、貴重品の破壊も数知らず。続きて起こる強き余震には肝も魂も身に添わず、家族と共に庭に避難せり。と見れば、砲兵工廠、早稲田方面、音羽方面の三方に起これる火は、黒煙天に沖して、火煙を噴き凄惨たとうべきなし。しかも砲兵工廠よりは真風下なり。急ぎ振動の間を見て、荷を揃え、避難の準備にかかりしが、あぁ何の天佑《てんゆう》［天の助け］ぞ、猛火は夕景に至るに従い、次第に勢い衰えて、夜半《やはん》にははや鎮火したるもののごとし。

かくして、我等の区内は災害を免れぬ。後日の報によるも生命を奪われし者はただ地震による十数名のみ。あぁ、東京の極楽浄土とは、これここなるか。されども翻って彼の地獄ともたとうべき、下町、本所、深川の諸地は如何。十数万の生霊は、地震は猛火に、空しく自然の鬼の掌中《しょうちゅう》に捕われしにあらずや。彼等は果たしてさるべき罪業《ざいごう》ありしか。もし無かりせば何故ぞ。数年来、巨万の富を作り上げ、赫々《かっかく》たる［光り輝く］文化を築き上げし人の智、人の力は、驚嘆する［ひどく感心する］外なし。その智、その力の所有者たる我等人類が、一瞬の自然の作用に対しては、施すべき術もなく、ただ空しく彼の手のなすに委ね、一夜にして亡び行くこそ、惨もまた甚だしけれ。

たった一人の姉は （四谷）

横沼一枝　文丙一

土曜日の授業も漢文を最後として終わった。

明日はまた休み――一種いわれない愉快な感じを抱いて家へと急いだ。空には黒い雲が流れていた。寒い北国の雪空みたいな冷たい感じのする空模様であった。ふと西南の空の方から渦巻いた真っ黒い雲が表れみるみる空へ広がった。冷たい空気が顔を打つと思ったらもう雨と変わっていた。

何となく底深い淵のような凄い天気であった――思えばそれがあの前兆であったのだ。

家へ着くといつもの通り弟や妹に手に抱きつかれ肩にすがられながら書斎へ急いだ。

包みを下ろしちょっとの間読みかけの吉田弦二郎氏の「小鳥は来る」を読みはじめ「こちらむ

け我も寂しき秋のくれ」の句を見つめながら淡い古里の晩秋を思い浮かべていた。突然遠い遠い遥かの空で遠雷のとどろくような音を聞いた。——と目の前の花瓶の花が左右に揺れていた。地震！ 余はまたいつもの地震だろうと座っていた。一揺れ二揺れ震動はいよいよはげしくなった。余の頭上の本棚の書籍はバサバサと震動ごとに落ちてきた。ふとあたりを見ると母と妹と弟は部屋の一隅に踞《うずくま》っていた。邪気ない妹の顔にも不安の色はあらわれていた。余は早速そこへ行った——無論転がりながら。

母はしっかり余の手をとり片手に妹弟を抱いていた。「お父様にお変わりがなければいいが、姉さんにさわりがなければいいが」と言い続けていた。余は母の手を握って「なに大丈夫、この家なんかがつぶれたら東京中の家がつぶれますよ。お父様だってお役所ですものお変わりなんか有るもんですか。姉さんだってもう大人ですもの大丈夫ですよ」と言いながら、一面弟たちを安心させるために笑っていた。

それでも震動はあとからあとからと続くので、余も半分夢中で外を見た。すると隣家の壁はだいぶ落ち、瓦などはほとんど乗っていない。

ふと気がつくと震動は止んでいた。余は早速火の仕舞いをしに台所に行った。

台所の様、それはあまりに悲惨であった。そこに酒瓶が倒れている、ここに醤油樽がころがっている。ガスの釜なんかひっくりかえって、載せてあった鍋は土間に転がっている。ガスを緊《しま》りと消し火鉢に水をかけた。街に出た。街には一杯の人出である。新宿方面からは黒煙が昇っている。常には耳にひびくポンプの警鈴《けいれい》も今は助けの舟のような感じがした。

父は二時頃帰られ、神田一帯一面の火だと声もせわしく言われた。父の命で蝋燭と缶詰を買出しに行く。行く店も行く店も今は商売致しませぬと喧嘩腰で怒鳴りつけられやっとある店で購入した。街は一杯の神田方面よりの避難者で満たされている。すべての人の面に決死否狂気の色が見えた。来る自動車来る自動車皆人と荷物で満たされている。

ややしばらく四谷見附の方を歩いてくる人たちをみたが姉の姿は見えない。深い憂愁《ゆうしゅう》を抱いて帰った。父もわざわざ神田まで行かれたが御茶ノ水方面一帯の火で空しく帰らる。その間にも次々震動はやまない。夜がきた。薄暗い蝋燭の光に照らされ家族五人不安の食事を終えた。町の人の勧めで避難所に行った。燈火消えた町は廃址《はいし》［廃墟］のように人声すらしない。皆すでに避難所に赴いたのであろう。姉はまだ帰らない。父と四谷見附に行く。途中「帝大出火、神田全焼浅草全焼横浜全滅」などの貼札に無数の不安な顔は集っていた。――眼に絶望に似た光を帯んで。四谷見附から見ると見渡す限り一面の火、かの栄華を誇った咸陽《かんよう》［中国の都市］の火災もこれほどであるまいと思われるほど。火は北へ北へとのびていった。あの火の中で自分のたった一人の姉、情深い姉はどんなに苦しみもがいている事だろう。もしや逃げそこねて梁にでもおさえられてそのまま焼け死にはしまいか。あの火が姉の葬いの火じゃないかと思うと涙は思わずも頬を流れた。

二階に籠る（四谷）

河野伊三郎　理乙二二

九月一日、二ヶ月の休暇が終わって、いよいよ今日から二学期が始まるのだ。久し振りで級友と話し合ったりした。授業をしているときに雨が降ったが、帰りにはいい天気になった。心理の時間が休みなので十一時に学校を出た。今日は何をしようかなと、道々考えながら家に着いた。兄に頼まれてドイツ語を写しているうちに、くたびれたので寝転んで、天井を見ていた。ぐらぐらと背中が持ち上がった。地震だなと思ったが、やっぱり天井を眺めていた。地震の嫌いな母が、二階にいる小さい妹の名を呼んだ。じき止むと思っていたのと反対に、揺れ方は次第に激しくなった。もう終わるか、もう終わるか、という予想と希望は、一瞬ごとに裏切られて、柱のきしる音、梁の打ちあう音、階段のきしむ音、それに辺りは天井や壁から出る塵埃で濛々《もうもう》としている。起き上がって座った。不安が段々心に浸みこんで来た。けれども逃げようとは思わない。逃げてかえって怪我をしたりする事がある。家が潰れるくらいならば、どこへ逃げても、こんな空き地に遠いところでは、危険はやっぱり同じ事だ。揺れ方はひどくなる一方である。本箱が倒れた。手水鉢が大きな音を立てて石の上に落ちた。台所では陶器の打ち合うような音や、こわれる音がする。兄が母を庇って箪笥の傍にうずくまっている。姉も一緒に小さくなっている。もし潰れたらばと思う心と、その時はそれまでだと考える心とが、巴《ともえ》のようにぐるぐるかわるがわる胸に浮かんでくる。妹が泣いているから、二階に行って見ようと思い立って上がった。室の真ん中に垂れている電燈が揺れて、天井の板にすれすれになっている、とてもすぐその次から揺れるのである。ちょっとやんだと思った。兄が「揺り返しがくる」と言うか、言わないうちに、前よりも強いのがきた。ぐらぐらしていてとても立って歩く事ができない。やっと次のがやんだ時に二階に上がった。

二階では父と弟二人と妹とが室の真ん中に固まっていた。また三度目がきた。二階は階下よりも揺れ方がひどい。三度目が終わった時に、階下から皆上って来た。それから二階に種々なものを上げて、二階にこもる事にした。七輪の火を消しに行って、水道の栓をねじったが、たらたら出ただけであった。

上がったり下りたりして、家《うち》じゅうでごたごたしていた。畳も廊下も歩くとざらざらして気持ちがわるい。新宿の方と二階から東に見える方とでは煙が上っている。東の方は余程遠い、丸の内よりも向こうだと思われるが、余程の大火だと見えて、ずっと左右に広がっている。地震に火事、それに水道が出ないから、必ず大火になるだろう。

通りへ出て蝋燭と飲食物を買う。

空には真っ青に晴れたところに、何ともいえない凄い気味の悪い雲がむくむく上と下の方からせり上がっている。あんな変な雲は今まで見た事がない、何か地震と関係があるかも知れない。時々ぐらぐらする、またごうごう音がする、音はあまり遠くない。（そのはずである、火事の広がるのを防ぐので、家を爆破しているのだという事であった）

新宿の火事はいい事にもうやんだらしいが、下町のはいよいよ激しくなる。日が暮れるとますます激しいのが判かってきた。下一面はほとんど黄色で段々上の方ほど赤くなって、その上には真っ黒な煙が巻き上がって、妙な雲に続いている。

火は段々右に移って行くが、左も一向衰えない。少しは下火になるかと思うと、次には一層盛んに燃え上がる。

この勢いではどこまで焼けるか分からない。

下町から帰ってきた人の話によると「九段から向こうは駄目だ」そうだが、「四谷へはあの勢いでも今晩中という事はない」らしい。

電灯はつかないが、火事の火で種々なものが皆赤く見える、多勢一緒にかたまっているので、窮屈な上に暑苦しい。これでは明日はどうなるか分からない、少し眠ろうと思って、階下に降りるが、蚊がいるのと地震とで眠られない。少し眠っては、二階に上がって火を見る。

目に余る火の海、刻々と東京を焼き尽くしている。本で読んだローマの大火を想い出す。人間の力の弱さ。この火のためには幾十の年に築きあげたものをも皆灰燼にされる事だろう。あの火の中に何千の人が煙に巻かれ焔に包まれている事だろう。

地震、火事、大東京は今や滅びんとしている。こういっている自分等にも、明日といわず、いつどのような事が起こるか判からない。今日あるがゆえに明日があると思うのは儚《はかな》い夢のようなものだ。

今こんな事を書いておいても、明日になったら灰燼になっているかも知れない。自分もどこでどんな目にあっているか判かるまい。

赤子の瞳（赤坂）

小長谷透　文甲一一

雨上がりの好い天気で少し蒸し暑い。初秋の澄み渡った空には白雲がむくむくと所々に浮いている。夏の内の房南の海岸を思わせて、海へでも入りたいような天気である。

藤倉山の洋館の赤い屋根が、初秋とは言いながら強い正午に近い太陽の光を受けて、白亜の壁は目を射るように白く、緑も濃い森を負って初秋の気分を出したそれ自身美しい絵だ。朝から読書に疲れた頭をまぎらさんものとスケッチの道具を取り出して、この洋館を描くにふさわしい場所を探して歩いた。乃木神社の境内に尻を据えたその時、ちょうどその時である。急にズドンという音がして足は変な感じを受けて立つ事ができない。振り返って見ると拝殿はギィギィ音を立てて、あたかも船の大波にゆらるるごとき感がある。

さては大きな地震だとすぐ様近くにある松の木に取りすがった。その震度は非常に激しいので支えなくてはとても直立し得ない。ちょうど居合わせた陸軍高官も鳥居に近い敷石の上に俯伏《うつぶ》しに座ってしまう。神官も多勢顔色蒼白にして飛び出す。家内に在っては、いかに震動が激しかったかはその神主連の周章《しゅうしょう》振りに窺《うかが》われる。

芸術の夢も全く醒《さ》めた。道具抱えて一目散に家に向かって帰る。次で起こる激震に対する驚怖も何もなくただ一途に走った。途中あまりあわてたためか横ざまに倒れてしまった。その時が第二の激震の時だったのだろう。

女、子供の多い家にはあいにく父も兄もいなかったそうだ。幸いにしてやがて家に帰り着く。男手少なかった留守中の家は全く大騒ぎを演じたらしい。姉の口からもれる驚怖の語。もう家が潰れてしまうのかと思った、その時は思わず大声を出そうとしたが声も出なかった。壁が落ちた、額が落ちた、硝子障子が倒れて微塵にくだける。梁は今にも落ちて来そうにギーギーと音を出す、唐紙《からがみ》がしなって打ち倒れる。震動がやって来る度に座敷にうつぶしになっていたという。

折よく兄も帰る、父も帰る。

一同乃木坂中途に避難したのは午後二時頃だったろう。

まず一同無事なるを見て互いに安心する。

その時火はすでに十町あまりの所を盛んに焼いている。火勢は風を追い風は火勢を追って、ますます猛烈に迫って来る。顔を血だらけにした人、包みを負う女、車をひく少年、いたましげに後ろを顧みながら避難して行く。家を焼かれて、己《おの》が家から出る黒煙をみて泣く少女、母の背に無心の裡《うち》に何事かと感ずる赤子の瞳。すべては悲しく、また痛ましい姿である。

黒煙はすでに東の方一帯から南の空一杯に広がり、折から残暑の空の白入道雲と合して非常な物すごい形相である、西に大部傾いた太陽はこの入道雲を一層物すごく照らしつける。

余震がこの間に幾度となく起こる。起こる度に人々は一同生きた心持ちもしない。女子供は絶望的な悲しみの声を出して泣き叫ぶ。

その夜は乃木神社の境内で不安の夜を明かす。幸いにも風向きは我が家に利して危険を脱し得た。しかし不安の念と驚怖の念とは鎮まるべくもない。地震はなおも時々襲い、火勢は依然として東南一帯の空を染めている。火事の物すごさは一層夜間に猛烈になる。遥かに望めば東南の方は全くの火の海である。大廈高楼《たいかこうろう》の焼け落ちるのであろう、時々火勢は猛烈なる焔を生じ折から空に懸る残月をも焼かんばかりに思われた。焔の海を照らす下弦の月には常に見る、やさしい、冷やかな光は見えない。それは全く赤い赤い火の鎌のように輝いた。

一団の避難民が通る、一群、二群、彼等の形相は見るべくあまりに気の毒だ。本所深川全滅＝神田全滅、銀座全滅それからそれへと悲惨極まりなき新しい事実が伝えられる。人々の不安と驚怖とは増す一方である。

不逞の徒の暴行が伝えられたのもこの時である。社会主義者の陰謀を事実として伝えられたのもこの時である。流言は流言を生み、蜚語《ひご》は針小棒大に伝わった。あるいは不逞の徒宮城を攻撃せりといい、あの砲声はその音なりと談《かた》り、あるいは不平の一団玉川方面より青山渋谷に侵入せりといい、あるいは市の大部分は暴徒により占領せられたりという。

聞く所、伝うる所、皆不安と驚怖の種なるのみ。

狂気のごとき不安と驚怖とに包まれたる一夜は明けた。人々の顔には緊張の気が漲《みなぎ》り渡る。人々は自然の力の前に一様に屈せしめられた。一様に生死の境を往来した。

ある者は本所より逃げて来たり、ある者は深川の惨事を目に見て危険を辛うじて逃れたり。ただ生きんとする努力、雄々しきこの努力の前には富も権勢も名誉も何もない。そこに利己的の念は消え、非常に貴き人間性は遺憾なく発揮された。

人が絶望的死地に達した時、その念頭に浮かぶものは実に死に対する雄々しき反抗、すなわち生きんとする努力であり、また神聖極まりなき人間愛とであらねばならない。

あぁこの人間愛！　あの不安と驚怖とに包まれたその夜……自分はこの極まりなき人間愛への美しい数々を見、多くを聞いて実に涙ぐましいほど喜ばしかった。

自然の力の前には人間は誠に弱い一動物に過ぎぬ。しかし見よ。見よ。彼が内に一片の純なる人間愛の芽が生じたる時、いかに多くの奇跡をもなし得たるか、いかに強く自然の力に対抗し得たるかを。

人は弱い。しかし人間愛へ雄々しき一歩を進めた時、彼は俄然強い。すべての欲を離れすべての不純なるものを離れたあの夜の人間愛の充ち満ちた、純人純心なる気分は永久に忘れることができない。美しい、なつかしい思い出である。

よい体験（麹町）

柳川　昇　文甲三二

突然、家がグラグラと揺れ始めた。平生ならば平気で座っていたものだが、あの日に限って無意識的にヒョッと立ち上った。（恐らく今考えて無意識的だと思っても、あの時には十分意識していても、あまりに時間の短かかったため、気がつかなかったのかもしれないが）立ち上がると同時に、前よりも激しく揺れ始めた。これは大きいわいと思って、靴下を履いたまま表へ飛び出した。大きな揺れがしばらく続いた、あたりは瓦の下にある土が粉々になって飛んでいるので、何も見えない。木のきしる音と瓦のがらがらいう音とが聞こえるばかり、揺られている最中僕と一緒に医者の家にいたおばあさんが、僕に抱きついて来た。ろくろく声も立てられないでいる。僕は大声をあげて「大丈夫です大丈夫です」といいながらおばあさんの両肩をつかまえていた。ひとしきり揺れて静まった時、僕は自宅の事が気になった。すぐこの家に飛び込んで帽子と靴を手にし外へ飛び出した。大勢の人々が皆ワイワイ言いながら、あっちこっちに一団となっている。幸い家に近かったため、すぐ帰って中をのぞいた。壁は落ち大机は飛び出し、あたり一面足の踏む所もない。声をあげて母を呼んだ、返事がない、また呼んだ、返事がない、ついに三度呼んで返事がなかったので、もしやと思って外へ飛び出して見た。顔を真っ青にオロオロしながら隣の人にかぶりついている母を見た。母も僕を見た。すぐ母は僕に抱きついて来て、「大変だよ大変だよ」という。僕は何を言ってよいのかさっぱりわからぬ。前におばあさんにしたように、やっぱり母の肩をつかまえて、「大丈夫だ大丈夫だ」と繰り返していた。僕を見たせいか、やや母も落ち着いたので、ひょっと後ろを見ると、東郷坂の方に当たって煙が上がっている。火事だ、と思った時、第二回の揺れが来た。その時は畳を電車道に敷いて座っていたので、家が左右に揺れる様が手に取るように見えた。母が火鉢に火があるというので、早速家にとびこんで水をかけ、おはちがひっくりかえって飯が土だらけになっているので、きれいな所だけを拾って、入口に出して戻ってきた時、兄が帰って来た。神田一面は火に包まれているとの事、人形町の兄も、麻布の兄も来た。深川に行っている兄はどうしたろう。東郷坂の方の煙はいったん鎮まったが、また急に盛んになって、僕等のいる通りまで出て来てしまった。軍人がもうここらはだめだから、早く逃げた方がよいと言ってくれた。言われるまでもなく、ちょうど風下に当たっていたので危ないと思ったから、皆で荷物をどんどん出した。靖国神社へ行けというので、たいてい荷物を運び終えた頃、急に風が変わって僕の家の側はもう大丈夫な事が確実となった。が、せっかく出したのだからというので、今夜はここに寝る用意をしようという事になった。人形町の兄は家族が気になるので出かけた。が、三越のあたりが焼けていて、到底家へ帰れぬとて戻ってきた。その晩は前の通りがドンドン焼けて行くのを不安をもって眺めながら明かした。

深川の兄は水戸へ行っていたために助かった。人形町の兄は一旦丸の内へ逃げて、大塚の工場の方へ逃げたため助かった。陸軍糧秣廠《りょうまつしょう》［兵士の食糧などを司る機関］に勤めていたO主計も、川に飛び込んで筏《いかだ》に乗っていたため助かった。奇跡的に皆助かる事ができた。

二日も焼け続けた、三日も続いた、ついに野宿を三晩した。しかし今となって考えてみると、よい経験をしたと思う。同時に流言蜚語《ひご》の伝わる事の早いのには一驚した。深川の兄が水戸から帰っての話に、一日の午後にはもう朝鮮人という語が伝わっていたという。兄の話に、主計の話に、眠いのも忘れて夜警の時間を費やしたのもしばらく続いた。一日に初め揺った時はあまり突然で大きかったので地震だとは思わなかったのは変だったと今でも思っている。

頭脳を打たれたような人の顔（麹町）

田部省三　文丙三

　自分は学校より帰宅後、数時間にしてあの大震に遭《あ》ったのである。学校で学友と愉快に談笑した数時間前に比すれば、実に夢にだにも想われなかった事である。大震後数分にして、家の前の通りを越して、二町〔約二万平方メートル〕にも足らない歯科医学校の薬品より発した火は、すでにこの教室を一面の焔の海と化せしめていたのである。「火事」と言う声を聞くと共に、自分は水道の栓を捻《ひね》ってみたが、すでにどこかに故障を生じたためか、わずかに一、二滴出た切りであった。自分はちょうど来合わせていた大学に行っている従弟と、泣き狼狽《うろた》えている妹を叱りかつ励まして、大切な物をわずかにまとめるほか、なす所を知らなかったのである。南の烈風はますます吹き募って来て、火を神田方面へと持って行くのであった。真に瞬く間に、数町は灰燼に帰してしまったのであった。間もなく丸の内方面より逃げ延びて来る人々、神田から九段坂を登って避難して来た人々の群れを以て、九段から牛込方面に出る最近路となってしまった自分の家の前通りは埋められてしまった。見れば番町方面にも失火したらしく、その方面の空はやはり一面の黒煙に覆われいる。直ぐに類焼を免れたものの、またいつどこから火に襲われるか知れぬので、自分は気が気でなく、諸方の火勢を気にしつつ、わずかに安心に似た心持ちを抱いて、門前にたたずんだのであった。見れば火事の煙が立ち昇ったと思われる、今までかつて見た事のないような異様に高い入道雲が、東の方にむくむくと湧き起こっているのであった。さながら自然の強大な威力をと示すがごとくに思われたのであった。

自分はその時よく耳にした事のある、「煙よ、煙よ、一切がっさい皆煙云々《うんぬん》」という頽廃的《たいはいてき》な［不健全な］流行歌を思い出さざるを得なかった。虚無的な気持ちがふと胸を襲って来たのであった。無心な偉大な自然の前における人類の仕事の貧弱さを思わずには居られなかったのである。

その夜の事である、東と南の方の空は一面火焔《かえん》が空に反映して、燈火の無い室内もおぼろげに明るい。時々襲って来る余震におびえつつ、横になっている妹等を見た時、何となく抱きしめてやりたい心持ちになるのであった。夜半《やはん》九段坂の上に立って、下町一円をなめている火を見た時は、すべての感情を超越したような、何か異常な心持ちに成りさがってしまった。そのあたりに避難している人の顔は、極度の緊張のために反対に弛緩《しかん》したように見られるのであった、そこには何ら悲痛の感情を読み取る事はできなかった。頭脳を打ちのめされた人に見るような顔つきをして、自己の家の失われた事などを、他人事のごとくに語り合っているのだった。

東の空が白みかかった時、家に帰って少しまどろんで起きて見れば、上野や麻布の方がいまだ焼けているらしく、黒煙がみなぎっている。庭を見渡せば、昨日と何らの変わるところもなく、ただ片隅の石燈籠が横倒しになっているくらいのことであった。ここばかりを見れば、この世に大変が起こったとはどうしても考えられぬ。しかしちょっと眼を転じ、東の空に昇った太陽を見れば、何時にも似ず、血のように赤い。しかし火は遠のいた。余震ももはや間遠《まどお》［間隔があく］になった。人々の胸からは安堵《あんど》の吐息が漏らされるのだった。

すべては紅（麹町）

佐藤太郎　文甲一三

時これ大正十二年九月一日、午前十一時五十八分、わが帝都は未曾有の大地震、引き続いて、大火災の大難に襲われた。安政の大震災は再び大正に繰り返されたのである。私は今、当時のそれと、今回のそれとを、比較しようとは考えない。それはあまりに霄壌《しょうじょう》の差《さ》［天と地ほどの違い］であり、また悲劇であるから。

九月一日は一高の始業日であった。久し振りで早起きしたので帰宅後、昼食を早めに済まし、昼寝を始めたのであった。その瞬間である。この未曾有の大地震の始まりは。実にこの瞬間であったのだ。ズドンと底力のある物音に引き続いて、あとは、全然目茶苦茶というより私は形容の言を知らない。柱という柱は。あたかもコマの軸が、下部の中心をもとに前後左右にグルグル廻るように、ギーギーと音をたてて、躍っている。畳は上下に運動を始め、フスマはばたり、ばたりと倒れて行く。なおやまない。私等は、落ち来る壁土を浴《あ》びて、四つん葡《ば》いである。庭に飛び出したいが、どうにもならぬ。

そこには、瓦の残骸が次から次と積まれて行く。土は裂け、植木は全く根こぎに傾き、出るどころの騒ぎではない。しかし私は庭に出て死ぬようでは、到底家の中では助からないと即座に気がついたので、母上と妹を連れて、手練《しゅれん》の早業《はやわざ》を以て、布団を引き出し、めいめい頭上より引きかぶり、落下物の危険を防ぎ防ぎ庭に這い出たのであった。

空はヒューヒューと唸《うな》りを立てて、実に物凄い。大地はまだ、ブーンブーンと、大きな深い脈拍を立てている。ようやくにして第一次の大地震は、終わったかと思う矢継ぎ早に、猛烈なる余震が続く。何というあさましい世の中になったのだろうと長大息した。私はこの時、初めて、真面目に、死のことを考えさせられた。地球の破滅のような気分を直感させられた。とにかく外路に逃れ出ようとして、大切な書類を小脇に抱えて、母上と妹と一緒に、布団を山かぶりにして、外に出た。

いや驚いた。あの堅固をもって、誇っていた、友田邸の煉瓦の垣は無惨にも、全部、微塵に壊わされているのではないか。私は初めて、この地震が現実に、大地震であることを知った。

付近の人は恐怖と驚きとで、文字通り色を失い、飛び出している。身だしなみも何もあったものではない。かかる時には、もはや、理屈は抜きである。命だけ助かれば良いわけである。四つ角の大路に、ござを敷き、付近の人と一緒に、避難することにした。集まる人は、知人もあり、未知の人もある、しかし私はその時痛切に、隣人の愛が人間共通のものであることを感得することができた。彼等は何という心強い、頼り甲斐ある隣人であったろう。彼等は一様に、その後に起こる火災に罹《かか》り、支離滅裂。今後永久に遭逢《そうほう》［遭遇］のできぬ人であったのだ。彼等は私等に、握り飯をくれた。パンも分けてくれた。力強い語で鼓舞もしてくれた。

最も恐れていた揺れ返しが終わってから間もなくであった。前面、後面続いて左側より、白煙が上り出したのである。けれども私等は少しも驚きも、恐れもしなかった。地震には、火事は付き物ではあるが、消防も完備した現在ではあり、庭園の広い邸宅は多いし、決して、ここまでは、来るものではない。特に、この麗《うらら》かな風一つない秋晴に、私等はそのような出来事を想像したくもなかった。巡回の警官も断言していたくらいだ。僕等はそれよりも、恐ろしいのは、地震であった。横浜にいる兄の安否、日本橋へ買い物に出た姉、学校に行っているすぐ下の妹の消息。その心配で立っても居てもおられなかった。ただただ神様にその安全をお願いするほか道は無かった。幸運なるかな二時過ぎには姉も妹も無事帰って来たのだ。手を取り合って、喜んだ。日頃兄弟喧嘩の相手をこの時ほど懐かしく思った事が無い。兄の安否は依然として分からずにその日は終わったが、これも奇跡的に無事なるを得て、二日夕刻、帰京して来た時には、一同狂喜した。

一日の夜はまさに暮れんとする。昼間の白煙は、驚くべし、濛々《もうもう》たる黒煙に代わっている。依然として、火勢は衰えぬ。聞けば、水道管は破裂して断水の由。私等は急に不安に襲われてきた。余震は恐ろしい、しかし、今はその問題では無い。勇を鼓して、家屋内に入り、重要品の整理搬出を始めた。しかしなお、私等の家が焼けようとは、到底信じられなかった。

私の作業は悠々たるものであった。しかるに、風は次第に、向きを変じて来て、私等の地には、極めて、不利な風向きとなって来たのである。——注進［急な報告］は来た。驚くべし。「図書館が焼け始めた。……もしこの風が変ぜずば、危険である」ということになった。私は残念でならない。どうかして、類焼は免れたいと願ったが、如何せん、風はますます強くなるばかりである。黒煙は濛々と我が家を裹《つつ》み始めた。今まで聞こえなかった火事場の騒ぎが手に取るように、伝わって来た。その時は、僕等はもう、懸命で荷物を運び始めていたのだったが、何という狼狽であろう。類焼の如何にこだわらずなぜ、もっと早く避難の準備をしなかったのだろう。私は、自己の不行き届きを心から後悔している。火は急激に勢いを増して来た。我が家はついに絶望の運命に陥った。あの恐ろしい焔。あの真っ赤な焔、今なお彷彿《ほうふつ》として、目前にちらついて、不愉快でならない。荷物を背負うて、代官町へ逃げ延びた時の、あの哀《あわ》れな敗残の姿。回想したくもないことだ。車一台のお蔭で、どうやら荷物の半分は、焼失より免れたことは、せめてもの慰謝《いしゃ》［慰め］に相違ない。しかし私は、避難所において、最も憤慨すべき事件に遭遇した。それは、火事場泥棒の横行である。避難者の多忙、狼狽に乗じて彼等は、縦横に掠奪《りゃくだつ》して歩きまわったのである。私等、彼等の犯行を目撃さえした。しかし私等には、それを制裁すべき余裕がなかった。それだけ私は憤慨に堪えないのだ。彼等は何という卑劣な人間だろう。何と悪辣《あくらつ》［たちが悪い］ではないか。しかもそれは、同じ忠良なる国民であるのだ。……番町の魔火は猖獗《しょうけつ》を極めた［猛威をふるった］。深更《しんこう》［夜ふけ］に至りてますます猛烈になった。自分の家も、すでに灰燼に帰したことを知ったときに、私には、不思議にも、少しの未練がましい心も起こらなかった。人間は絶望に達すると反対に、光明、否観念とでも言うか。そういった心が出て来るのかも知れない。私は初めて経験したことであった。けれども、住み馴れた我が家を離れて、こうやって、不安な、そうして、ばたばたと変わり果てた自分を眺めたときに、どうして平気でいられようか。濠の松並木に飛び火して、私等の避難所が脅《おびや》かされ、それもどうやら助かって、地上にじかに敷かれた布団に座し、ホッと一息ついた時に。——私は言い知れぬ頼り無さを覚えた。それは瞬間のことであったが。——今後の不安を非常に感じたのであった。目を開けば、すなわちすべては紅であった。真っ黒の大空にグングン突き入って行くあの深紅色《しんこうしょく》の大入道雲。恐ろしいことであった。——幾千幾万の同胞が、無惨にも、天譴《てんけん》の犠牲になったことを当時夢にも知らなかった事だ。——かくして九月一日はついに夢中に終わった。私の奮闘はその翌日より始まるのであった。

ゴウゴウという風の音（芝）

石丸季雄　文甲一三

九月一日、この語はすべての東京市民、否《いや》全日本国民にとっても永劫《えいごう》に忘るべからざるものであろう。しかしながらその日の朝、何人《なんびと》がかかる大騒動のあることを予期したであろうか。一夜降り続いた雨は朝になって残りなく上がって、少し風こそあれ極めて穏やかな朝であった。二ヶ月余の休暇も終わっていざ今日から授業が始まるというので、何となく新たな気分で登校した。ちょうどその日は土曜日でもあったし、授業も早くすんだので帰宅した。そして昼食の膳についていると、地震がやって来た。昼頃は何となく蒸し暑かったので、こんな時にはよく地震があるものだなと考えていたらやって来たのだ。しかしどうも揺れ方がいつもと違う。下からつきあげるようだなと思う間もなく、庭へ裸足のまま転げるようにして飛び出した。屋根が柱と共に、左右に大きく揺れて、今にも倒れそう。庭の大きな石燈籠が、池の真ん中へ転げ落ちて激しい水煙を立てた。とても立ってなどいられぬ。前から地震の時には地割れの恐れがあるから芝生の上に逃げるがよいと聞いていたので芝生の上に逃げた。しかしこれは今だからそういえるので、ほとんど夢中で逃げ出したのだから、あるいは偶然芝生の上へ来あわせたのかも知れない。第一震が収まると今度は外の人達のことに気がつく。父上も母上も無事にお出になった。人間は危難に出あうと、ただ自分がそれから逃れたいと思うだけだ。後から考えれば悪いことかも知れないが、僕は父も母もかまわずに逃げた。しかしこれは善いとも、悪いともいい得ない、人間の自己保存欲に全く支配されたので、仕方のないことだろう。次いで第二震がやって来た。やはり地面に噛り付いていた。今度はよそはどうだろうと思って見ると四方から煙があがっている。大地震に火事はつき物と聞いているが、幸い家の近所には火事はないというので大安心だ。度々来る余震の中を、水道が止まりそうだというので急いで水を汲んだり、庭へござなどを持ち出したりする。土蔵が傾いて大きな穴があいた。家の中にはまだ怖くてとても長くは居られぬ。表の様子を見に行くと煉瓦塀のすっかり倒れた所がある。つぶれた家も二、三軒あった。どこの家でも一人として家の中に居るものはない。幸い庭が広いので、近所の人達を入れてあげる。もう今晩は野宿のつもりで鍋釜の類から、ある人は家財道具一切を持って来たのさえある。丸ビルがつぶれたの、警視庁が焼けているのと、色々なしらせが来る。だけれどどれを信じてよいか分からぬくらいだ。そのうちに夕方になって来た。たびたび一番近いと思われた赤坂方面の火事を見に行ったが、東伏見宮邸や虎の門公園のような広場を控えているので火事の心配は全然ないようだ。しかし段々夜が更けるに従って火の粉の降りかかるのが多くなり、庭一杯に避難していた人達も段々持てるだけの荷物を持ってどこか引き上げて行く。さっきまで、誰も火事を見て感じるちょっと痛快という気分があった。自分も少々こわくなって来た。それで体の弱い父上や女の人々を先に芝公園に避難させ、数人の者が後へ残る。どんな火事でもこれくらいの庭があれば、荷物を庭へ出し、火の粉がかかったら池の水をかければよいという意見なので、方々壁が落ち、道具が散乱している暗い家の中へ入って出せるだけの荷物を庭へかつぎ出した。その合間に屋根へ上って火の手を見る。愛宕山の方を除いて三方は火に囲まれている。しかし風向きを見ると、ちょうど家のあたりをそれて行きそうに思われる。少し心に落ち着きが出て今更のように、三方を囲む紅蓮《ぐれん》の焰をちょっとまた豪快というような感じで眺める。しばらく荷物を出していると、もう向こう側の通りに火がついたらしい、こっちも危いというので、どうしても池の中へ入ってでも家へ居残ると頑張る数人の人を後に、ちょうど昔の落城とはこんなものだろうと思いながら、風呂敷を背負って芝公園の方へ逃げて行く。焰に追われるおびただしい人間の群れ、はち切れるほどに家財道具を積んだ荷車が行く、自転車のけたたましい鈴の音が極度に脅《おび》え切った人々の心に鋭く響く。芝公園は人と荷物で立錐《りっすい》の余地もないくらい。ようよう父上方を見つけてはほっとする。火の手はますます加わる。ゴーゴーという風の音、時々何物かの爆発する音、物凄いの何のいいようもないくらいだ。慈恵病院の方から重病人を担架がなくなってしまったのか、戸板や荷車にのせて運んで行く。それが一層陰惨《いんさん》な気持ちをそそる。もう協調会の裏手に火がまわった。おのれ小癪《こしゃく》な人間共、建てたその家、その住家、一嘗めにしてくれようと怒りたける焔は、さながら火龍ともいうべきであった。とにかくこうしていては逃げ遅れるかも知れないというので、荷物はほとんど持たぬから、定員五名の自動車に乗りも乗ったり二十人も詰めこんで麻布の親類の家の方へ逃げて行く。電燈なんか少しもついていないのに、あたりの明るいこと、昼のよう。南へ南へとひとかたまりになって流れて行く黒い煙の間から青白い月が時々光を投げる。去り行く者の悲哀、そんな感じさえ起こらぬ。麻布の親類についたのは翌日の午前一時頃。ようやく休むべき所を見出したけれど、家の方はどうだろう、焼けてしまったかしら、それからどうしても残るといってきかなかった人達の身の上は無事だろうか、そんなことを考えると、とても眠ってなどいられない。落ちつかぬ、不安な、一夜を早く明ければよいと思いながら、横になって眠られぬ眼を強いて閉じた。

祖母と荷物の上に（芝）

市川保雄　文丙二

ふと目を覚ました時、何だか言い知れぬ思いに胸が迫られた。永い四十日間の安逸《あんいつ》と享楽とから脱して、再び努力の期に入ろうとする時に当たって、学生でありながら、また学生であるがゆえに、この悲哀の念に襲われたのであった。世話好きの祖母が寮に必要な物を揃えてくれたが、翌日が日曜だから月曜に持って行きますよと、例の不精から少しでも後にしようと億劫がった。今になって考えて見ればその時わずかでも、荷物を寮に持って行ってあったら、焼けずに済んだろうと、今更ながら老人の言葉に背《そむ》いた慚愧《ざんき》の念に忸怩《じくじ》たるものがある。

その朝は何だか曇りがちで、時々襟首《えりくび》にひやりと冷たい粒が当たった。

始業の日であるために、例の通り先生に休んでいただいて、もう一日享楽と遊惰《ゆうだ》とに費して、長かった夏休みの名残りを少しでも惜しもうという気が誰にもあるらしかった。

その日は土曜日であった。土曜日はレクチュール〔家庭教師か〕に行く日なので、長い間の無沙汰《ぶさた》旁々《かたがた》〔顔を見せなかった挨拶ついでに〕とを兼ねて目白高田町のW家へ行った。久方振りの訪問に話は互いの休み中の物語りに移って、やがて昼近くなった。マダムとトホテルとは勝手元へ立って行ったが、やがて魚を焼くような香が、梁を伝わって来る煙と共に、静かに座敷の方へ流れ込んで来た。

「なんにも御馳走はありませんが」と焼魚が食卓の上に並べられて、皆一斉に「頂きます」と箸をとりあげた。

その時グラグラッと激しく揺れた。「地震、地震」「何でもありませんよ」「いや、これは大きい」「市川さん、園子をお頼みします」これだけの言葉がほとんど同時に叫ばれた。僕は園子さんを抱いて、箪笥の前に行った。

その時「火、火」と電光のように頭の中に閃いた。で、鉄瓶をとって、火鉢の火の上に、注ぎかけようとしたが、足元が定まらぬ。傍への柱に左手で抱きつきながらやっと消しおおせた。ジューという音と共に一面の灰神楽《はいかぐら》。震いが一時止んだ。「早く外へ出ましょう」「この間にこの間に」と下駄もろくろく突っ掛けずに飛び出した。前の洋食屋のかみさんが子供を抱えて出て来た。その青い顔。生きた空のない。

また大きく揺れた。前にも増して。

二丁場［二百メートルほどの距離］でも電車に乗る足弱い祖母と、小さな地震にもめまいを感ずる伯母の事がサーッと思い出された。

火事がなければよいがと思う耳に激しく乱打される警報の鐘。驚き見張る目に映る右往左往の人々。屋根の向こうにもくもく上る黒煙。「火事はどこですか？」と聞けば学習院と答える。目白橋のたもとから眺めると、亭々と［真っ直ぐに］聳《そび》えた杉の木立ちの隙間に、すべてを舐め尽くさんとする焔の舌。間もなく降って来る火の粉の雨。瓦の無くなった隣の屋根板に落ちてメリメリ燃え上る。「水、水」と辛うじて消し止め、あり合う鉋屑《かんなくず》に水をかけようとすれば小さなバケツ。大きなのありと思えば底漏りの手桶。ままよと水を汲み込んで、駆けようとすれば、足すべらして仰向けざま。手桶は底抜けて一面の水びたし。もし焼けて来たらばと、「何か大事な物を」といえば用箪笥に位牌に過去帳。位牌と過去帳を風呂敷に包んで巻きつけた。火はまた官舎に移ったが、幸いにして林で食い止められた。その間にも絶えずの地震。

少し落ち着いた我々は、余震のすきを覗《うかが》って茶の間に行けば、蓋取りっ放しの飯櫃《めしびつ》にまぶしたような天井の煤《すす》。辛うじて結ぶ握り飯。震動弱り、火事消え、腹なって、案じられる祖母と叔母。電車も無いし、危ないからというのを振り切って、蹴球《しゅうきゅう》［サッカー］靴で地を蹴って駆け出した。省線［鉄道省が運行する電車］も停電、中学生や小学生が呑気そうに線路を伝って行く。

途中旧師の家に至って、つつがなきを祝して芝に向かった。門柱は倒れ、石垣は崩れ、瓦は落ち、電柱は歪み、電線は切れ、硝子屋、瀬戸物屋はいずれも木葉微塵《こっぱみじん》。

目白坂を下りきった時に、焦げるような臭いが鼻をついた。江戸川終点でたった今火の消えた所、人は皆、立ち往生の電車の中や、線路の上に筵《むしろ》を敷いてただ戦《おのの》いているばかりである。

石切橋あたりから先は、川べりの地面が三尺ばかり落ち込んで、その上亀裂を生じている。変電所の煉瓦造りがペチャンコになっている。通りすがりの人に九段が火事とは聞いたが、その火はもう飯田橋まで来ていて、対岸の家々を舐め尽くして大曲がりの方へ向かって来る。とゴーゴーッという凄まじい音。九十何度の暑さに駆けて来て、今またこの火気に喉は焼けつくように感ぜられる。路端に出されたバケツの水に渇きを癒やして飯田町につけば、行手《ゆくて》は一面の火の海。到底くぐり抜ける事もできない。やむなく、折柄《おりがら》［ちょうど］来かかった自動車に飛び乗って市ヶ谷に出た。一方飯田町に向かった九段の火は、一方大橋図書館の方へと焼けて来る。麹町通りに出れば、ここもまた江戸川筋の電車通りと何ら変わる事は無い。衛戍病院《えいじゅ》［麹町元山王に陸軍が設置した病院］の前には看護卒が待設《まちもう》け［準備して待っ］ている。全身血だらけの男が、担架でかつぎ込まれた。道灌《どうかん》［室町時代後期の武将・太田道灌《おおたどうかん》］と家康とに固められた江戸城の石垣もさすがに崩れた所があった。

三宅坂では兵士が薄荷水《はっか》［ハッカを砂糖水に溶かした清涼飲料］を飲ませている。地獄極楽と唱《とな》われた警視庁も帝劇も今はこの世からなる焦熱地獄《しょうねつじごく》。紅蓮の焔と黒龍《こくりゅう》の煙はまだ波収まらぬお濠《ほり》の水に映って、司法の権威も歓楽の誘惑もこの大自然の一喝には何ら施す術も無い。

虎の門から桜田本郷町に至る電車通りまた前と同じく、愛宕町の停留場から左に入ればたちまち目に入る家屋の転覆。我が家はいかにと駆け入れば、祖母も居ず、伯母も居ず。玄関には薬缶とコップが我待顔《われまちがお》にあるのみ。ここもまた御飯最中であったと見え、食卓に用意されたまま壁土の下になっている。

聞けば近所の林の屋敷跡に逃げ込んだとの事。行けば各々天幕［テント］をめぐらして、その中にほんの数時間にすっかり憔悴《しょうすい》しきった数多《あまた》の人々が屏息《へいそく》［息を殺す］している。祖母、伯母、兄、俺四人共無事なのを喜ぶ。号外はもう大地震は無しと報じても、午後六時に大余震ありとの噂が、すっかり人心を捕らえて、恟々《きょうきょう》と［おどおど］させている。綺麗好きの伯母は家に帰って掃除をし始めた。兄は再び店へ出掛けた。祖母はようやく運ばれた茶碗を手にして、茶漬をかっ込んだ。

麹町方面の煙であろう。北の空に一条昇っていた煙が、あたかも夕立前の黒煙のように、段々空に漲《みなぎ》って、人々にいよいよ不安の念を抱かせた。その屋敷跡の出入口には、わずか幅三尺の、高さは身を屈《かが》めば通れるぐらいのもの。万一を慮《おもんぱか》り、祖母を通りへ出した。たまたま近所の倉にカーバイトがあって、湿気を受けると爆発するという。その倉の屋根はすっかり落ちて、あまつさえ［その上に］空は今にも泣き出しそうになって来た。少しばかりの荷物を通りへ出し始めた。出した荷物が段々多くなった。ここへ兄が帰って来て二人して車を借りに行った。高を括っている人々はその夜をこの屋敷跡で過ごさん事を盛んに勧める。ついに辞して芝公園に行く事にした。二階へ上って自分の荷物を整理し始めた。とても焼けて来そうも無い気がして、みんな置いて行こうという気になる。兄が茶櫃《ちゃひつ》を出して投げ込もうといったが下から盛んに呼ぶので外へ出た。わずかの握飯で我慢して来た腹が盛んに空腹を訴える。ついにまた家に入って茶漬をかっこんで飯櫃《めしびつ》を空にしたのは心残りが無い。いよいよ戸を釘付けにした。それがしかし見納めだとは思わなかった。足ののろい祖母を荷物の上に載せて曳き出した。車と車のくさびがぶつかる。戦場のような騒ぎ。赤坂の方から火の粉が一つ降って来た。

御成門まで行って一息休んだ。夜の帷《とばり》が下りてから火の色はますます鮮やかになって、あたかも我々を追って来るように見える。真っ赤に光る中を車の飛んで来るのはまるで夜叉車《やしゃぐるま》のようである。

「今、本郷町が焼けています」「今は玉木屋です」「もう芝の郵便局に飛び火しました」それを聞いて我々は宛てのない出発を始めた。

「もう少しやっておくれなねえ」少し休むと祖母にせかれて、曳き慣れないながらも車は廻《めぐ》ってついに薩摩原に出た。時々脅すように物の爆発する音が背後に聞こえた。

薩摩原に出て左を見れば、今まで追っかけて来るように見えた火焔《かえん》が側面から見えるようになった。「今金杉の運送屋から火が出ましたよ」「今生洲が燃えてますよ」「もう風が変わって埋立の方へ吹いてるから大丈夫でしょう」車の上に載せて来た筵《むしろ》の上に寝そべっている耳にこんな囁《ささや》きが聞こえる。見れば長い長い火の焔が広い通りの此方《こっち》の端から向こうの端まで届いてまだ先が余っている。

男が箪笥の抽出《ひきだ》しを担いで来た。待っていたかみさんがのぞいて見たら、中は空ッポだった。怒ったような、また呆れたような複雑した表情をしたかみさんと、謝るような驚いたような錯綜《さくそう》した表情をしたその亭主との二人はしばし呆然として立っていた。

「もう愛宕下町は焼けたでしょうか」と祖母が逃げて来た人に聞いた。「え、もう焼けたでしょう」これを聞いた祖母がその感情を抑えるように言った。「もうくたびれたろうから少しお休み」と。深川の火事に全焼した当時の光景が眼に浮かんだ。何とも言い知れぬ涙が滲み出た。そしてその涙の中にすべてのものが消えて行った。

朱鞘《しゅざや》の大小（芝）

國房二三　理乙二一

恋々《れんれん》［執着する］情は尽きないけれども、さらばとて、時計台に別れを告げてから五旬は早や過ぎて、九月一日、久し振りに時計台を見た私は、さすがに懐かしかった。しかし海浜に散策するのを日課としていた自由な生活から、蒸し暑い教室に追い込まれた私は、どうも、勉強気分になれなかった。丸善に行ったなら、少しは気分も落ち着くだろうと、帰途同書店を訪れた。ギッシリ積まれた書棚の前に立ってみると、室の重々しい空気に、頭から押さえられるようなので、すぐここを飛び出した。もの憂い足取りであくびを噛み殺しながら階段をのぼって机の前にドッカと座った。その瞬間であった。異様な音響と共に、まず上下動より地おおいに震った。「大きいぞ！」と叫びながら佇立《ちょりつ》［立ち止まる］して、その止むのを待ったが、刻一刻と、激しくなり、壁落ち瓦飛ぶ物音にスッカリ、魂消え、すべるように階段を下りて、庭の松の木の元に走った。家《うち》じゅうの者は、恐怖と不安とにおののきながら、庭の隅に片寄っていた。それから恐ろしい数分が経過した。この間私達の不安の沈黙を破ったものは、瓦石の落ちる音と、女中の叫び声であった。その後数度の余震に怖気付《おじけづ》いた家じゅうの者は、筵《むしろ》の上で車座になって、恐ろしかった刹那を語っては、互いにその無事を喜んでいた。その内、誰かが空を指して叫んだ。仰げばどこからか、入道雲がムクムクと十重八十重《とえやそえ》に［幾重にも重なり］頭をもたげ、そのすさまじい勢いは「雲霞《うんか》の兵」「怒涛逆巻《さかま》く」などの月並な言葉で言い表す事は、とてもできない。門前の人声を聞けば、市中数箇所より発火したと。曰く「東宮御所火事」曰く「目黒火薬庫爆発」事の容易でない事を初めて知った私は、濛々《もうもう》と、のぼる黒煙を高輪高台より眺めながら、市民の狂気奔走《きょうきほんそう》を胸に描いて、やるせない心の不安を、大きい吐息で、まぎらかしたりしたのであった。門前に人の雑踏《ざっとう》するを見て、これを聞けば、鮮人数百名凶器を携えて、掠奪《りゃくだつ》をほしいままにするので、難を市外に避けるのだと言うのであった。市の西端に位する私の家にはいつ、鮮人の襲来を蒙《こう》むるかも知れぬと言うので、各自、竹槍や刀を持ち出して、万一を用意した。夜の十二時頃、安心して寝に就くようにとの、巡査の声を聞いてから、私はひどい睡魔に襲われたので、速成《そくせい》の天幕の中に入った。祖父が殊《こと》のほか、愛していたという朱鞘《しゅざわ》［刀の鞘を朱塗りしたもの］の大小を枕元に置いて眠に落ちた。

しかし、この大震大火が、三百年の物質文明を灰燼《かいじん》にし、帝都の大半を焦土にしようとは夢にも思わなかった。

少佐の公平（芝浦）

前田克己　文丙三

歴史にも止まろう、あの九月一日十一時五十八分という時間、すべての家がさながら蒟蒻《こんにゃく》のように揺れた瞬間から、たとえもない擾乱《じょうらん》［秩序をかき乱した騒動］が、果てしもない空想のしかつめらしい［真面目くさった］論議に、その日その日を口喧《くちやかま》しく過ごす人々の都に、容赦も無く蓋《おお》いかぶさった。

やがてこの報知は、あらゆる文明の交通機関の杜絶《とぜつ》した中に、あるいは飛行機により、あるいは不思議な第六感を有するという新聞記者の決死的突破によりて、西の都へ西の都へと伝わった。もとよりそこにも鼎《かなえ》の湧く［論争になる］ような騒ぎがあり、むしろ事実に全く無知であるだけ、暗中模索をする人々の苦悩の程度は、震災地の人々よりも甚だしかったと言えよう。

府県会議の選挙に、全社総動員をしていた、関西各新聞社は、今、また必死の努力を十倍しても追い付かぬ事となった。朝夕の二刊の外《ほか》に、定期号外が日に五度ずつ、早暁《そうぎょう》［夜が明けるころ］より深更《しんこう》にわたって、大の男の血相を変えしむべく、か弱い神経を持った女を慟哭《どうこく》せしむべく発行されたのである。

この好個《こうこ》の［ちょうどよい］題目を得て、大阪朝日新聞、大阪毎日新聞の両雄が、日頃盛んなる鎬《しのぎ》を新たにして削り合う様は、また空前の壮観であった。前者は東京の写真を一番先に掲げた。後者は東京全滅の報知の迅速さにおいて一頭地《いっとうち》を抜いた［他より抜きん出ていた］。

この時に際して、大阪以西、九州に亘り、両社に対して牢乎《ろうこ》たる［揺るぎない］勢力を扶植《ふしょく》し、隠然《いんぜん》たる［陰で力を持った］一敵国を成せるYS氏の本拠神戸新聞社は、その有力なる後援者、川崎造船所より、即刻、九千余トンの備後丸を提供せしめ、東京への救援船の一番乗りを成し遂げたのである。

私は六日早暁、煙もまだ立ち上る帝都の門戸、品川埠頭に、見事に大朝、大毎を出し抜いた備後丸が、その巨体を現した時の一つのエピソードについて語ろう。

芝浦までその深い吃水《きっすい》［水面下にある船の底部分］を入れ兼ねた備後丸は、大森の沖合に碇泊《ていはく》した。甲板の上からはすでに壊滅の帝都が暁の靄《もや》を破って指示された。誰一人語るものも無い。新聞社関係の人で東京に家を有する人々は、幾夜さも寝やらぬ便乗の船路の果て、今変わり果てた都に直面したのである。秋もようやくにそれと感ぜらるる朝風は、冷たく甲板上に立つ人々の頬に吹いた。大きな倉庫の残骸と焼け残った柱の連なりが、歴々として指点《してん》される。右に離れて石川島造船所のクレーンの折れ曲がった姿の傷《いた》ましさ、その後から燃え残りの火が、はたまた屍《しかばね》を焼く火か、ほのぼのと立ち上る。誰か涙無くしてこの光景を見得るものぞ。人々は悵然《ちょうぜん》として［失意に嘆きながら］無言で立っていた。舷《げん》［船の側面］側にはちゃぷちゃぷと濁った水が音を立てていた。

この時備後丸の舷、百メートルの近くに在った、軍艦山城から、するするすると滑るようにランチ［小型船］が走って来た。やがて上がって来たのは白い服を着た海軍少佐と、二人の水兵であった。

やがて人々は、それは徴発令を伝える海軍の使いであり、その命により、上陸する人々は、一人が携帯し得る荷物の他は、絶対に所持する事を許されず、他のあらゆる船積の荷物は徴発される事を知った。

刻頃《こくころ》にして、船内荷物の臨検が、海軍少佐により行われ出して、便乗の人々は皆手廻りの荷物を持って下甲板に集合した。鋭い検査の眼は別にこれに止まらず、やがて少佐が船長の案内で内部へ入っていった時、一室におびただしい家具、什器《じゅうき》の類があり、かつ付添いの人夫が十人もその傍に屯《たむろ》しているのを見た。

もとより備後丸は救援の物資を運んで来たもので、徴発さるればそれだけ配給の手間が減る訳ゆえ、船員は徴発を喜びこそすれ、憤る者など有りようなかった。

しかるに今この一室に来た時、船長と事務長との顔にはありありと困却《こんきゃく》の［困り果てた］色が現れた。何故かを説くに先立ち、話は少し前へ戻らねばならぬ。

松方公爵、鎌倉にて圧死の報は備後丸神戸解纜《かいらん》［出航］の日に到着した。仰天した川崎造船所長松方幸次郎氏はただちに壮麗なる棺桶を購《あがな》い、とりあえずこれを備後丸に托して鎌倉へ届けるように取り計った。しかるに船が遠州灘通過に際し、神戸より無線電信により、公爵は助かったが、しかし鎌倉より引き揚げの荷物を運ぶの途《みち》無きにより、途中横須賀に廻航し、これを積み込む様の旨を命ぜられた。五日朝後数時間にして、東京へ到着する期待に勇んだ便乗の人々は、松方公の荷物を運ぶため、ここに一日を横須賀に迂回する事を知り、一斉に憤激した。さりながら、一刻の急を要する救援も、数百人の家族の安否も、有力なる金力後援者、松方氏の命令には抗《こう》し得ず。かくして積み込まれたる荷物と運搬のための人夫十人これがすなわち、少佐の眼に留まった一室の内容であった。

仔細《しさい》に検すれば、絹の夜具布団数襲《かさ》ねをはじめ、高価なる衣類家具、机の類は、価にして数万にも上るべく思われた。

しかし、少佐はよく一世の元勲《げんくん》［国の功労者］の前にも法を枉《ま》げなかった。すなわち、船員と付添人とを前に置いて少佐は帝都の惨状を説いた。日比谷、上野、増上寺、各避難所における悲惨なる罹災民の実状は彷彿として、彼等の眼先に描かれた。聞くものにも、語るものにもやがて、熱い感激が潮のようによって来た。付添人夫が一番先に「俺達はこの荷物をもう運ばねい」と言い出した。数万の罹災民の前に頽齢《たいれい》［おとろえている］の一老人の荷物が何だ、元老横暴、金権横暴の声の中に、ついに松方公の荷物は、罹災者のトタン小屋にもたらさるべく、奇異なる運命を背負う事となった。

便乗の人々は、またひとしおに痛快を絶叫した。一日を便々《べんべん》として［何もせずだらだら過ごして］横須賀に後《おく》らせられたその憤慨が、すうっと薄らぐ気持ちを覚えた。私は今、時間切迫して詳しく後を記す余裕が無いのを悲しむ。ただただ空前の大災害と多くの悲惨なる罹災者とを前にしては、あらゆる階級も差別も無かった。それは一種の共産主義の世の中とも言えよう。一人の富めるものの荷物は、文句無しに貧しいものへ向けられた。まずすべての人をして生かしめよの叫びが、最も強く美しい共存の心の湧き出でた人々の胸に宿った大震の日を、涙ぐましく回想する。

備後丸船上の一情景のごとき、まことに、その一つの現れである。そして私も心から痛快を叫ばざるを得ない。

丸の内へ（日本橋）

皆川　清　理甲二二

九月一日。久しぶりの授業もすんで一家一つの食卓を囲んで、まさに昼餐《ちゅうさん》の箸を取らんとするその刹那。時まさに午前十一時五十八分、がたがたがたと震動が来た。「何だ地震か」という間もなく、立つこともできぬほどの大激動。家はぎしぎしときしり壁は落ち、今にも家は倒れるかと思うばかり。その内すぐ前の土蔵が一大音響と共に倒れ、壁土で息も苦しいばかりの塵。いまだ激動は止まぬ。自分はこれが地球破滅の秋の到来かと思った。少時《しょうじ》にして地震は止んだ。通りへ出て様子を見ようと思って玄関に出るとまたもや激動。瓦の落ちる様を見てはとても外へ出る勇気はなく、家の倒れぬ事を希《ねが》って家へ入った。歩く事はもちろん立っている事もできぬくらいである。七つになる妹はもはや泣く事もできなくなって真っ青な顔をして小さくなっている。家はさながら波上の木の葉のごとく今にも倒れんとしている。やがて震動は止んだ。幸いに家は倒壊を免かれた。時を見て家じゅう全部通りへ出た。ところが丸善は亀裂を生じ余震に堪え得られそうにも見えぬ。ここは危険と電車通りの中央へ逃げた。電車はいずれも立ち往生。市街自動車はこぼれんばかりの大混雑。下駄を捨てて逃げる人あり布団を頭に載せて逃げる人あり。これ等の人を以て大通りは埋められた。白木屋の方を見渡せば屋根がぺしゃんこに倒れた家がある。生き埋め数十名とかの事で青年団の手で盛んに掘り出している。やがて四方から怪我人を交番へ運んで来た。自分は何故この怪我人を医者へ運ばないのだろうと思った。この間何回もの余震が来た。割に小さい奴だと思う間もなくかなり大きい奴が来た。彼《か》の大きい丸善の建物はまるで風船球のようにふくらんだり縮んだりしている。たちまち京橋方面に音響が起こった。期せずして一同眼をむけると千疋屋《せんびきや》とも思われる建物がどすどすどすと電車道へ倒れた。誰の顔を見ても真っ蒼である。電車道の危険なるを知って十五銀行の空き地へ逃げた。そこも黒山のような避難者である、警視庁の火事火事と自動車で怒鳴って行く者がある。見れば日比谷方面は濛々《もうもう》たる煙である。ふり返れば本町方面もこれにおとらぬ煙である。なに蒸気ポンプがあるとあまり気にしなかった。二時四十分に激震があるとの張り紙が出た。地震は予知すべからざる事は知っていても中央気象台とか何々博士の名によって少なからず肝を冷やした。たちまちにして煙はぐるりを取巻き太陽は赤く見えるほどである。しかしこの地域は周囲に川があるゆえ大丈夫との事で何ひとつ持ち出す者はない。

そのうちに夜になった。今度は煙のみならず火も見え、どちらを向いても真っ赤である。まだ焼けないとの自信で逃げるはもちろん、荷さえ手をつけぬ。やがて巡査が逃げろ逃げろと言いまわって来た。これは危ないと皆一包の荷物を持って丸の内へ避難すべく家を出た。風はますます激しく火の粉は雨のよう。押すな早く行けで呉服橋は一杯の人である。やっとの思いで東京駅前へ出たがここも安心はできぬと思って、馬場先門から丸の内へ入った。あの大きな通りあの大きな広場が人や車で一杯である。あまりの人で家族はちりぢりばらばらになったので付近を探し、二時間余にしてやっと一緒になり、芝生に陣取って毛布を敷きそこで夜を明かすことに決めた。もはや我が家は火の海の中である。しかし一人の怪我もなく一同一緒になったのは不幸中の幸いである。初めは興奮して眠れなかったが、やがて疲れが出て寒さを忘れて寝入ってしまった。

一旦助けた家も（浅草）

吉田政雄　文甲三一

あの日は第二学期の授業の始まる日で、朝のうち学校へ行って、例のごとく友達と休暇中のことを歓談しあって、帰って来たのであるが、それからしばらくくつろいで、正午近くになったので、これから飯にしようとしているときに、いきなり体がぐらぐらっと揺られたかと思うと、柱の上部が左右に揺れて、梁とすれてキュッキュッ鳴りだした。「それ地震だ」と言って、私は母と妹と外へ飛び出した。大地も波打っていてなかなか走りにくかった。石の門を出て行く時は、一抱えもある門柱が倒れて来やしないかと思って夢中だった。それでも無事に母や妹達と表へ出られて、まずよかったと思った。表の往来には近所の人々が皆出て、それぞれ不安の色を顔に浮かべて、自分が今出会った恐ろしさをわななく声で語りあっている。そこへまた大きな震動が来て、女子供達を震えさせた。私達は家の中へ少し入ると、またぐらぐらと来て驚いて飛び退かされた。幾度入ろうと試みても駄目だったので、いよいよ表にいることに決めて、母はやっとお櫃《ひつ》やら茶碗箸などを取り出して来て、珍しい外の食事をした。私はほかの人達にも勧めてそれを食べさせた。そうしているうちに、私達の南の方に当たって、黒い煙が盛んに上り出した。多勢の人達のうちで血気さかんな人達は、その煙の方を目指し走って行った。ほかの人達はまだ火事とは知らないで、何だろう何だろうと怪しみあっていたが、私はふと「地震には火事が出やすい」と聞いたことを思い出して、これはきっと火事だろうと思ったが、そのうちに煙はますます勢いを増して来たし、見に行った人も帰って来て、近所が火事だと告げて、群がる人々をまた新たな恐怖に戦《おのの》かさせた。私は事によったら私の家も危くなりはすまいかと思って、決心の臍《ほぞ》をかためた［覚悟した］。煙は段々盛んに段々近くなって、ついに私の家の最も近い横丁まで来た。私はこの時帰って来た弟と一生懸命に私の家へあらかじめ水をかけて、それからその焼けている所へ消防に行った。この時はその横丁の両側とも燃え出して、片側には消防夫が来て、一心にホースを向けていたが、片側は消防の手が廻らないのか、素人だけで防いでいた。私と弟とはそこへ行って、小さいポンプで水を注いだ。火の勢いはなかなか盛んで容易に消えなかったが、多勢の人がバケツに水を汲んで来たりして、人力を尽くした結果、ついに消しとめた。消防夫のやっていた方も収まった。我々はこの大災厄を免れたことをお互いに喜びあって、初めて胸を撫で下ろした。母はもう火も収まったから、荷物を出したのを入れようと言った。私はもし外から火が来るといけないからと言ってとめたが、母が強いて主張するので、荷物を取りあえず雑然と家の中に入れた。その時は九月の長い日もすでに暮れて、あたりは暗くなりかけていた。まだ四方には所々に火の手があがっていた。と私の家から西北に当たる父の家が不安に思われて来たので、私と弟とはこれに駆けつけた。しかし幸いに父の所は入谷町の火の風下から外れているので安心した。私と弟とは屋根に上って見物した。もう自分の家は大丈夫だと思うと、四方の紅蓮《ぐれん》が美しく見えた。上野の方一方を除いて、ぐるりと家を遠巻にして火が昇っていた。天には火気を帯びた煙の雲がとぐろを巻いて、空をほとんど覆った。一番近い入谷の火は真紅の息をふきふき燃えている。湯屋の煙突の先からも赤々とした焔を吹き出している。見る間にその煙突も焼け爛《ただ》れてポキリと折れた。私達は父に促されて下りたが、入谷の火は段々こちらへ燃えて来るようであった。先程の安心もどこやら行ってしまって、夜半《やはん》の一時いよいよ私達は逃げ出すこととなった。私は心のうちにどうか焼けないことを念じながら、万一の用意に持って行かれない荷物を庭へ出して、その上に呉座《ござ》をかけて、十分水でぬらし、その上にブリキ板を一面に載せて置いた。父は後から荷物をまとめて来ると言うので、私と弟とはめいめい重い荷物をかついで、五、六丁離れたお寺の前で父を待ち合わすこととなっていたので、その寺へ一旦落ち着いた。しかし父はなかなか来ない、一方荷物を背負って逃げる人で、通りが段々塞がれて、しまいには逃げられなくなるといけないと思ったので、とにかく先に上野へ逃げようとして弟と出掛けた。ところが道は荷車と人で一杯だ。しかもなかなか進まれないのである。やっとなめくじの這うように進んで行って、とにかくも上野の鉄道線路へ出た。そこには避難の人が一杯であった。私等二人はそこで記念すべき大震の日の夜明けまでいた。

翌二日には混雑の中を池の端へ逃れ、さらに牛込へ逃れた。三日には私の家を尋ねた。もちろん全焼していて何一つ形をそなえて残ったものはなかった。心配した家族は皆無事であった。父の家も綺麗に灰となってしまった。ただ私が庭に出して置いた荷物だけは助った。

愛猫《あいびょう》に水と魚とを遺して（浅草）

黒田幸一　文乙二

近世の日本国民が血と汗との努力をもって築き、そろそろ爛熟《らんじゅく》の［成熟しすぎた］域に達せんとした我が国の文化を、一朝にして破壊し焼却し去ったあの驚くべき大震があってから、速くも時は二ヶ月を閲《けみ》した［経過した］。我が家を焼かれた自分は当時を追懐すると宛然《えんぜん》［まるで］夢のようである。ただ夢のようである。悲哀という感じよりもむしろ、呆れるという方が適当のようだ。今日郊外に住んでそこの家や人が皆依然として旧のごとくに在るのを見れば、我が家の焼けたと言う事などはむしろ他人事のごとくに思われる。これは不可思議な現象だが止むを得ぬ。焼け跡へ行って我が家の敷地を見渡してさえ悲しみは湧かぬのである。それほど自然の破壊力が猛烈であったのだ。我々に悲しむ余裕の無いということは争われぬ事実だ。

ただ一つ思い出すごとに涙ぐましさをひき起こすのは地震当時における一家避難の光景である。それにもっともっと大きい事は、親子四人が皆無事に逃げのびて、すべての幾十年来積もり積もった家の富を失ったとは言え、今なお共に理想に向かって歩みを続けていられるという事だ。今自分が経験した大震当時の光景を思い出してみよう。

九月一日はまさに学校の第二学期第一日の授業日であった。自分は東京にいたため、そろそろ夏期休も飽きていたので元気よく登校した。しかし初日ではあるし、例によってたいていの先生は授業がなかった。自分は二、三の友人に神田方面の書籍店に同行する事を勧められたが、気の向かぬため断って帰宅した。土曜ではあったし机に対してぼんやりしていると突然ドスンとやって来た。けれども誰しもが考えたように初めは別に大した事もあるまい、じきに止むだろうぐらいに思っていたが、なかなかそうでない。今か今かと思っているうちに、あたりには壁が落ちる、本箱が倒れそうになるので手で抑える、外では何とも知れぬ恐ろしい音がごうごうガラガラと響き渡る。そのうちに自分がいた二階の壁から屋外が見えだしてしまった。自分はこの瞬間にもう駄目だと観念した。もちろん階下の人々については何事も考える事はできなかった。ただ平常から学者の説などで、とにかく二階は比較的安全である事、慌てて下りては却って危険である事などを知っていたので、六畳の真ん中に座ったまま右手は机に左手は倒れんとする本箱に当てたまま家の倒壊するのを待った。この時ほど言い知れぬ淋《かな》しみを感じた事はない。自分は泣き笑いをさえ独りで催《もよお》していた事を覚えている。地震なんかで死ぬと思えばかく思うのも無理からぬ次第であろう。実に幸いにも数十年を経ている我が家も第一震では倒壊を免かれた。階段の下には父が飛んで来た。「速く今のうちに下りろ、無事か、速く速く」と促す。自分もその覚悟は決めてあったので滑るがごとくに下りた。しかし階段はすでに数寸二階との間に隙を生じ、辛うじてその一端で支えられていた。屋外に飛び出た。書生も下女も皆出た。弟は数日前学校の端艇［カッターボート］部選手の一員として京都瀬田川に練習に行ってしまった。母はと見れば居らぬ。下女に訊《ただ》すと琴曲の師匠のもとへとの事。かかる間にも余震は引き続いて大地を揺るがす。

どこの家でも皆一様に飛び出している。婦女子はいずれも泣いている。自分のいた二階を見れば一枚の瓦さえもない。家の柱は皆上部が外側へ傾いている。俗に言う、家が皆開いてしまった状態である。思わず身慄《みぶる》いがした。母は間もなく帰宅した。もちろん我が家は倒壊した事と信じていたので皆の無事な顔に接して小躍りして喜んだ。皆ももしや母が途中で瓦の下敷きにでもなりはせぬかという不安に襲われていたので涙を出して喜んだ。余震は絶えず自分等をおびやかした。到底家の内には居られぬので屋外に出たきりである。京都の弟の事も気がかりだ。おそらくは京都が震源地などとは思えぬのでまず良いとしても、万一帰京の途上にでもあったとすれば？列車の転覆？しばらくは一同で弟の安否ばかり気遣っていた。

往来は人で一杯である。病人もある、負傷者もある、老若男女が喚《わめ》き立てて右往左往する光景は実に悲痛なものであった。父は早速自分の受け持っている病家《びょうか》を見舞うべく歩き廻った。自分も助手として後についいた。書生は家を守った。この時分、自分の家が灰燼に帰しようなどと誰が想像したろう。ただ家も倒れず負傷者もなかった事を無上の幸いとして喜んだのみである。しかしやがて火の手は浅草橋方面、神田日本橋方面、及び龍泉寺方面、本郷方面に上った。

我が小島町（浅草区）は遠まわしとは言うものの袋の裡《うち》に包まれたようなものだ。しかし本郷方面のは大学の火で、間もなく鎮火したのでまず出口はできた。しかし神田方面、龍泉寺方面の火の手は刻々に燃えつのるばかりで、空には異様の入道雲さえ生じ、人々は焼けぬとは思いながら絶えず一種の緊張を感じていた。夕刻に至って湯島天神の裏から来た火は、ついに御成街道を越してこの方側に入ったらしいと言う。付近の家でもだいぶ上野公園へ逃げ去った。自分は早速付近の車屋（製造修繕業）へ駆けつけて、あり合わせた郵便局の小包運搬用の車を一台借りて来た。自分は地震とともに制服制帽に靴という軽装だったので靴のまま家に入り自分の書物、弟の書物を出した。非常用にとかねてから用意しておいた袋が大いに役立った。父は書生を指揮して、ごく必要な帳簿類及び薬類の一通りを出した。母は下女と共に布団傘などを持ち出す。いずれも焼けるとは信ぜられぬので、まず野宿のためぐらいにしか思っていなかったのである。そのうちに神田に間借りをしていた従兄が着のみ着のままで駆けつける。聞けば二階と共に第一震で潰され、辛うじて這い出して来たと言う。思わぬ援兵に力を得て、車には山のように積んだ。米も一斗積んだ。けれども、数十年間の積もり積もった目に見えぬ宝があの郵便車に一つとは……。我等は焼けない焼けないと信じ、かつ語りつつも、東本願寺の焼け落ちた頃からは強い不安の念にかられ、本所深川方面からの避難民が上野方面に陸続きとして逃げ行くのを見てひとしお腰が浮き出して来た。かくて昼をあざむくばかりの明るさのうちに、夜を徹してついに一日を終わった。我等が多年住み慣れた家を見捨てて、床の下に這入ったきり出て来ぬ愛猫《あいびょう》に魚と水とを与えて本郷台へと向かったのは二日の午前十時頃、その日の正午時分に我が家は猛火の裡《うち》に包まれてしまった。

無力の人々（浅草）

谷井毅夫　理甲二三

A兄

何と言う大きな力を持った運命の裁きでしょう。それにしてもまた、何という小さな小さな、人間の力だった事でしょう。貴兄御一家の御不運に対して、どんなに私が御同情申上げているかを、貴兄は知って下さる事と存じます。しかしながら、今私のなし得るただ一つの事は貴兄御一家が皆無事に御避難なすった事を心から、お喜び申し上げるだけです。

私は今何と言って貴兄にお詫びしてよいか、その言葉を知りません。ただ私自身の決断の足りなかったのを深く後悔するだけです。

あの日、浅草で地震に遭《あ》った私は、不安と危惧とに戦《おのの》く群集の間をかき分けて、一時も早く自宅へ帰ろうと、外濠線の電車通りを歩いていました。その時です。ちょうど番町の方に煙の上がるのを認めたのは。

私はまず、はっと思いました。よくわかりませんでしたがちょうど貴兄の家の方角に思われました。しかしながらその心配は近所の人々の話によってすぐ取り除かれました。貴兄の家は風上に当たりました。しかしそれと同時に、今すでに火の中か、あるいはまさに危うかろうと思われるあたりに、私の知人の家がある事に突然気が付きました。私は急いで駆けつけたのです。ちょうど私は良い所へ行き合わせました。年取った女主人は中学に通う男の子と年のゆかない女中とを抱えて困っていた所なのです。火は電車通りを隔てて向こう側が盛んに燃えていました。私はともかくも安全と思われる濠端へ荷物を運び出しました。大した荷物では無かったのですが、昼飯を食べないで浅草から歩きづめの私はすっかり疲れてしまいました。幸いにして向こう側の火はそのまま衰えそうに見えました。火を前にしてこの無力の人々を見捨てるには忍びませんでしたが、近所に避難する心当たりもあるらしいので、うちの事が心配になるからという口実のもとに、そこを辞しました。土手に腰を下ろして、しばらくぼんやりと天に沖する黒煙を眺めていましたが、今目撃した火事場の騒ぎを考えると、じっとしておられぬような気持ちに襲われました。幸いにして麻布の方面にはまだ火の手が見えませんでしたから、安心していたものの、もしや近所に出火でもしたら、水道の全然断たれたその時です。遠い外国にいる父の留守中、私も家にいないでは、母や妹の狼狽はどんなだろうと思うと、ぐずぐずしてはおられぬと思いました。疲れ果てた足を引きずって、ようやく日の暮れかかる頃家まで辿りつきました。家は幸いにも無事でした。

A兄

あの日の午後、風の強かった事を御記憶だろうと思います。そしてそれが西南風であった事も、私は風の方向に絶対の信頼を託しました。しかしその夜二階の窓から、遠く燃え上る空を眺めた時、私は思わず胸を衝かれました。先刻まで左の方になびいていた黒煙は、今はもうすっかり逆の方に流れているのです。番町の火は鎮まったかどうかは疑問です。そうとすれば当然貴兄の御家は風下になるではありませんか。

夜に入ってから来る飛報は、一報また一報私にとって不利なものばかりでした。
しかし、とうとうその夜は確報を得ない中に明けてしまいました。
A兄
貴家付近の焼けたのは二日の午前中と承りました。どんなに狼狽なすった事でしょう。
でも皆様が御怪我もなく避難なすった事が何よりだと思います。
何者が私に決断を拒んだのでしたろう。
とにもかくも私は今、貴兄御一家に対して深くお詫びしたい気持ちで一杯なのです。

眼前で折れた十二階（浅草）

長屋英明　文甲一三

大震の日。この日は実に呪われたる日であった。この日繁華を誇る我が帝都は、たちまちにして阿鼻叫喚《あびきょうかん》の巷と化し、無惨の焦土と変わり果てたのである。あぁ悲しむべき事だ。

当日僕は授業が昼前に終わったので、気の向くままにうかうかと浅草に歩を運んだのであった。相変わらずの雑踏《ざっとう》の巷をさまよい歩いて池のほとりに出て、橋にもたれてあたりの賑やかさを見ながら休んでいた。

たちまちグラッグラッと大地がゆらいだ。すぐ前の地に大きな亀裂ができた。僕は夢中で橋の手すりにつかまった。続いて起こる悲鳴の声。付近の活動写真館からなだれ出る群集の叫び。僕は恐ろしくなって、大きな樹を目がけて走った。突然ワァーッという叫び声がする。と見ると十二階［当時、日本で最も高い建築物だった凌雲閣の通称］。頭の方からポッキリ折れて墜落した。あぁその光景、実に筆舌をもって表し得たものではない。破片をあたりに飛ばしながらメリメリドスーンと崩れてしまった。あぁ恐ろしい事だ。誰も生きた心地はない。今まで散々歓楽に酔うていた人々は、皆色を失って逃げて来る。皆着のみ着のままだ。取るものも取り敢《あ》えずどころの騒ぎではない。方々で恐ろしい話が交わされた。ヤレ天井屋がつぶれた、ヤレ十二階の上から人が落ちて死んだなどと話し合っている。迷子になっただの、下駄を忘れただの、そんな小さな事を言う奴は馬鹿である。実際自分が生きるか死ぬかという運命ではないか。余震は引っきりなしに来る。その度ごとに悲鳴があがる。人々は蒼くなって無我夢中木に抱きつく。突如として十二階から火が起こった。見る見る中に下へ下へと燃えて行く。あぁあそこも火事だ、向こうも火事だと言う声に、ふり返って見ればコレハ、コレハ、ただ驚くのほかはない。三方に火が起こっているのだ。仰げば空には真っ赤に焼けただれた太陽が、これもまた真っ赤に彩られた雲の間を泳いでいる。あぁ何たる光景だ。その色、その光景、実に物すごい。人々の叫び声はいまだ静まらない。親を求める声、子を尋ねる声、友を呼ぶ声、あぁ何という事になってしまったのだ。そこらにあった茶屋では、家具寝具手あたり次第に取り出している。十二階はついに全焼してしまった。そして今やその裏手が焼けている。火はますます盛んになった。間もなく花屋敷に燃え移った。炎々として燃え上がる紅の焔は何物をもひと嘗めにせんとするもののように見える。風はこちらに向かって吹き出した。火の粉が飛んで来る、焼け屑が降って来る。そして熱い風が吹きつけて来て人々の顔はほてった。こうなってはたまり兼ねて逃げ惑う人が多い。その間にも地震はたびたび見舞って来て人々の心をゾッとさせる。あぁ、あぁ何という恐ろしい事なのだろう。誰一人として生きた心地はしない。ただ、樹にしがみついて気を揉むばかりである。火はますます勢いを増して来る。今にも公園の樹木に燃え移りそうである。バタンという声、続いてバタンバタンバタン。どしどし柱は倒される。ついに花屋敷の鳳凰も火に包まれ、アッという間に大地に打ちつけられてしまった。ちょうど昼時なので皆腹も減っておろう。気のきいた商人は梨などを運んで売っている。しかしのんきに食っても居られない。電車はもちろん動かぬという、それにあっちでもこっちでも火が起こっているというのだ。一体帰ることができるのかしら。逃げて来る人はますます多い。焼け出されて来た人もあって恐ろしい話がそれからそれへと伝わる。ただ驚くばかりである。それにしても家はどうなっているかしら。学校は大丈夫だろうか。あぁ、こんな所へ来るのじゃーなかったと思ったがもう仕方がない。しかしジッとしてはいられない。火事のために帰れなくなってはたまらない。と思うとすぐ僕は立ち上がった。そして人の右往左往する中を縫って本郷指して帰り始めた。浅草から上野へ行く電車道、そこには近所の人が荷物を出して不安そうに思い惑っている。あちらにもこちらにも黒煙が立ち上っている。あぁ、悲惨な光景。あぁ凄絶の巷、ただ夢ではないかと思うばかりである。今まで繁華に荘大に栄えて来たこの大東京が、こんな生き地獄のような様になろうとは誰が思いよったろう。この日、天下に誇る大東京はただ、一瞬の間にその大半を破壊されてしまった。そして年来の努力苦心は皆水泡に帰して、一文《もん》の価値もない焼け野原となってしまった。実に自然の力は偉大である。我々はただ、手をこまねいてそれに屈服するばかりだ。しかし今度の事は天譴《てんけん》［天のとがめ］だと言う事ではないか。天のお叱りだというではないか。我々はただ悲観するばかりではならぬ。ここに覚むる所あってますます勇気を鼓舞し、捲土重来《けんどちょうらい》の勢いを以て今後の処置をしなければならないのである。

余に病父あり（浅草）

渡邊季吉　文乙一

あぁ人ついに天に勝たず。科学の力も偉大なる自然力の前にはいまだ及ばずして屈服のほかなかりき。呪うべき大正十二年九月一日午前十一時五十八分よ！　歓楽の巷たちまち凄惨の境と変じ、大東京三百年の文化一朝にして亡びぬ。あぁ呪わしの日よ！

震火災ありてより早六十日、全市復興の気運に向かえる時。余は熟々当時の余につきて考えんとす。思いを震災当日に走らす時、余の胸には万感交々《こもごも》至りて胸せまり涙さえ落ちぬ。

その日は第二学期授業開始当日なりき。余は十時に課業終わりて約三十分を寮の雑談に費やして後、浅草田原町なる余の実家に到れり。余は夏休み一杯を新潟に過ごして三十一日朝帰京せるばかりなりしかば、それよりすぐ久し振りにて本所横網町なる親戚を訪《と》わんと思いしも、三十日の夜汽車の労いまだ抜けざりしを以て、しばらく昼飯まで憩いてしかる後にと、横になりてまどろみぬ。あぁそが余の運命を決せるものなりき。
二、三十分も立ちぬ。すぐ出発したらんにははや本所に達せる頃。突如としてかの激震動至りしならむ。余は平常地震をあまり恐れざりしを以て、あの震動にも、さまで〔それほどには〕驚かず、戸外には出でざりき。第一震最中「父を」との母の声を聞きぬ。余は二階に伏せる病父のもとに至りその階下に来られんことを願いしも、四年の病に弱れる父は床を出るを好まざりき。続いて第二震至れり。四面の壁は亀裂を生じ上と下と個々に動きぬ。本箱も倒れぬ。唐紙も外れぬ。されど父と余とは如何なるゆえにか、「ずいぶんひどい地震ですね」などと語り合いてさまで〔それほどには〕感ぜざりき。突如戸外より母の呼び声を聞きぬ。余等の戸外に出でん事を求むるなり。
父も出でたり。余も出でたり。あぁ惨！　余の家は新しき建築なりしを以てさまで〔それほどには〕感ぜざりしなり。戸内に驚かざりし余も、戸外に出でては驚かざるを得ざりき。あぁ何たる惨ぞ！　軒の崩れしあり門の倒れしあり。天を仰げば太陽名状《めいじょう》すべからざる真紅の色を呈して、黄塵《こうじん》中に輝きぬ。

火は起こりぬ。ほど近き浅草十二階の崩壊によりて、祝融《しゅくゆう》氏の乱舞は開始されぬ。烈風も吹き出でたり。されど風向北なりしかば、その時は余等は恐怖を感ぜざりき。火は起こりぬ。隅田川の対岸にあたりて濛々《もうもう》たる黒煙起こりぬ。されど余等はなお恐怖を感ぜざりき。火は起こりぬ。恐るべき南の方に火は起こりぬ。浅草橋と伝うるものもあり、高工と言う者あり。ついに余等も征服されぬ。黒煙の増減は余等の喜憂のバロメーターなりき。

三時半、風は西北に転ぜり。火も下火になりぬ。余等はほっとせり。その間もあらばこそ一名の警部は四、五人の巡査を具して［引き連れて］三、四十分にして田原町もまた火炎中たるべき事を警告せり。

余等には病父ありき。されば余等は荷物には手をかけざりき。父母兄私妹の五人はついに家を見捨て人波を縫いつつ上野に向かいぬ。吾妻橋に起こりし旋風は広小路の通りを真一文字に黄塵《こうじん》を吹きまくりて余等を送れり。千束町の方にも遥か火は見えたりき。高工のあたりも黒煙うずまきたり。人は西へ西へと向かえり。人波を縫いて否人波に送られて、五時の頃上野なる知己の寺院に至りぬ。

祝融の乱舞はますます猛烈となりぬ。その夜上野の山は全く三方火に囲まれたりき。三方の空は夜に入りていっそう物凄く真に火の海にて、炎の中に皎々《こうこう》たる［きれいな］明月隠現《いんけん》しぬ［見え隠れした」。西の方本郷台は暗黒裡に沈黙を続けたり。「ごうごう」たる音、そは家の燃ゆる音なりき。全山暗がりの中に人々は互いに相呼び相求むるなりきその凄惨！　余は余の筆の拙《つたな》きを歎ずる［嘆く］のみ。

余震は絶えず至りぬ。火は漸次《ぜんじ》［だんだんと］迫りぬ。余等は病父を有せり。生きんとする悩みか、否死に対する恐怖は余の胸に迫りぬ。

不安の一夜……短かく長かりし一夜は明けぬ。火ははや清島町を越しぬ。されど上野は他の方面より失火せざる限りなおまず安全なりき。昨夜帝大の失火つづいて一高の焼失を伝うるものあり。余は火の合間を見て約八時頃一高に向かいき。一高は焼けざりき。谷中に至りて遥か時計台を望みし時、余は思わず声を発しぬ。寮は惨憺《さんたん》たる有様《ありさま》なりき。自己の荷物を片付けて寝室に置き、余は上野気遣わしきままに帰路につけり。

後二時火はついに上野停車場に及びぬ。数回の旋風は幾多の危険物を山上山下に飛散せり。余等はついに上野をも見捨てたり。王子なる知己に向わんと谷中に至りし時、傍の塀にはり付けられたる紙は、汽車の日暮里より出づる事を報ぜり。余等の頭を占めしは火なりき。食物なりき。病父なりき。余等はついに新潟なる余の養家に向わん事に決せり。

日暮里を汽車は六時に火の粉に送られて出発したりき。赤羽より川口は暗《くらがり》に船橋［荒川にかって架けられていた船を連ねたようにして作った浮体橋。その付近を鉄道橋が通っていたとみられる］を渡りき。後方の火焔《かえん》唯一の燈《あかり》なりき。

あぁ感慨無量なり、帰京の汽車の窓より望みたる茫々たる焼け野原！

されど顧みよ。余等これを単に天災と見て悲しむべきか！まさに吾人《ごじん》の醒《さ》むる時なり。見よ軽薄なる一切の物は亡びぬ。人も物も改りぬ。立て立て吾人一高生が質実剛健の旗下《きか》に男子の意気を示すべき時は到れるなり。戦わんや時期至る！向かわんかな勝利の彼岸！

これが人間か（浅草）

後藤榮治　理乙一二

大正十二年九月一日。それは日本の歴史の続く限り、否《いや》、世界の歴史の続く限り、永く忘れられない日であろう。誰かよくこの日、この事あるを想像し得たろう。一国の文化を、何十億の富を、何十万の人命をわずか三日の間に滅ぼし失うというような事が現実として有り得べき事と思えるだろうか。自分のみならず恐らくすべての人もそうに違いないのだ。当時を顧みて実に夢のような気がしてならぬ。

この日初め、平日のごとく別に変わった事もなく穏やかな日であった。午前十一時、突然未曾有の大地震は我が関東地方を襲った。時ちょうど自分は二階で食事中であったが、ただならぬ激動に一同は立ち上った。グラグラッ、グラグラッ、ミシイ、ミシイ、家は異様なうめき声を発しながら揺れる。

「ただの地震ではないぞ」と叔父が、不安の色に覆われている一同に向かって言ったほか、他に声を発するものもない。

バタバタ、ドッスン、しきりに上から落ちて来る。壁土はほとんど全部はげてしまった。「もう止むだろう」と思っているが少しも止まぬ。家屋はいささかの抵抗もなく、グラグラと揺れる。全くブランコにでも乗っているように揺れる。「降りては危ない！ここを押しておれ！」平生《へいせい》〔普段〕は物に動ぜぬ沈着な叔父も、不安の念を顔から追い出す事はできなかったらしい。刻々不安の度は増す。全く生きた思いはなかった。家の下敷きになって死にはすまいかと言う恐怖が襲って来る。ようやくにして地震が止んだ時、一同は下に降りた。その時にはすでに四ツ辻などの広場には憂いに満ちた老若男女が集まり、しばしば襲うて来る余震に怯《おび》えながら、この先どうなる事かと安き心地もない。屋根という屋根、壁という壁はほとんど落とされている。私は目前の四階建ての家屋が何の抵抗もできず、ぐらぐらと揺れているのを見て、大自然の力の恐ろしいのを今更見せつけられたような気がした。この時もはや三、四箇所より猛烈な勢いを以て、黒煙と言おうか禍煙《かえん》と言おうか、火炎の色が映じてすごい色をした煙は今までの青空に流れていた。恐怖に充ちた群集はまた火炎のために一大不安を加えられた。しかしこの時、恐らく三日後の東京を作ろうとは思わなかったであろう。「本所深川が火事だ」と呼んで行く者がある。私は両国橋のもとまで行って見た。真紅の焔は本所深川一面を襲っていた。十軒、二十軒の家屋は一度に火焔《かえん》の犠牲となっている。私はそれを見た時全く恐ろしかった。全身はブルブル震うた。

「天地は亡びてしまうのではないか」私は思わざるを得なかった。私は電柱に昇って見た。火は諸所に発して各々《おのおの》猛烈な勢いでその領分を広めている。自分のいる場所を囲んで四囲《しい》［周り］全く火の海である。私にはこれが夢としか思われなかった。

危険はますます加わって来る。もうそろそろ避難の準備を始めている者がある。それで私等一家族も準備をし、準備をすると言ってもただ身なりを整え、貯えられた金と、書物のわずかと、布団を五、六枚だけだ。後は火災の嘗めるに任すより仕方なかった。四時頃多年住みなれた家に涙をのんで別れた。そして、火をあちらに避けこちらに逃れてついに上野の森についた。上野の避難民の群れ、私はこの群れを見た時何とも言えなかった。これら何万の人は不安の裡《うち》にここで一夜を明かさなければならないのだ。数時間前栄華に栄華を重ね、華美に華美を競った市民は、今は哀《あわ》れな避難民に過ぎなかったのだ。そしてほとんどすべての者が裸一貫になってしまったのだ。

この夜は時々起こる爆音に驚かされながら、それでも不安の中に過ごした。寒気に目が覚めた。東京は、はや火の海の中に沈んでいる。

私は叔父と一緒に焼け跡に行って見た。一昨日の跡方もなく全く焦土と化してしまっていた。

ただ焼け土がその名残りを止めているのみであった。「よくこれほど焼けたもんだなア」お互いの口からはただこの言が漏れるのみであった。

浅草橋公園の焼け跡に行った時、私達は思わず立ち止まった。目の前に黒焦げになった人間の焼死体が横たわっているではないか。頭蓋骨は表われている、四肢の骨もほとんど表われている。内臓が黒焦げになって見えるが、私はこれを見た時「これが人間か」と自分に尋ねた。これが二、三日前まではやはり普通の人間だったのだ。

私は感慨無量だった。そして私は自分の今こうして生きていられた事について天に感謝した。私はどうしてもこの場を去る事ができなかった。しかしますます惨鼻《さんび》を極めた［むごたらしい］光景を見せつけられた。それは大河の両側に浮かんでいる多数の死骸を見せられたのであった。「アァ」私はこれよりほかに発する言葉を知らなかった。私はまたあの被服廠の惨状も見た。「これがこの世にあり得べき事だろうか」私はただこれのみ繰り返した。今になって見ればあの恐るべき大震災も全く夢のような気がする。

眼前で切れた女の首（本所）

西脇　安　理甲二二

「この生徒がいたら、もし暇《ひま》だったらこちらに来るように、と伝えてくれないか」と言いながら当直の牧師は紙片にFの姓名を記して小使に渡した。時は大正十二年九月の末のこと、所は東京山の手の某学校の当直室である。やがてその生徒は来た。彼の額には癒えてこそ居れ、大きな傷がありありと何物かを物語っている。彼の青年こそは実に去る大震の日に、本所被服廠跡において万死に一生を得たのである。以下はすなわち彼の事実談である。

「夏休中、僕は撃剣《げっけん》［剣術］の稽古のために寮におりました。大震の前日、すなわち八月三十一日、僕は本所の叔父の家に所用があって行きましたが、その晩は雨が降ったので叔父の家に泊りました。翌朝早く起きてグズグズしているうちに、彼の大地震になったのです。叔父とその店の職人は外出して、僕と叔母と従妹の三人でしたが、たちまち火事が起きましたので僕は早速その家の荷物を近所の被服廠へ運びました。それが零時半頃です。その時は被服廠内はいまだ避難者が少なくて、中央に荷物を置いて避難しました。その中に叔父も参りましたので共におりましたが、火はますます燃えあがり、避難者はますます多くなって、さしも大きな彼の被服廠跡の広場も避難者で一杯になりました。昼間でありながら煙のために太陽の光は少しも見えず、ただ暗くて黄昏の様でありました。たちまち火は四面を囲んで、火の粉はどんどん落ちて来ます。着物が燃え出すものですから布団を被っておりました。

その中に恐ろしい旋風が巻き起こったのです。燃えている郵便局の屋根が旋風に吹き飛ばされて広場の中に落ちて来て、素晴らしい火の粉が飛び、そのために避難者の荷物が燃え出し、旋風が恐ろしいゴーッという音を立てながら火の渦を巻くと見る間に、見る見る何千人という人が死んで行きます。追想すれば彼の時の惨酷《さんこく》な有様《ありさま》は到底口には言えません。彼の恐ろしい火焔《かえん》の渦が猛《たけ》り狂う時、阿鼻叫喚《あびきょうかん》が三度ほど湧きましたが、後はただ旋風の荒れ狂う凄い音のみでありました。

それが午後二時頃くらいであったかと覚えております。僕は被っている布団が小さいので、側にある大きな布団に取り替えようとして、ちょっと持ち上げた瞬間、旋風のために僕の体は吸い上げられてしまったのです。それより後はしばらく意識がありませんでした。(その時叔父の一家もどこかに吹き飛ばされたはずですが、後からいくらどこを探しても見つかりません。多分死

んでしまったのでしょう)

やがて段々と意識が返って来ました。何だか僕の体を突く者がある様です。目が醒《さ》めてよく見ると、それが馬の腹の上なのです。馬が材木の下敷きになって苦しみもがいて脚を動かしてそれに蹴られて僕は正気付《しょうきづ》いたのでした。火の粉の雨がどんどん降って来るので、側に在った荷車の下に這い込みました。しばらくすると腹、背中が熱いので、見ると彼の荷物を満載した荷車が、吹き飛ばされてどこへ行ったかすでにないのです。うかうかしていると危ないと思って逃げ出しました。その時はすでに僕は頭と脚に重傷を負っていたのですが夢中で逃げ出しました。着物は疾《と》っくに焼けてしまってほとんど裸です。被服廠の溝の中に入りましたら、丁度そこにバケツが風に飛ばされて転がって来たのでこれを冠《かぶ》って火の粉を防いでいると、たちまち風のために、そのバケツはどこかへ吹き飛ばされて行ってしまいました。ここにいても危険なので溝を這い出そうとすると、向こうから一人の婦人がもちろん着物などは焼けて裸ですが、髪を振り乱し、狂のようになって走って来ましたが、折から烈風に吹き飛ばされたトタン板が当たって彼の女の首はコロリと落ちてしまい、彼の女の胴体はゴロゴロッと僕の上へ転がって来ました。僕は吃驚《きっきょう》して溝を這い出しましたが、道路は電線が低く垂れて、首がそれに引っ掛かると、足が猛烈な風にさらわれて、後ろに転倒してしまうので、大地に四ッん這いになって行きました。潰れた家の屋根を踏み越え踏み越えようやく大川の岸まで逃げて来ました。瓦が焼けているので足の裏は針で刺されるように痛いのですが、無理に我慢をして歩きました。僕はもうその時は死を決心しました。火で死ぬよりは水で死んだ方がいくらか楽だろうと思って川畔《かわばた》に来たのですが、そこにも幾万人の群集がいて、道に溢れています。火に近い方の者は熱いので、命懸けになって押すので、岸の方では柵も何もないので、幾千人の者がバタバタと川中に墜落します。川中に墜落した幾千の人は互いにもがき合って、見る見る溺れて行きます。僕は重症も負うていたので交番の蔭にこの雑踏を避けていました。橋の向こうとこちらとより火が燃え移って、橋上の幾千の人もバタバタ川中に落ちて、もがき合いを始めますが、皆溺れてしまいます。僕の側に一人の女学生が居て、川中に飛び込みましたが袴が杭に引っ懸かってその場で死んでしまいました。僕は覚悟を決めて川中に飛び込もうとしたが、怪我をしていたので川中に飛び込めません。仕方なく、石垣を伝って水際まで来たが、いざ飛び込もうとしても、体が風に吹きつけられてどうしても水の中に入れません。実際僕はその時は悲しくなってしまいました。ようやくにして川の中に入りましたが、左腕を怪我しているので右の腕だけで泳ぎました。溺死人がどんどん流れてゆきます。蒸気船が向こうから来ましたが、見ている間に発火して、船に乗っていた人は水中で焼死しました。やがて小舟が一艘そばに来て、船頭が乗れと言ってくれましたが、左手が利かぬので乗れません。止むなく川を片手で横断しました。岸に這い上るとそこの巡査が、公園に救護所があると教えてくれましたので行ってみましたが、すでに誰も居ません。火の粉は雨のように降るのでそこを逃げ出しました。とにかく火のない方へ火のない方へと逃げて行ったので、どの道をどう行ったかは知りません。途中から空き家になった病院に入って休みましたが、時々地震がゆするのでその度にベッドの下に潜り込みました。幸運にもそのベッドの下に西瓜と包帯が転がっていたので、傷の手当てもし、また西瓜を啜《すす》って喉を潤して元気をつけ、それからその辺を探すと、桐の下駄と、婦人の手拭浴衣があったので、それを着けてその病院を去りました。夜浅草公園にたどり着いて初めて看護婦の手当てを受けました。と言っても別に薬もないので、傷口の泥も洗わずに、いきなりヨードチンキを流し込むのです。僕は思わずそのとき「殺してくれ」と絶叫しました。火事は段々近くに迫って来ます。看護婦等は逃げ仕度をしています。そこで僕はまたそこを逃げ出したのです……」と言いながら彼の青年は茶を啜った。彼はとにかく万難《ばんなん》を排して九月三日頃、ようやく山の手の学校にたどり着いたのである。

前古未曾有のこの大惨事、死者十万余を出したこの大変災、聞くも語るもことごとく酸鼻《さんび》の極《きわみ》である。僕の家は幸い青山方面にあったため、無論相当の被害はあったけれども、彼の被服廠跡やその他のような惨劇を見ずに済んだのは何という幸福であろう。いかに天災とは言え、その犠牲となった人はあまりに、惨めであった。

三百年の江戸文化の後を承《う》け、さらに泰西《たいせい》［西洋］の文明を容《い》れて、文化爛熟《らんじゅく》を示した東京は、あたかも、栄華の夢に耽《ふけ》り、享楽の盃《さかずき》に酔うていたのであった。綺羅《きら》を纏《まと》い玉珠《ぎょくしゅ》を帯び、淫荒《いんこう》の風はあまねく浸したのである。憂国の士は私《ひそ》かに嘆じた。「世は澆季《ぎょうき》［道徳が衰えている］である」と。時しもあれ、大正十二年九月一日正午、突如として起こった彼の大震、続く劫火《ごうか》、呪の焔の猛《たけ》り狂う所、旧繁華の幻は忽然《こつぜん》として焼失し、あわれや玉敷《たましき》の［美しく立派な］都は一朝にしてこの荒墟《こうきょ》と変わり果ててしまったのである。

天譴《てんけん》か、神罰か、それは知らぬ。

邦家《ほうか》［国家］の前路は容易ではない。思うてここに至る時、吾人《ごじん》は悲壮の感の限りなきを禁じ得ないのである。先憂後楽《せんゆうこうらく》［人より先に憂い、人より遅れて楽しむ］をもって士のまさに務むべきこととせば、吾人たる者、決して悠々としていることはできない。あぁ、吾人の責任は重大である矣《かな》。

焔の重囲《じゅうい》（深川）

細井一六　理甲一二

江戸開府以来三百余年、加うるに明治維新より五年、十年間の目まぐるしい長足《ちょうそく》［物事が非常に早く進む］の進歩に日本文化の粋を集めた大東京が、自然の暴力のために脆《もろ》くも破壊しつくされ、さらに横浜はじめ関東一円魔手《ましゅ》にさいなまれたあの大震の日、九月一日、今もなお眼前に彷彿として、この日の記憶は去りやらない。

九月一日、あぁこの日は聞くさえ嫌な思い出の種である。天もあの惨状を予期して悲しまれたのか、朝から時々小雨を催《もよお》して陰鬱な日であった。

第二学期始業の日であったから一時間しか授業がなかったので、深川の兄の家に帰っていたのだった。

丁度あの地震の時、僕は一人二階で雑誌を読んでいた。

最初に緩く体の揺れるのを感じて「地震かしら？」と思う間もあらせず猛烈な震動がやって来た。家はめりめりときしめき始め、材木の一時に倒れた音が物凄く響いて来た。「はっ」と思って立ち上がったが体が激しく揺れて倒れんばかりになった。今まで全く大震を経験した事もなく、地震の惨害など全く知らなかった僕の頭にも、驚愕と恐怖の念がむらむらと湧き上がった。そして無我夢中で階下に走り下りたが、その時壁の破片でしたたか頭を打たれた。階下では皆んな庭に集ってお互いに支えあって危うく立っていた。どの顔もどの顔もみんな土色だった。

初震の終わるのを刻一刻命を縮められるような思いをしながら待っていた。その間の時間の永かった事、実に例えられない長さであった。

少しの隙を見て、街路に飛び出して見ると、驚いた事に近所の材木はすっかり倒れてしまって道をふさぎ、家の前の納屋《なや》は約五十度の角度で堀の方へ傾いていた。

あちらを見こちらを見ているうち絶えず余震が襲って来て、眼前の家は今にも倒れんばかりにきしり続けていた。全く人々の間に生きた心地はなかった。

しばらくすると遠くの方で煙が立っているのが目についた、近くでも洲崎の遊廓から煙が立ち始めた。余震もゆるやかになると人々の往来が急にはげしくなった。そして様々な報知が耳に入った。三越と警視庁から火が出て、あの辺はずっと焼けているという事であった。あちらこちらの煙は段々大きくなって、ほとんど四方が煙に囲まれた。

そうしているうちに海嘯《かいしょう》［津波］がやって来るという報知があった。なるほど干潮だと言うのに堀の水嵩《みずかさ》が急に増して来た。

我々は全く恐怖に包まれてどうしてよいかわからなくなってしまった。

ただなりゆきに任せるのみと皆んな、四囲をながめて呟いていた。

前に海軍の貯木場の大きな堀と同じく帝室林野管理局の大きな堀を控えていた僕等の家は火に全く安全と思っていたのに、段々とその火の手が迫って来て、危険らしくなって来た。

そのうちに四、五軒離れた家に飛び火して急に火の手が近づいた。これではと言うので家財を船に積んで避難の支度をした。僕は小僧を三人連れてその船に乗って見張りをし、他の人は陸にいた。その時はもう堀は船で一杯で船を動かすことも難しかった。飛んで来る火の粉を防いでいるうちに火の手は物凄く立ちまわって僕の家はもちろん、その辺一帯火に包まれてしまって、猛烈な焔が堀にかぶさって来たので船にもいたたまらず、やっと海軍貯木場の堤に逃げた。

しかしそこともほとんど四囲は火に包まれて、一刻も止まる事はできない。飛んで来た火の粉のために手を火傷したほどであった。

かろうじて火の付いている筏《いかだ》を渡って、焔の重囲［幾重にも取り囲む焔］を脱《のが》れた時まではほとんど我を忘れていた。

それからと言うものはただ人の波にもまれて、当てどもなく火の見えない方にと進むばかりであった。

やっと砂町を通って中川の堤まで来て、つかれた足を止める事ができた。後ろをふりかえれば、ただ目に入るものは火焔《かえん》のみ。堤の上に腰を下ろした時、兄を始め家族の者と別れた事に気がついた。一緒に船にいた小僧はここまで一緒に来たが、船と陸とに別れたまま兄上等とは離れてしまったのだった。いったい皆んなはどうしたのだろう、頭の中はこの事で一杯になってしまった、一日の夜はもう更けていた。

火殿烟窟《かでんえんくつ》（東京）

鄧世隆　文甲二

あぁ恐ろしい。本当に九死一生でした。今でも地震と言ったら身震いがする。今までは地震がそんなに恐ろしいとは思わなかったが、あの大震の日以来、やや強い風が吹いても地震かと思って逃げ出そうとする。まして本当の地震だったら小さいものでも、鼠が猫に出会ったようにもう助かるまいという感じがする。

幸か不幸か地震に見舞われたのは九月一日の十二時頃だった。新学期の始まりとて非常なる勇気を持っていた男女生徒があぁと言う間に惨死《ざんし》を遂げ、社会のためにこの身を捧げようとして働いていた役人達は急に彼の世の人となり、快活そうに歌いながら仕事をしていた職人等はにわかに静かになってこの世を去り、無邪気に遊んでいた子供達は地球は船かと思うともう木材や火の犠牲になった。雲淡風軽《うんたんふうけい》なる東京は火殿烟窟となって、光華燦爛《こうかさんらん》たる葬帝都は旧苑荒台《きゅうえんこうだい》となった。世は変化常なきものではあるが、こんな電光石火みたような変化は珍しくて恐ろしい。今日は明日の事を知らず、明日は明後日の事を知らざるようでは、勉強も何もする勇気がなくなる。こう考えるといっそ道楽に耽《ふけ》って、この惨めな世を幸福化した方がましだと言うことになる。

しかしながら天災と言い地変と言い、ある場合は塞翁《さいおう》の馬で善い結果をもたらすかも知れぬ。今度の地震で慥《たし》かに若干の悪人が死んだ、若干の無用の長物がなくなったと思われる。また帝都の復興何《なに》かを心に掛けて勇往邁進《ゆうおうまいしん》の精神を示す日本人は、幾らかこの大震の影響を受けたのではないかと思われる。これくらいの勇気あればどんな損失を受けたにしても訳なく恢復《かいふく》［回復］することができる。否《いや》、恢復どころか前のよりも立派なものにする事ができるのである。

勇敢なる日本人よ。この小挫《しょうざ》な大震にがっかりしないで自然を克服しなきゃならぬような意気込みでやって行ってくれよ。御成功を予祝《よしゅく》いたします。

重い静寂（東京）

藤田健治　文甲三一

恐ろしい午後は圧《お》さえつけられたように動かない大気の中に、それでも知らぬ間に経って行った。しっかりと背負った赤ん坊を膝の上に下ろして、乳を呑ませる女の人もできてきた。食事中に飛び出した人達は、怖る怖る壁砂で真っ黒になった膳立てを直しに家に入りだした。でも、

「また」という不安から、だれも落ち着いて家の内に居ようと思わなかった。家の前の小路に出ている人々の顔には、誰も口にこそ出さぬが、胸の中におしつけた感情の影がさしていた。子供らはいつものように元気よく遊ぶどころか、親のまわりに集って動かなかった。近所の子は段々ひとかたまりになっていった。そうした二、三の集まりが小路のあちこちに見ることができた。空気は依然として動かなかった。あれだけの大きな震動にもかかわらず、否《いや》恐らくそのために静寂があたりを占めていた。しかしその静寂は澄んだ落ち着きであって、その中に重い何物かを含んでいた。皆が息を凝らしているのだ。父がようやく汗にまみれて帰ってきた。そして気象台の報告として、もう強震のないことが伝えられた。我々はようやく少し落ち着いて、一緒に家の掃除をした。

火事の煙だという真っ白な大きな大きな雲の群れのようなものが、東から西へかけて空を覆い出した。それが見ている間に青い空にひろがって行く。煙に相違ない、しかしあんな煙が、水道が出ないのだから、そして消防隊が手を束《つか》ねて［手をこまねいて］焼けるのを見ている。そんな事が付近の人々の間に言われた。白い煙の大群は次第に夕日に紅く映えて行く。間をおいての震動の中に、一日が静かに暮れて行くとそこに、ピンク色の夕映えは消えて、下の方から赤くぼかされた火の煙が明らかに現れてきた。

夕飯を落ち着かない気持ちで済まして、縁に祭礼の提灯をつるして、庭に椅子をおろして座る。母は当座必要なものだけを縁に出した。子供らと母とを強いて休ませて、父と共にぼんやりと闇の中に空をながめる。あの魔群のような煙が見える。私の心を恐ろしい影が入りまじってかすめて通った。

科学の知識（東京）

千頭勝臣　文甲二三

古今東西稀に見る大震災の当日、幸いにして予は東京に在り、あらゆる惨状を見ることを得たるは不幸中の幸いと言うべき哉。そはかかる尊き実学を学ばんと欲するも恐らくは予の終世《しゅうせい》再びなす能《あた》わざるべければなり。

天罰か予は知らず、天祐《てんゆう》［天のたすけ］か予は知らず、あまりに尊き教訓を学び、あまりに悲惨なる実情に臨み、予はただ一大勇猛心を喚起せるのみなりき。

震災の日、日頃遠ざけたる軍隊の威大なる力を市民は初めて理解せり。震災の日、隣人の同情心の厚きに市民は初めて感謝せり。ことに仮想敵国の一として恐れたる米国が、列国に先んじて我が国を救済せることはいかに心強かりしか。幸いにして罹災を免れたる人々は、あらゆる犠牲を払いて罹災者を助けたり。予は我が国の人のかかる変災に対し、周章狼狽《しゅうしょうろうばい》することなく極めて沈着なりしを称讃すると共に、一般市民の科学の知識の極めて乏しきを嘆かざるを得ざりき。科学の知識の今すこし多かりしならば、火災のために何十万の生霊を空《むな》しうすることは無かりしなるべし。

異常に際して人の真価は認めらる。美しき同情頼もしき人心の数々は挙げて数うべからず。恐れ多くも、皇室は卒先救済に努められ、天下の富豪これに従い、早くも復興の意気は漲《みなぎ》れり。我が国は地震国なり。されどこれを怨《うら》むなかれ。弛緩《しかん》せん人心が緊張し、浮薄《ふはく》の思想根底より覆されれ、大和民族のますます尊きを知りたるは実に震災その当日なりしなり。文明は暴風より生ずと言わる。あえて言わん、日本は震災によりいよいよ強しと。実に我等は自然に打ち勝たざるべからざればなり。

合理的生活（東京）

小塚一男　文丙三

それはいまだ我々の脳裏に生々しい記憶の浮かんで来る九月一日のことであった。七月以来の永い暑中休暇の後を享《う》けて、もう休みにも飽き飽きした頃だったので、私は耳許で、しかし蚊帳の外だろうと思ったが、ブーンブーンと鳴る微かな蚊の羽の音に、懶《ものう》い［憂鬱な］思いを託しながら、夢のように今日は一つ学校に出掛けて見ようかなと考えたのであった。それからどうしたか、また寝入ってしまったと見えて、気が付いて眼を覚ました時には、雨戸の隙間から日の光が蚊帳の上に柔らかに漂うていた。私は枕を懐《いだ》いてぼんやりと考えて見た。何だか今朝は雨が降ってたような気がしてならなかった。時計を見ると七時少し前である、やっぱり寝過ごしてしまったなと思って、前の晩の予感の当たったのに、なんだか鼻のあたりが擽《くす》ぐったく感ぜられた。そして突然登校を断念してしまったのである。その朝は何とはなく陰惨《いんさん》な気分が漂うているように感ぜられた。雨も晴れてしまっていたのだが、風の響きにもやはりそんな気分があった。私は黙って立って、日暦《ひごよみ》［カレンダー］の所へ行って見た。二百十日［立春から数えて二百十日目。台風や風が強い時期と言われる］じゃないかと思ったのである、が当たらなかった。めくって見ると丁度翌日がそれであった。私はなんだか表し難い不満の情に襲われた。一種焦燥に似たものであったが焦燥ではない、やはり不満と言った方が近いのかも知れない。

九時頃、日本橋の交差点で電車を降りて京橋の方へ向かって少し戻った。自然に丸善に入ってみる気になった。真っすぐ二階へ上って、右手の棚をずうっと眼を通した。何も私の注意を惹くような文字を認めなかった。黙々として丸善を出た。足は京橋の方へと向く。私は下を向いて歩いた。京橋の交差点をすぎ、なお銀座の方へと歩き続けた。二、三人一高生徒に気が付いた。電車線路を横切って、伊東屋に入ってノートを数冊買ってすぐ出てしまった。それでどこで電車に乗ったかは覚えがないが、とにかく家へ帰ってほっとしたのは、かれこれ十一時過ぎだったと思う。ずいぶん汗をかいていた。すぐ裸になって身体を拭いた。少し頭痛がするようだった。二階の明けっ放した窓際に仰向けになって眼をつぶってみたが、やがて手を伸ばして、側の机の上に置いたシェンキェヴィチの『クオ・ヴァディス』のフランス語訳の本を手にとった。それはこの暑中休暇中に読み終わるつもりで、休みの前に買って来たものであった。もう四、五頁で終わるところだったので、今日中に読み終えてしまおうと思ったのである。どうも気が進まなくって、すぐ嫌になってしまった。本を開いたまま顔の上にのせて眼をつぶって考えた。色々の映像がかわるがわる来往《らいおう》した。仰向きに寝てると、背の方がひどく蒸し暑く感ぜられたので、少し横向きに寝返った。と、その時である、どんと背を突き上げられたかと思うと、急に横なぐりに揺られた。家は恐ろしい音を立てて軋《きし》んでいる。外の方でガラガラとえらい音が瀑《たき》の落ちるように起こったのである。何だか私には分からなかった、よろよろと起き上って机に噛《かじ》りついてた私は、とてもえらい地震だなと思った。眼を開くと、——もっと先刻から開いていたのかも知れないが、今から考えると、ちょうどその時初めて開いてみたような気がしている——砂塵《さじん》が濛々《もうもう》と立ち昇っている。今のは瓦が落ちた音だなと思った。窓から容赦なく砂塵が舞い込む。窓の側の壁に大きな亀裂ができて、中央部が脱落してしまっていた。私はとにかくえらい地震だと思った。生まれて初めてだなと思った。その時初めて、階下で私の名を呼んでいるのに気がついた。すぐ降りて行って見ようとしたが、まだ揺れていて立ち上がることができなかった。やがて最初の長い地震が止んだ。すぐ降りて行った。皆は真っ蒼になって箪笥の前に座っていた。一方の壁は全く倒れていた。母上は昼飯の用意をした食卓がその下にあるのだと言った。私はそんな事何とも思わなかった。とにかく今のうちに戸外へ出ようと言って、短いがしきりに来る余震を避けたのであった。戸外にはたくさんの人がすでに出ていた。裸足の人も少なくなかった。ここかしこに四、五人ずつ集まって、声高《こわだか》に語り合ってる。余震がしきりに来る。私は二階にいて揺られた気持ちを人に語っていた。私はまるでいり豆のように転がされたと言ったのを、自分でまだ覚えている。今から考えるとそれは嘘である。しかしその時はそれとは意識しないで話していたものらしい。否《いや》、実際そういう風に感じたとその時は思っていたもののようである。とにかくかかる場合の意識は不思議なものである。何だか誇りかな意識が潜在していたようである。そう語ることにおいて、何とはなく誇らしいような感じがあった。どういう訳だか私にも分からない。別にその話が周囲の人々の注意を特に惹いた訳でもなかった。ただ私の語ってる間、人々の注意が私に向かってるということを自分で意識して、そのためかもしれない。考えて見ると実に馬鹿馬鹿しい次第である。余震は絶えずやって来る。道路の一隅に小さな亀裂を見つけた。

三時頃である、東の方だと思ったが、夏らしい空の一隅に白い大きな入道雲がモクモクと沸き上がってるように見えた。実に壮観だなと思った。多分この時だったと思う、神田の方から銀座の方を通って来たという人の話を聞いたのは。神田では所々に、また日比谷の方面も火災が起こっているとの事であった。が自分はただもっともなことだと思ったに過ぎなかった。日中、大道に出ているのは実に暑い、苦しいものであった。ようやく空腹が迫って来た、就中《なかんづく》［中でも］渇きを覚ゆること切であった。自分は家に入って水道の栓をひねった、一滴も出ぬ。余震がまたやって来た。驚いて外に飛び出した。自分の家付近以外のことは、詳しいことは一向分からなかった。

しきりに来る余震の恐怖に、動こうともせぬ人々の周りにも、あらゆる光を呑んでしまう気味悪い夕闇が忍び寄って来るのであった。燈火は一つとして点《とも》されない。風はますます吹き募って行った。

忙《あわ》ただしい中に食事は済まされた、北及び北東の方は盛んに炎上しつつあった。紅蓮《ぐれん》のごとき焔は、闇の空を一隅から他隅へと、ようやく舐めてゆこうとしていた。水道の断たれてしまったことを初めて思い出した。そしてこの風では火災は却々《なかなか》広がることだろうと想像していた。東京下町の全部が炎上しているという報を得たのは午後八時頃であった。かくて全東京は焦土と化し終わらんとするのか。しかし自分はいまだ容易に動かされなかった。かの『クオ・ヴァディス』に叙《の》べられた暴君ネロが、壮美の精粋《せいすい》たる大ローマを炎上せしめた光景を胸に描いていた。人のただならぬ動揺にかのヴィニシウスが日に夜をついでアンチウムからローマへと、その美しき恋人リギアを救わんと馬を駆けさせた時の市民の避難の状を空想していた。

ふと眼を転ずれば、東の方黒んだ赤い雲の切れ間に、磨《と》ぎ澄ましたような月が中天《ちゅうてん》に懸っていた。飽かず眺めているとき、飛ぶごとき雲に覆われると見るや、銀は化して赤銅の燃ゆるがごとき影を呈した。凄《せい》［凄まじい］と言えば凄の極致、愴《そう》［悲しみ］と言えば愴の極致、佳絶妙絶《かぜつみょうぜつ》、自分は我を忘れて叫んだ、芸術は不滅である、この自然の暴威を振るえる人類への反逆、しかもその間にありてなお芸術は滅びない。自分は段々と感傷的な気持ちになって行った。

余震はなおしきりにやって来る。風はますます吹きまさって来た。雨戸などを外して来て路上に寝台を作った。横になった。眠ろうと努めても眠れない。時計を出して見ると、すでに零時を過ぎている。さすがに人声も途絶えがちに、静まり返って来たなと思わせた、とやがて騒がしくなって来た。空を仰げば東より北の方一面にただれたように輝いていた。飯倉方面からの避難民の群れが、続々と荷を負うて繰り込んで来たのである。付近の人も何となくざわついて来た。しかし自分はいまだ心に余裕があった。かかる避難民の群れのぞろぞろと続いてゆくのを見て、自分はかのゲーテの名著『ヘルマンとドロテーア』の中の、ナポレオン侵入によって続々と退去してゆくドイツの避難民の群れを心に描いていた。また欧州大戦当初、決河《けっか》［川から水が溢れ出す］の勢いのドイツ軍の暴虐を逃れんと、荷を負うて南へ南へと追われたフランス人も想像してみた。かくて忘るべからざる大震の日は全く過ぎて翌日となって行った。

ローマの暴帝ネロは美しい詩を得んがために、ローマを焼いた。後漢の董卓《とうたく》は阿房宮《あぼうきゅう》の炎上を讃嘆して洛陽を焚いた。昔は国民または市民の上に、権力を握っていたものの思うままに、怖るべき災害が下された。一個人の野心のために、しばしば戦争が起こされ、人民が塗炭《とたん》［泥にまみれ炭で焼かれるような苦しい境遇］に苦しんだことは、誰しも知ることであるが、戦争には一個人の野心は巧みに隠蔽されて、一国の利益、もしくは正義に名を籍《か》ったものである。ただ、ネロがローマを焼き、董卓が洛陽を劫掠《ごうりゃく》したことは、それは彼等の治下にある都会であるから、敵国に対して与えた損害ではなく、全く名のつけようなき暴戻《ぼうれい》［人道に外れる行為］である。

今度の大震大火によって、東京並びに付近の住民たちは、ほとんど史上に類例のない惨害を蒙《こうむ》った。彼等は世界の中で古今を通じて最も不幸である。ただその惨害が自然の力によるもので、一個人の意志によって下された惨害でないだけが、やや慰むに足りるだけである。

もっとも時代が違う、今日いかな権力を持ったものでも、その治下の都会を焼くような暴戻《ぼうれい》をなし得ない。かかる比較は不当というものであろう。しかし彼等よりもなお甚だしい不合理な災禍《さいか》を蒙ったものが、かつてはこの地上に存在していたということは、不幸な彼等に対して復興の勇気を与うるに足りるかと思う。今日我々の生活は合理的である。合理的生活を進めて来たゆえに、今日では不自然な人為的災害からは免れることができるのであるから、進んでは自然の暴戻から免れる工夫が必要である。今日の惨害は自然の暴戻に対する準備が欠けていたためなる事は疑うべくもない。もちろん今後とても人為、自然の両方面に対して、我々の生活の完全を期することは、遥かに悠久の事に相違ないが、どこまでも合理的生活を進めて行くことが、人類の幸福進歩を来たす所以《ゆえん》である事は明白である。我々はここに従来振り切ることのできなかった不合理な因習から脱して、一層合理的な生活に入るべきである。災後数旬を経た今日、我々の感情は種々と尽きない、が要するに復興、否《いや》新興はこの合理的生活を進むるということに過ぎないだろうと自分は思うのである。

こおろぎの歌（東京）

岩城重男　文甲三一

高く挙げられたものは強く落ちる。飛行機は車よりは危険が多い。文明へ文明へと進んだ人類は、ついに自然を征服せんとさえ思うに至った。彼等は自然の法則を破り得るようにさえ考えた。六階の家ができた時、また七階、八階の家を作った。彼等はそれを誇りとした。東京はその点において田舎に優れていると喜んだ。

人は次第に衣服の美を競い始めた、いかにして他を唖然《あぜん》たらしめるような服装をしようかと苦しむ人さえ出た。

東京はその点において田舎に優れていると喜んだ。

思えば物質に拘泥《こうでい》した［こだわった］文明は、日に月に堕落しつつあったのだ。人は地上に在る事を忘れた。自然に育まれている恩恵を忘却した。

しかも吾人《ごじん》はついに自然を服する事はできなかったのだ。すべての学術もすべての研究も、畢竟《ひっきょう》［つまるところ］自然の法則にいかに従うかとの学問であった。

吾人はついに一指だも自然の法則に触れる事は許されて居ないのだ。今更自然の偉大と人の営みの弱さとを感ずるまでもないのだ。

こうした考えが走馬燈のように限りなく廻《めぐ》っては来、廻《めぐ》っては来る。十時間前のあの混雑の光景が時々その間に入って来る。モルヒネを飲まされてまさに正気を失わんとする時のように、非常な速さで色々な有様《ありさま》が頭に浮かぶ。

傾いた家、倒れた本箱、その入口から飛び出す人、その頭の上に落ち来る瓦、前から上る煙火、火の粉、船のように揺れる大地。すべては動いた表現の絵のように、気狂《きちが》いの頭の中のように。

気が付けば自分は今、土手の草の上に、一枚の布団を敷いて寝ているのだ。空には月が物凄いほど冴えている。恐ろしい入道雲さえ湧き上がっている。そして最も恐ろしい事には、左の空から右の空まで一面に真紅だ。

土手の上は大人や子供や老人で満ちている。それでいて妙に静かだ。皆黙っているのだ。時々声の上がるごとに、土手はゆらゆらと揺れる。昼の疲れで寝たきり動かない自分は、一つの星から他の星に動いて行く松の梢《こずえ》を眺めてやはり黙っている。

一匹の蟋蟀《こおろぎ》は何も知らぬように歌い始めた。それが妙に耳にひびく。「あ、蟋蟀は良いわ。家があるんですもの」さすがに感じたらしく小さい女の子は言った。

自分は急に涙の流れるのを覚えた。そうだ、蟋蟀であれば良かった、自然の中に生まれ、自然の中に育ち、そして温かい自然の懐の中に入って行く。あの小さい蟋蟀の生命こそ人類があらゆる試錬を経て、ついに達する道ではなかろうか。センチメンタルな悲哀の中に浸っていた。「火がこっちの方へ向いたぞ」太い声が胸を突いた。

学としての存在（東京）

山岡龍次　文甲三二

大正十二年九月一日正午の頃、地震あり。次いで起これる火災のために、大東京を始めとし、関東の諸地大惨害に遭《あ》えり、この日感じたりし事どもを記《しる》さん。

庭の梅の木にしがみつきながら、余を顧て叔父は言えり、「これだけの大地震がある事を予報しないとは何事だ、地震学という学問は、そのための学問ではあるまいか」と。

実用のための学という事は、もとより排すべきにあらず。されどそれ以外に「学その自身のための学」「学を愛するがための学」なるものの厳として存するを忘るべからず。たとえ地震を予報する事絶対にできずとも、地震学は学として立派に成立するなり。なぜならば本来人は知るという事を愛すればなり。余の叔父は軍人なり。実用のための学あるのみを知りて、学のための学あるを知らざるなり。ゆえに彼はこの日神聖なる地震学の存在をけなししなり。この如きは独り余が叔父に止まらず、一般俗眼《ぞくがん》者流の〔低俗な見識しか持たない人が〕口にする言なり。しかしてこれは「学のための学」という事を喜ぶ余の心を脅かす言葉なり。余は「学のための学」をなさんとするなり。しかるに彼等はかかる事を排斥《はいせき》するなり。余の心の平静はこの日の地震によりてより以上に、「学のための学」に対するこの非難によりて脅《おど》されたり。ゆえに余は今「学のための学」を弁護するなり。

学の真面目は実にこの「学のための学」という点にあり。学は、知識は、真理はそれ自身価値を有するなり。そは自己価値を有するなり。絶対的価値を有するなり。他に利用せらるるがために価値あるにあらず、それ自らが尊きなり。学は人生に奉仕すべきにあらず、かえって人生が学に奉仕すべきなり。

　これは余の信条にして、また哲人リッケルト氏の高唱するところなり。この信条に遵《したが》って余は生きんとす。しかるに、この日地震学が実用に欠くる事ありしゆえを以てこれを非難し、ついにその学としての存在を脅かすごとき言葉を耳にし、余が心甚だ震えたり。今、その日の事を思い出して、この文を綴り終わり、心の震えようやく静まれるを覚ゆ、長かりし余が心の余震哉《かな》。

火の粉をあびながら（東京）

稲川鉚一　文甲三二

　世界大惨事の一つとして、永く人類の歴史上に新たなる記録を残した呪われたる日。江戸三百年の文化を一夜にして灰燼に帰し、大東京の大半を焦土と化してしまった恐怖の日。その日は激しい風雨と共に明けた。幾万の人々は最後の朝餐《ちょうさん》［朝食］とも知らずに、膳に向かった事であろう。十時頃には雨は歇《や》み、風のみ陰惨《いんさん》な響きを立てていた。飛んで行く雲の間からは碧空さえ見えた。しかし蒸し暑さは加わり、何となく元気をそがれるような天気であった。濃尾の大震災を体験した父母の言によれば、やはり地震の前にはあのような天気であったと。しかし誰もあのような地震が来ようとは夢想だにしかなった。否《いや》最初揺れ始めた時にすら、あれほど大きくなろうとは思わなかったし、地震の被害がさほどであろうとは思わなかった。まして誰が翌日の東京を予想することができたであろう。が、科学の力もあの自然の暴力の前には全く無能力であった。そしてそれは科学が長年月を費やして築き上げたものを、ことごとく灰にしてしまった。

わずかばかりの荷物をかかえて我が家の焼けて行くのを顧みながら、ここからあちらへと人や車の大きな潮《うしお》に押されながら、それでも一家ことごとく揃って、灰色の空の下を火の粉を浴《あ》びながら、丸の内へ着いたのは、午後六時頃であった。郵船ビルディングなどの塵墟《じんきょ》のように崩れ落ちているのを見て、初めて地震の思ったより大きかった事を知った。日が暮れるにしたがって、雲（?）が紅の色を増して来た。しかし黄昏時のような薄明るさは、夜更けてもなお続いた。四顧《しこ》すれば［あたりを見回せば］どこも火ならざる所は無い。ナポレオンが勝ち誇ってモスクワに攻め入った時の事を想った。すべての物はことごとく猛火の反映を受けて紅の色を呈していた。ただ弦月のみが物凄いほど蒼白さを増して、薄明《はくめい》の雲間から時々下界を照らしていた。

裸一貫（東京）

上田　豊　文丙三

大正十二年九月一日

あぁ、この日は何という不吉な日であったろう。突然襲いかかった大震は、数知れぬ人々から生命や衣食住を奪い去ってしまった。

この日僕は登校後、ただちに帰宅して昼寝をしていた。大震は襲い来った。瓦は崩れ落ちた。けれども我が家は倒壊を免れた。

喜んだのも束の間で、その日のうちに我が家は灰燼に帰してしまった。

大震と同時に火災が各所に起こった。水道は止まった。火は思うように燃え広がって、三日まで続いた。

僕は全く頭が混乱してしまった。自分で自分の身体のような気がしなかった。

横浜、横須賀、小田原などが全滅したということも耳に入った。被服廠跡で数万の人間が死んだということも耳にした。

聞く話のどれもこれもすべて悲惨なる話のみであった。

僕達は昔の大地震について聞いたことがあった。また本で読んだこともあった。しかし少なくとも僕達が経験しようとは夢にも思わなかった。その大地震を僕達はこの日経験したのだ。全く唖然《あぜん》たらざるを得なかった。

僕達はよく火事などの折に、大事なものを棄てて、つまらぬものを持ち出した人の話を聞いて笑ったものだ。しかし僕はそれが決してその人だけでなくして、その話を聞いて笑った僕達もそれを免れなかったことをしみじみと感じた。

そうしていざという場合に、沈着であり得るには余程の修養を必要とすることを知った。

僕達はほとんど無一物となって、職を失える父と共に一家七人が裸一貫となって投げ出された。

この頃には全く将来が暗黒に見えた。

僕は「死んだ人が大勢あるのですから、お怪我もなく無事であったことが何よりです」と他人から挨拶された時に思った。

「果たして生命を失ったものが不幸で、生命を失わなかったものが幸福であると言い得るであろうかどうか」と。

この頃は全く悲観的になっていて、全く自分というものの不甲斐なさをしみじみと見せつけられた。

その後、僕の頭の混乱を醫《いや》すべく信州に逃れた。静かになって考えてみた。

人間というものは常にこうした禍いに対する覚悟を、常に持っていなければならない。もちろん禍いは喜ぶべきことではない。けれども襲い来った以上は、それを堪え忍んで、それにひるむことなく、力強く生きて行かなければならない。

またこうした場合にぶつかって見ると、人間はその赤裸々な姿を表すものである。この場合に人間の美しさを数多く見たと同じに、醜さをもかなり見せつけられた。その一例として次のようなことがあった。

大震からだいぶ経てから、僕達は対外感謝市民署名運動なるものを起こした。その動機は次のごときものであった。

大震災の報が一度海外に伝わると、衣類や食糧を送ってくれた国もあった。また音曲《おんぎょく》を停止して我が国のために悲しんでくれた国もあった。また多額の金を寄贈してくれた国もあった。ほとんど列国の人々が我が国民の不幸を悲しんで、同情を寄せてくれた。

そこで恐らくすべての人が外国の同情に感謝の念を抱いているものと信じ、その感謝の取次ぎをせんがために、市民の署名を求めて感謝状と共に列国に送って、感謝の意を表わそうというのだ。この事で各学校長に同意を求めたところが、二、三の人を除いては全部これに同意してくれた。

反対者の中に女流教育者のオーソリティーとか言われる鳩山春子女史があった。

「私は米一粒もらってはおりません。私は今悲しむべきことがたくさんあります。そうしてこれから先も無限にあるだろうと思います。私は感謝の念など起こりません」と言って拒絶した。僕は大いに悲しまざるを得なかった、あまりに醜い姿ではないか？

同情とは必ず物質的のもののみではない。精神的の同情を考えなければならない。たとえ物品は与えられなくとも、この温かい同情に対して、僕達日本人は感謝の念を抱かずにおらるるであろうか？

世の教育者にしてすらこの有様《ありさま》である。

十一月になって署名デーを催《もよお》した日には、かなり多くのこの同類を見出した。

彼等は物品を貰わなければ感謝の念が起こらないのだ。何という醜い姿だろう。

これでも日本は第一等国の資格があるだろうか。これらの徒《ともがら》が覚醒することなくば、その発展を望むことはできない。一事が万事である。

日本人のために僕は悲しまざるを得ない。

前にも述べたように、僕は地震の襲来を喜ぶものではない。

けれども来た以上はそれによって教えらるる所が多々ありしゆえにこれに感謝を捧げる。

それは僕達にとって絶好の試金石《しきんせき》であった。

この当時の緊張した心で生きて行ったらば必ず禍を福に転じ得るものと信ずる。

小さな共産主義（東京）

伝榮　昌　文乙二

地が揺れるぞ！　地が揺れるぞ！

痩せ細った老母は江戸の町々を叫んで歩いた。老婆の声は幾日かの疲労で力無いものであった。町の人達は老婆の居所さえも突きとめる考えはなかった。

そして老婆の声が町のどこにも聞かれなくなった日には、江戸の町は地の底から持ち上げられて、投《ほう》り出されたようにひどい地震に遇《あ》った。

安政の大地震にはこのような伝説がある。

八月は昨日で終わって九月が今日から始まると言う日であった。

墨を流したような雲の隙き間から、時折りもれる日の光は残暑の厳しさを思わせた。

町並では店屋を除いた外《ほか》の住まいは、おおかた風のために雨戸を閉めていた。

ひどい風ですね！嫌なお天気ですね！

町の人達はこのような挨拶を交わしていた。

嫌なお天気、これは安政の大地震の老婆の悲痛な予言に相当すべきものであった。

地が揺れて地上の万物が安定を失った。人の心も安定を失った。親が子の安否を煩《なや》む叫び声。子が親を求むる悲しい声は熱に浮かされた病人の囈言《たわごと》のように繰り返された。

町の通りは人々とその声とで充たされた。地は時折り揺れた。揺れる度に地上にある或るものが破壊される。破壊されるものの中には人の生命もあった。

町の人達が安全な避難所を見出して、そこの畳莫蓙《たたみござ》や敷物を広げてその上に避難した時には、上空の一角に灰色の漠々とした夏の入道雲のような煙が見えた。

下町の方は火だ！　そこに避難してる人達の不安な顔には絶望の色さえ見ることができた。

雲間から顔を出した日の光、煙のために海岸で見る夕陽のように赤かった。

町の人達の避難場所の前を担架に乗せられて担がれて行くのは、地震に生命を奪われた人間の屍《しかばね》か。地震に脅威された人命か。担架と言っても雨戸を棒に釣った間に合わせの不完全なものであった。担架は引き切りなしに、避難してる人達の前の通りを近所の警察署へ担がれて行く。

お前達はどこまでお目出度いのだろう。無益の生命がお前達にはそれほど貴重なのか。お前達の足の下では、お前達の後ろでは、どうしてもお前達の生命を奪わなければならないと言うて地震と火が躍気になっているのに、俺は俺の無能無力を知っているのだから、せめて生命が絶たれる前の不安を少しでも短かくしたのだ。俺はもう安心だ。俺はお前達が不安ながらも生命を徒《いたず》らに大事がる滑稽さを見る事が辛いのだ。あまり悲痛な滑稽だから。

もしも担がれて行く担架の中からこのような声を聞く事ができた人であったならば、その人はきっと火の海目掛けて走って行ったかも知れない。

下町が火に包まれた事を知ると、町の人達は地震と地震との間を見ておおかた破壊された家の中に入って、彼等の貴重なる品物を採り出して来た。

近所の消防署からは蒸気喞筒《そくとう》［ポンプ］が火事をなおさら物凄くするような音を立てて下町の方へ走って行った。しかし火《ひ》の見梯《みばしご》の上には人の姿を見る事ができなかった。

水道がとまった！　水が出なくなった！

上空の煙はその濃さを増して来た。そして日の光はスッカリそれで覆われてしまった。

避難してる人達には地震最初の狼狽さが段々失われて、幾らか落ち着きが見えた。

飢餓は地震の狼狽から人達を正気に戻した。夢中ですべての人が時間を超越してしまった。

貧しい食事は埃の中で取られた。

寺の広場の前の大きな銀杏《いちょう》の木の下では、盛んに小さな共産主義が善良な意味で実施された。

そして火も地震も温かい人情味の発露で忘れられた。

銀杏の葉は時ならない紅葉を染めていた。

南の空は真っ赤に染められ、そこには火と戦う人、火を避ける人の悲痛な唸きが聞かされた。

亡友を弔う（東京）

MST生　文甲三二

友のこと。

一日、二日は夢のようだった。ただ地震と火事とがひどかったことだけしか記憶にない。少し心の平静を得て、自分自身よりほかの事を顧る余裕のできた時、まず初めに心に浮かび出たのは友のことであった。被服廠跡で三万二千の人が死んだ――もしやそのなかに？――の不安が襲って来た。友K君の家はちょうど被服廠跡の前にあった。

けれども同じ苦しみにおかれてK君を訪《おとな》うてみる暇《ひま》がないので、不安な気分のうちに数十日がすぎた。その間に出したK君宛の手紙は「立ち退き先不明」の符箋をもって帰って来た。一、三の友からも不明の通知が来た。

いよいよK君を訪れる事のできたのは学校が始まってからであった。同じ思いのM君も共に行った。黄色の塵埃を浴《あ》びて、厩橋《うまやばし》を渡り、電車通りを右へ少し行く。バラックの少ないのは死んだ人が多かったからなのだ。何という痛ましいことだろう。

「南無妙法蓮華経」のお題目の太鼓が聞こえる。背中から水をかけられたようにぞっとする。眼がかすんできた。M君は黙々としている。

「三万二千！」

私は頭の中で呟いてみた。三万二千の生命の創造のための苦心と努力。三万二千の生命が将来創造しえたろうと思わるる生命と功績、私はそれを考えて「安い犠牲ではない」と思った。

二、三回来たことがあるので、家の跡はすぐ分かった。何もない。立札は？もない。誰か身寄りの人のしたことか、焼けた茶飲茶碗に水を盛り、その前に二束の生花が立ててある。ぞっとする。入口に近い方にはK君が日頃愛玩していたセメントの金魚鉢がころがっている。中に三匹ばかりの赤い金魚がほとんど骨ばかりになっていた。私は「もう駄目だ」と思わなければならなかった。そっと心の中に君と君の義母君とへ祈りをささげて自分の不信を詫びた。

不遇だった君、望みのまさに食い違った君、寂しかった君、孤児だった君、天才的だった君、私に親切であった君、その君は義母君と共に、すでにいないのだ。一学期の終わりだったか、しきりに君はドイツへ留学したがっていた。それを泣いて止めたのは義母君と私だった。「もしあの時洋行していたら、K君も義母君もこうは……」と思うと、ほんとに済まないことをしたような気がする。

だが恋に破れ、愛に失望し、望みに背かれた不遇だった君は、焔と煙がせまって来て、いよいよ死を覚悟した時、すでに自分の側に窒息した義母君の顔を見た時、K君はどんなことをどんな風に考えたろう。あぁそれが聞きたい。しかしてK君はK君の呪った世には居ない。私は平凡な肉魂だ。

「もし助かっていてくれたら」ああもこうも……、凡人はとりかえしのつかぬことに泣くのだ。友K君、私は自分の不信を詫びる。そしてそれは私の生涯の苦しみだ。

天譴《てんけん》。Sという実業家で子爵《ししゃく》の人、国家に事ある折は、たいてい「有志顔」を新聞にさらす人、その人が新聞紙上に次のごとく言った。もちろん前に「有志顔」を振り廻したことである。

「今度の大震災は、近頃日本の軽佻浮薄《けいちょうふはく》な、奢侈《しゃし》［身分を越えた贅沢］に対する天譴である。だから国民は一層気をひきしめて！」

私はひとりでその時「フフン！」と言わざるをえなかった。いったい労働者や、農民や、いわゆる第三階級の人達は、奢侈に流れるほど贅沢をするほど物質上に充分給与をうけ、浮薄《ふはく》になるほど精神上余裕があったろうか。

「そら地震！　そら火事！」

その時大切な肉塊はもちろん、大切な證文《しょうもん》や札束や、綾羅錦繍《りょうらきんしゅう》［美しい布や豪華な衣服］を幾台もの自動車にのせて別邸へ逃げることのできた人々は、一年も立てば元通りだ。しかしたくさんの仲間を殺した貧しい人々は、いったい幾年後にのびのびした安楽の生活ができるのであろう。誠に有難い天譴ではないか。自然は無意識なのだ。自分が今まで「自然に心あり」「人は自然の寵児なり」と考えていたのは違っていたのだ。暴虐を見ろ、自然の残酷なる人間への挑戦を見ろ。天譴どころか、我々はこれから自然の暴虐に備えなければならないのだ。ただ自動車のガソリンの香りをその後ろからかいだことのない人々は、よろしく天譴と心得て充分万非《ばんひ》を悔悟《かいご》し［これまでの罪を悔いて］、第三階級の生活に仲間入りするがいい。復興もいいが白粉《おしろい》と肉欲への復興、物質至上への復興なら、むしろ寂寞《せきばく》の［物寂しく静まっている］武蔵野に出でて入る日を見たい。

交通機関。

今度ほど私は汽車、電車、飛行機の有難味を感じたことはない。否私一人ではあるまい、東京へ来ようとしたすべての人、東京を出ようとしたすべての人が、交通機関の有難さ、物質文明の有難味を感じた事であろう。昔の五十三次［江戸時代、東京と京都を結ぶ東海道にあった五十三の宿場のこと。ここでは、当時の徒歩移動のことを指す］を大正の今日繰り返したのだ。

しかし私は不便を感じただけ。それだけ、むしろそれ以上に交通機関、物質文明の害毒を考えざるをえなかった。インドに自己の手もて一切を作った粗衣《そい》をまとって、徒歩以外に乗物をとらぬ聖雄《せいゆう》ガンディーの気持ちが初めてわかる気がする。米大陸から梅毒の渡来したのも船ができたからだ。純朴な農民が浮薄化し俗化し、こすくなって行くのは汽車ができたがためではないか。生活、人生の意義は財産を作ること、立派な家を建てること、高位高官に昇ること、欧米の新科学を研究することではない。自分自身が意義を見出すのだ。つまり明日食う米がなくとも満足できる生活こそ、真に意義ある人生なのだ。利己主義ではない。醜悪《しゅうあく》な個人主義でもない。いわば人格主義の生活だ。人格を無視しては我々は生命、生活、人生の意義を解しえない。人格は外来するものでなくして、自分自身から必然的に湧き起こるものである。書物も、先生も、政府も、金も、入用《いりよう》でない。労働して生命を全うしうるだけのものがあればいいのだ。私は原始へ帰れというのではない。精神的人格的文明国を建設せよというのである。飛行機、汽車、汽船の代わりに、心と心血と血魂《けっこん》と魂との汽車、汽船、飛行機を作れというのである。

人間はやがて亡びる。確かにそうだ。けれども、もし人類が一度馴れてしまったこの生活、物質文明を捨てて、人格主義精神文明の生活へ移り行くことができるならば、人類の生命は、たとえ無限でなくとも、一層延長されることは確かだ。けれども人類はそれを知らぬ。知っていてもそれへ向かって今の生活を投げ捨てることは決してできないのだ。悲しいことだが、人類は滅亡への途を急いでいるのだ。

せめて日本だけこれを機会に交通機関がなくなったならばと思う。外国から攻められる心配などは第二、第三の問題だ。

地震！　だがお前は偉いことをした。まだ少しお前の来かたが早かったので、人を滅ぼしつくすことができなかった。これで当分は人が引き締まって、お前に対する備えをするから、それだけ人類の生命も延びたというもの。

しかし自然の暴虐が奪った友K君のこと、私は生涯忘れえまい。それはやがて自然への呪咀《じゅそ》だ。

自動車の上に冷い顔の「貴婦人」よ、私たちは全く心からこの度の地震を天譴と考え、これからは一層張りつめた気分で、あなたのために、香水と白粉と、絹とガソリンと、白金とダイヤモンドとセメントと、鉄とを作りましょう。それが「奉仕」「社会奉仕」なのだそうで御座います。

柱は一本二本と火炎（東京）

戸澤盛男　文丙二

九月一日、この日は我々の第二学期の第一日であった。長い休暇に倦《う》んでいた［飽き飽きしていた］後であったが、七時の始業に間に合うべく湯島の家を去ったのは六時半頃であった。空模様を見ればいかにも危険に見えたが、明日は日曜だし、たとえ降っても止んだ隙に帰ろうと手ブラで出かけたが、大学の前に来た時はすでに落ちて来た。足早に登校して教室で先生のおいでを待った。久し振りで会う友もやっと半数に足るか足らぬくらいである。そのため授業もなく、すぐ帰宅を許されたのだった。室友等と己《おの》が室へ帰り、幾日振り幾十日振りに顔を合わせた事とて時の経つのも忘れて、あるいは休暇中の行動を語り合い、あるいは三高との試合の模様を報じたりして、十時頃まで知らず知らずの間に過ごした。登校の時から降り出した雨は次第に降り増したが、十時頃にはからりと止んで日さえ顔を雲間に現していた。この頃友人二人と共に帰宅の途についた。一人は本郷三丁目で別れたが、もう一人と広小路まで語りながら泥の道に歩を運んだ。広小路でただ一人となり、明日の友と再会を楽しみつつ家に着いたのは十一時に近かった。着物を着替えて机に向かい、今日と明日との行動の予定を考えた。僕のいる家は知人の家、一ヶ月以来留守番を引き受けていたのである。三日前に九月二日帰京の報知を受けたので、明日の今頃は責任を果たしてしまえるのだ、何の事変もなくて実に有難かったと独り考えに耽っていた。それは去年の夏、やはり留守中だったが泥棒に入られた事があったと、かねて聞いていたからであった。実は僕ともう一人同年輩の男もいるのであるが、その男は自分の下宿へ出掛た後で女中らばかりであった。昼飯も間もないし一風呂浴《あ》びて来ようかと思ったが、平素の無精《ぶしょう》が早速それを妨げて、机の上に読み懸けておいてあった小説を続けたくなった。飯の知らせのあるまでと思って頁をくり、数枚読んでいた。外はよい天気になっているが風が強い。ちょうど僕の心がほかのことや留守番のことを忘れて小説にすっかりとらわれている時だった。ガタガタと揺らぎ出した。初めのうちはいつもの地震だろうと平気でいた。しかしますますひどくなる。どうしようかと考えた。室は二階だ。そして階段は回転している。外まで行く距離はだいぶある。僕は十年ほど前に一度かなりの地震に遭《あ》っている。その時逃げようとして逃げ損ねて命をなくした者が多いことや、二階が割合に安全であるというようなことを聞いていたので、こんな時だ、あわてて飛び出さぬ方がよかろうと箪笥の傍《そば》に這い寄って観念してしまった。動揺はますますひどい。なかなか止みそうもない。人の事なんか考えられなかった。早くどうにでも結果がついてくれればよいと、倒れるか潰れるか無事でいられるか、それのみ考えていた。向かい側の家でも人の気配がない。逃げ出したのか知らんと眺めていた。しかし、さしも長かった震動もやっと落ち着いた。急いで階段を下りて来て見ると、女中等も出られずに僕を呼んでいたと一緒になって座っている。まあ外へ出なさいと急がせて僕も一度出た。それから火を聞いた。ところが昼飯の仕度最中とて七輪に一杯起こしてあるとのこと。早速駆けこんで水をかけてすっかり消してしまった。もし自分の所から火を出しては済まない事だと、これに気がついて実に喜ばしかった。そうしているうちに第二、第三の震動が頻々《しくしく》とやってくる。外にはすべての人が、あるいは戸を敷き、あるいは畳を持ち出して仮の居所を作り、病人を背負いいる人、子供等の手を引いている者、老人をいたわる者、あらゆる人が群がっている。揺れる度に女や病人は叫び声をあげる。聞いているのもつらい。そうこうしているうちに留守番の人もやって来た。本富士警察の所までくると薬屋から人が飛び出してくるし、瓶がこわれる音がするので火事かと思っているうちに、足が運べなくなったので地震だと分かったと大急ぎで帰って来たという。二人で家へ入りあちこち見た。

一ヶ月丹誠の葉鶏頭《はけいとう》［熱帯アジア原産の植物］も無惨や瓦の下敷きとなって一本も残っていない。つくづく世の無常を感じた。もう一日おいて、僕等が育てた跡を見せたかったと二人で話をした。土蔵は壁が落ちて入りたくも危険で入れない。一巡して再び外に来てみると湯島高台の方にあたって二筋の煙が見える。本郷方面にも一筋、神田方面に二筋見える。この頃の風力は物凄くなっていた。自動車に注意するため往来の上に釣った赤いブリキ板の風の吹く度に呻《うな》る音は、下を通ることさえ恐ろしく思われた。その中に震源地は江戸川だということを聞いた。火事は神田三崎町方面、御茶ノ水付近、帝大と報ぜられた。僕は寮が案ぜられた。しかし留守番の責任上飛び出すこともできぬ。煙はますます空にひろがった。太陽も黒煙の彼方に影を没し、もはや付近の人々も生きた心地もせぬ有様《ありさま》となった。火はますます広がるという報知。僕等は風下にいるのだ。とにかく依頼された重大な品だけはどんな事があっても無事にしたいと、真っ先に引き出して荷に戴せておいた。そしてお鉢を門先に持ち出し、握飯を作ってもらい一同腹をこしらえた。この頃家の付近はすっかり煙に巻かれた。こんなになってはたまらぬと思って、できるだけ逃げ仕度をしていると、幸いにもそれは風が方向を変える刹那であった。僕らは喜んだ。風下にいる、どこに逃げていいのか、上野公園だけと思っていたのが風上となったので場所を選ぶ余裕が生じた。その中に帝大の火の鎮《しず》んだこと、寮の安全なる事を聞いた。いかに安心したか分からない。ではとにかく寮の方を指して逃げることにしたが、どうしても火が家まで来ると思われない。何度も屋根から火勢を眺めてどうか止まってくれないかと念じていたが、どうしても止まりそうにもない。数間の道路も何ら容赦なくどんどん移って行く。日のあるうちは真っ黒に見えた煙も、日が没すると真紅となり凄惨の気は天地に漲《みなぎ》った。その中で風は強し動揺は続く。今は身に負える荷をのみ持って避難のやむなきに至ったのである。先刻から火に追われ追われて家の前を逃げて行く人見るも憐《あわれ》げである。しかし僕等もこれを人の事としている訳に行かぬ状態となった。八時、往来の通行幾分容易そうに見えたので二人で荷車に積めるだけ積んで前後から引き出した。池の端まで出た。さすがに広い道路も両側はすでに一杯の人と荷物である。ただ一筋の道は通行のためにあるばかりであった。やっとの事で空所にたどりついた。ここまで来る途中、女中らも自分の荷を負うてついて来たが歩き疲れて、それを探しにかかるやら、またそれを車の所までつれて行くやら、混雑の中で一通りでなかった。こうして荷車を女中達にゆだね二人は再び群集をかき分け押し分け家へ引き返した。まだ夜具が出ていない。なくては第一に困ると、二人で背負えるだけ持ち出して、また車のある場所へ置き、三度引き返した。今度は焼け落ちるまで見届けようと、お鉢やその他食料品をひと纏《まと》めにして時の来るのを待った。池の端まで幾ばくも無い道程だから、平素ならば一度の往復に要する時間は幾らもいらぬが、あの群集の間を進むにはずいぶん無駄な時間を要した事は残念であった。かくて十時、我が家に火はついた。そして四十分の後、柱ばかりとなって一本、二本と火炎をあげつつ倒れ、我等二人は万事終われりと池の端に引きあげた。火はなかなか止まりそうもない。消防隊は必死となって池から水を引き出した。恐らく止まることだろうと思うけれども僕はどうしても眠り得ないので、しばしば火の模様を見に出かけたが、十二時頃ようやく広い道で一時食い止められたので一時安心したものの、どうしても眠れない。そして色々の考え事を始めた。僕の留守を引き受けた人は大阪にいるはずだ。もう知ったであろうか。何時帰って来てくれるだろう。また母や兄弟はもう通知を受けたであろうか。もし知ったらどんなに心配しているだろう。浅草方面の火は次第に下谷方面に近づくという報も聞いた。眠れぬままに広小路あたり、切通しあたりをどことなく見廻りつつ、後の計画を考えて、自然の力の大に比して、人力のあまりの情けなきを口惜しく思い、一刻も早く夜の明けるのを待ちわびつつ東の空を望んでいた。

医は仁術《じんじゅつ》（東京）

石川庸彦　文丙二

夜来《やらい》の風雨は跡かたもなく晴れ上がり、麗《うらら》かな日が病室の奥深くベッドの上までもさし込んで来た。とかく陰鬱になりがちな病院でも、暴風雨の過ぎ去った後の晴々しい晴れやかな気分には少しの変わりもなかった。今日からは学校も始まる。皆永い休暇中に鍛え得た元気に満ち充ちて、今頃は校庭のここかしこに一団を成して、楽しかった休暇の想い出などを語らっていることだろうと思うと、手術後いまだ一週間も経たず、起き上がることさえできぬ我が身の前途を待ち遠しくて、友の身がうらやましくて仕方がなかった。昨夜の名残りか空行く雲こそはやや足早であったが、これならば今日の二百十日も無事に穏やかに済むなあなどとも、窓から外を眺めながら考えていた。しかししかし、神ならぬ身の誰が、この穏やかな日にあの激烈な悲惨な大震が来ようとは思い及んだものがあろうか。

実に唐突であった。実に突如であった。意外とは真にこの事であった。大震襲来の瞬間すべての人が度を失い、なすべき処置をも知らずただ呆然たるのみであったのは蓋《けだ》し〔思うに〕当然であろう。震動中の凄惨な光景はいうまでもないが、一時震動のやんだ後の騒ぎは、場所が病院だけにさらにさらに甚だしいものであった。かつて経験さえしたことのない度外れの驚駭《きょうがい》から来た極度の狼狽のために我を忘れ、人を忘れて狭い非常口から前庭に避難せんとする混乱は、到底筆舌の能《よ》くする所ではない。しかしこれまでの混乱も永くは続かなかった。これは不意を打たれたがため起こった一時の変態であった。患者が皆広い庭の木陰に芝生を仮の莚《むしろ》として横たわり、差し迫った危険からひとまず脱れ得たと思った時に、そこに我等は人情なるものの限り無き美しさを随所に見た。

見渡せば空は早や青く澄んではいるが、そこには見慣れない異様な入道雲が渦を巻いている、その根本の方を眺めると、そこには怖ろしい紅蓮《ぐれん》の焔が渦を巻いているではないか。耳をつんざくばかりの爆音が次から次へと響いてきて果《は》つべくも思われない。余震はほとんど絶ゆる間もなく来る。その度に、大地に寝ている我等の背中からビクビクと動く。しかしこれらの次から次へと起こってくる驚怖も頼りない病床の我等を互いに励まし、緊張せしむるものとはなれ、決してこの上我等をして恐怖せしむるものとはならなかった。あの渦巻く煙が何万の人を焼き殺しつつあったとはよもや知るべくもなかったが、それを眺めながら各自の家の安否を気遣い共に憂い、互いに慰め合っているものもある。草の下から身体中に這い上る蟻を払い合っている人もある。医者や看護婦は、自己の家も自己の危険も打ち忘れ、あるいは病室中からベッドを運び出し、あるいは重症者の枕頭《ちんとう》［枕元］に座して憂わしげに脈を取り、あるいは氷を運び食料を運び、あるいは天幕《てんまく》［テント］を張り露営の準備をなすなど、着々と組織的に活動が行われた。中にも余をして最も感動せしめた一事があった。余のすぐ隣に十歳ぐらいの男の子が横臥《おうが》していた。その付添人はあいにく外出中で、その子はただ一人なのである。彼は極度の恐怖と不安と寂しさに泣き続けていた。するといまだ若い医師は眼の廻るような忙しさの中を切り抜け切り抜け、五分間ごとくらいにその子の枕頭に座し、あるいは言葉優しく慰め、あるいは脈をとり、呼吸をはかり、あるいは氷塊をどこよりか求め来って口中にあてがい、あるいは太陽の直射を避けんがために傘を求め来って病床の側に立てた。その心遣い、その親切さは決して一片の義理的のものではなかった。いや義理にでもこれほどの手を尽くしてくれるものがあったら、病床に在る身の不安はいかに慰めらるるかわからない。ましてそれは真に肉身の親も及ばないかと思われるほどの厚い同情心の発露であったのである。「医は仁術なり」とはしばしば聞いていた。しかし今が今までこの言葉がシックリ腑に落ちたことはなかった。然《しか》るに［それなのに］この一人の年若い医師の行為を見るに及んで、余は初めて古人の言の偽に非《あら》ざることを知り、この人にして初めてこの語に意義ありと感じた。周囲いずれの人を見ても一人として見知るものもなく、この大混乱裡に孤独に取り残されて病床に横たわる小児の心中を想う時、真の人情のいかに麗しきものなるかに想い到らざるものがあろうか。

精神的その日ぐらし（東京）

神西　清　理甲二一

四、五年前、まだ僕が中学の二、三年にいた頃の事である。僕は友人から、近く大地震があるだろうという話を聞いた　僕はずいぶんおびやかされたものだった。で、少しでも雲が深く垂れて来たり、生暖かい風が吹いたりすると、大地震がやって来るのではあるまいかと顔色を変えて、胸をびくつかせたものだった。何でも、その年は、ちょうど安政から六十年目だと言う話だった。

しかし、期待に反して、至って平穏な、日が、月が、そして年が、迎えられ送られるばかりだった。そのようにして、かなり度の強い心配性であり、神経質である僕の心にも、いつか安んじた忘却の垂帷《とばり》が覆いかぶさったのだった。

人間には忘却が許される。しかし、自然は忘却を有《も》たない。かくて、盲目の僕の生活は、冷たい宿命の手が導くがままに、大正十二年九月一日なる舞台に登ったのである！

九月一日！この日を思う時、私は川田君のことを思い出す。川田君の死を思い出す。あの日の午前、僕たちは二人きり教室に残って色々な話にお互いの頬を紅くさせていた。その話の最後の題目は、九月の十日から新学期を開始するアテネ・フランセ〔語学専門学校〕に、一緒に通おうじゃないか、という相談だった。ちょうどその日は土曜日だったので、じゃ、月曜に学校が退《ひ》けてから二人で神田のアテネへ願書を出しに行こうと決めて、別れていた。僕は帰途、飯田町駅に近い、鉄門のアテネに寄って、規則書をもらって帰宅した。

昼食の箸を置いた時、あの不気味な怪物、日本の地震が、唐突にやって来た。壁が落ちる、唐紙が外れる、縁がきしむ、ついに勝手口の煉瓦塀が倒れる。ただ、驚愕と、狼狽と、困却と、そして「とうとうやったな！」と思った心が、一時に俺の頭のうちに渦巻きめぐった！そしてやや平静を取り戻した時、俺は、まだ不気味に揺れ続ける余震に戦《おのの》きつつ、やっとの思いで階段を上がって、二階の広い窓から、諸所から湧きのぼる火事のそれとも覚しき黒煙を望見《ぼうけん》している自分自身を見出したのである。その時僕の心を占領していたものは、実に、今までの自分の、精神的その日ぐらしの悔恨であった……。

ああ、過去も未来もない、その日ぐらしの生活！　呪われてあれ。ああ、私は、この日の午後、この日の午前に、あんなに愉快に語りあった川田君が、あの悲痛な被服廠跡の焼死者の一人となられた事を、ひと月半も経ってやっと知ったほどの、その日暮らしの男だ！　この厳かな運命の二つの分れ目。その影をすら、予知できなかった、僕のその日ぐらし！　僕はそれがただただ、呪わしい。

実相は厳粛だ。人間の魂は、実相の巍然《ぎぜん》たる［高く抜きん出た］巌《いわお》の間に、寄せては返す浪のようなものかも知れない。しかし、もしそうであるにしても、その浪の動きを、せめては、過去、現在、未来を通じてその一つの連鎖を有《も》つ、動きであらしめたいものである。人は逝く、都市は滅びる、そして星霜《せいそう》［年月］は遷《うつ》る。……しかし、しかし、それら、人を、都市を、星霜を、無意味に消え失せる水泡にはしたくないものである。

川田君！　君は死なれた。それから、あのアテネも焼けてしまった。何もない、何もない。――

―今、大きな寂寥《せきりょう》が私の心を襲う。そして今こそ、僕は、自分のその日ぐらしが恐ろしくなっている。あぁ空虚なこの現在の一刹那に、我々は何を頼みうるのか。

川田君！願わくば、君の影像を永遠に、僕の裡《うち》に生きしめよう。そして、震災の恐ろしい一日が僕に示してくれた「実相」の厳かな横顔の前に、永遠に永遠に、考え、畏れ、そして戦う！

自然を顧みた（東京）

川上芳郎　理甲二二

二階にいると急に家が動き出した。隣家の瓦が落ちる、家がめりめり音がする。地震が止んだので外へ出て見ると付近の人が皆出ていた。皆一様に青白い物恐ろしそうな顔をしている、余震は底気味悪い地鳴りをさえ伴って引っきりなしにやってくる。しかし、我々はその時よもやこの地震で文化を誇る東京を全滅し、幾万の生霊が悲惨なる死を遂げようとは考え得られなかった。実際我々は東京の前途についてなぞ考える余裕がなかったかもしれなかった。

地球の終結を思わせるようなあの大きな地震を体験して人間の頭は、自己の生命の安全のみを欲し、かつ、考えたのである。科学も宗教もことごとくはもう人間の頭から飛び去ってしまったように思われる。一切の文化の基礎は揺るぎ動かされたかの感がある。

夕暮れになると下町の方から避難してくる人々が列をなして通る、我々はそれで初めて、東京に大火が起こったのであるということを知った。

火は今や盛んに燃えている。大東京の物質をことごとく焼きつくさんとするかのごとく！朝鮮人放火の噂が起こる。人々は戦々恐々として、ひたすら身の安全を願った。

彼等初めて自然の方を顧みた。今まで都会の喧燥の中に一切を忘れて、ただ物貨のつながりにあるはかなき満足をし、無知な安住に安んじて、しかも居然《きょぜん》として他を顧みなかった人々は初めて自然を見たのである。

安政の大地震が江戸民の惰眠《だみん》を驚かしたのはわずかに七十年の昔である。しかも彼等はもう惨苦《さんく》を忘れて、絶対の基礎の上に立っているごとく錯覚して、物質欲の殿堂に享楽に耽っていた。かくして物質の東京は脆《もろ》くも数十分の中に根抵から破壊された。惜しむべきは惰民の犠牲となって空しく死した幾多の生霊である。我々は永遠に彼等の死を忘れてはならない。人類進化の道程にいたましくも払われた貴き犠牲これこそ、実に世界文化史に特筆されねばならぬ事件である。

人々との低級な関係に満足した人々は初めて人間の頼むべからざるを知った。我々はただ神においてのみ絶対の安住を見出さねばならぬことを人は知らねばならぬ。しかしてポアンカレ［フランスの数学者］が言ったごとく、人間の最も貴き仕事は真理の探究であるということを霊感しなければならない。真理それは常に変わらざるものとして我等の前にある。誰がこれを知ろうと願わぬだろう。しかしてほとんどすべては真理を忘れていたのである。

その道は遠く険しい、しかし我々は進まねばならぬ。

或るもの（東京）

鈴木真三郎　理乙二申二

「こんな大きな建物がしかして頑丈な建物がここからなくなってしまう日があるだろうか」。私はその日三越の四階から階下の音楽場と、土曜日であったために集まったのであろうと思われる大勢の群集とを眺めながら私は側の弟に言いました。

「しかし何時の時代かにはきっとなくなる時が来るだろうね。ローマが南欧の天地に覇を唱え、その文化の最高潮に達した際、それからまた降《くだ》っては青木銀行が……（これは私達の郷里にある私営銀行で一時はその財産がどのくらいあるか全然見当がつかなかったのですが、ある蹉跌《さてつ》［見込み違い］にならってわずか半年ばかりの間に完全に破滅し、親類までもそのために破産させてしまったという銀行なのです）……その全盛を極めた折、誰が未来の破滅を予言したでしょう。いや破滅どころか衰微、ただの衰微をさえ予言した人があったろうか。しかも今古代のローマと言い、現代の青木銀行と言い、全く昔日の面影がないじゃないかね。私は世の中に常住があるとは思わないね。しかして永遠性を否定するよ」

「しかし君は……だが今の世の人はだいぶ悧巧《りこう》になっていることを忘れてはいけないよ。なるほど昔はそうであったさ。ローマも亡びたよ。しかして青木銀行も今では完全に人手に渡って、本人は東京で悲惨な生活を営んでいるというさ。しかし僕は昔の人に間抜けがあった事を承認するよ。それで現在のように生存競争が激しくなり、人が老獪《ろうかい》に［ずるがしこく］なった今日では決して破滅するようなことはないと思うよ」

「しかしいまだ君の言うように人間は抜け目がなくなってはいないよ。運命の潮風に吹かれた時の用意が人間に行き届いているとは思えないね。第一天災というようなものを君は考えたことがあるかね。魔風の吹き渡る火事を思ったことがあるかね。」

「しかし君、三越が火事で破滅させられるとでも考えているのかね。あまり単純過ぎはしないかね。防火装置はいやというほど完全に備え付けられているのだそうだよ。何かスイッチを押すと水は瀧のごとく出るのだそうだよ」

「しかし天災と言っても火事ばかりではないからね。地震と火事は付き物なんだからね。地震の際に電気などが利くものではないと言うことを君も承知しているだろうに。それに強震でもあっていわば安政の大震災のようなものでもあったら、この建物などたとえ震災で倒れなくともその次に起こる火災で一物も持ち出すを得ずして焼け出されてしまうじゃないかね」

「しかし君は現代の科学の力をそれほどまでに疑うのかね。君は昔のことを持って来てよく現代に当てはめようとするね。それは昔はあんな大地震があっても、その前にあらかじめ知ることができなかったさ。しかし少なくとも現代においては安政の大地震くらいの強震があればきっとその前に地震学の教室へ響くよ。しかして私達はそれにならって完全に救われるよ。地震に関しては日本などかなり権威のあるものだからな」

「しかし天災の方はそれまでとしても我々に分からぬ運命と言うものがあるからな。何と言っても科学の力では解決することのできぬ不可思議さがこの世界には存在するからね。しかして私はその存在を肯定するんだよ。必然の結果として僕は常住と永遠とを否定しなければならないんだ。科学の理解から推して進めれば間違えないことでも、実際は反対に行く場合が必ずあるからね。しかして僕は君にもその不可思議なある力を……一言にして言えば運命とも言うべきものを信じてもらいたいのだ」

「しかし誰が何と言ってもこの偉大な建物が、鉄骨入りの建物がランドゥとなったりあるいは破滅したりする日は永久に来ないよ。見ていたまえ。何百年の後、また何億年の後までもこの三越は日本の三越としてこの地を離れることはないよ……」

しかも建築の美と文化の中心と交通の完備とを誇った東京は、この会話の後約三十分にして大震後火を発し、その夜猛火に包まれてしまった。

陣笠った父（東京）

光田忠雄　理乙二一

その日は二学期の始業の日であった。先生の方もおおかたは欠席で、私は、九時半には家に帰っていた。

朝来の曇天《どんてん》の蒸し暑い湿気は、この頃からからっと去って、太陽さえ顔を出した。

そして、あの時から一時間も前には、朝の小雨の名残りの水たまりが所々にあるのみで、世は平穏な晩夏の晴れた日となっていた。

私は庭でキャッチボールをやって、いざ昼飯と、手足を洗おうとして玄関の側の洗面所へ一足入れた時であった。足の下の床がぐらぐら揺れ出した。

初めは「地震だな、すぐ止むだろう」ぐらいに思ったが、あんまり烈しく、その上なかなか止まず手放しでは立っていることもできぬほどなので、入口の柱につかまっていた。洗面所の水瓶が左右に揺れて、傾く度に水が外へとび出す、瓦でも落ちるのであろうか、ががらと烈しい音が方々から聞こえてくる。母が私の側へとんで来た——後で聞いたら台所からすぐ庭へとび出したが、私が玄関の柱につかまっているのを見て、またとび込んで来たのだそうだ、死なば諸共と。地震は烈しく、なかなか止まない。この、古い、細材木でつくった家は、キシキシいって、今にもつぶれそうだ。これで死ぬのかと思うと心細かった。父が心配になったが、捜すどころでない。一身さえ柱につかまっていなければ、支えていられない仕末だ。

その中やっと揺れが穏やかになったので「外へ出た方がいいかも知れぬ」と思って母に言って、外へ出る事にした。母はすぐ飛び出した。母が急ぐので自分の下駄を捜している間もなく、そこにあった大きな駒下駄をつっかけて母の後を追った。私の家は大通りから少しひっ込んでいて、大通りへ出るには家と家の間の、幅半間くらいの狭い路地を通らねばならぬ。後から考えて見ると危険なことであった。もう少し早くかもう少し遅く、あの大震動の際とび出したら、この両側の屋根から落ちる瓦で、負傷ぐらいしたに違いなかった。

大通りへ出て見ると、隣家の人達は皆、路の真ん中にとび出している。——出て居ないのは、路地の奥の私の家のものだけであった。たいてい裸足である。母も裸足であった。

父も、とび出して来た、無事に！

すぐ第二の震動がやってきた。屋根からは瓦がドタドタ落ちる、女子供は泣く――それが用意して外へ出たのならいいが何しろ不意のことで、皆浴衣一枚に裸足ときているから、その光景ったら文字通りに阿鼻叫喚《あびきょうかん》であった。

その上、近所のミルクホールの子供が二人、頭から血を出して泣いているのが見える。酒屋の中気《ちゅうき》［脳卒中の後遺症で体が不自由な人］爺さんが、道の真中へ運び出されて、横たわっているという有様《ありさま》。

第二震もやんだ。

電車通りが安全だと、その方へゆく人も多かった。途《みち》は人で一杯だ。

その中に、大学の上辺に火の手が上がった。それは二回目の大震動が終わって間もないことであった。

余震は時々くる。恐ろしくて家近くには居られない。

時々、太陽が真白の光を放って、家も人も漂白されたようになる――舞台にしたらこのバックライトはこの場合、最もよい光線の使い方であろうと思われた。

二回目の震動が終わった頃、あの白い光にさらされた時は、全くこれがこの世の終わりかとさえ思われた。

その中、段々慣れて来た。

母は火の手を見ると、すぐ家へ入って、水道はすでに出ないので、くんであった水で火の気を消し、皆午飯前なので、揺れる度に庭へ飛び出しながら、握り飯をつくってもってきた。それを隣家の人と一緒に食ったが、胸が詰まってなかなか喉を通らない。それでも、いざ火に追われて逃げる時の事を思って、二つ頬張った。父がちょっとした包みをこしらえて持ってきた。逃げる時には、私がそれを背負って逃げる事になった。

何にせよ、浴衣のままではいかぬので、恐るおそる家に入り、制服を着ようと、室へ入って見ると、壁土が室中に落ちて、ころがった本棚の本が土まみれ、服も土まみれになっていた。仕方がないからちょっと土をはたいて、大急ぎで、また家をとび出した。

深川へ行っていた、従兄がかえってきた。その話によって、市中の混雑名状《めいじょう》すべからざるものなることを知った。

父は相変わらず芝居気があった。陣笠を冠《かぶ》って出てきて、その頃すでに大通りにかなり繁く通っていた下町の避難民注視《ちゅうし》の的となった。

そして、日がかげった頃、写真師を呼んできて、一家大通りに避難しているさまを撮らせた。

これは、今、すでに出来して、永久の記念写真となった。

やがて夜となった。電気はつかない。真黒の闇の中に提灯の火があちらにもこちらにも、ともっている。下町の方面の火の手は、闇と共に、一段も二段も、あざやかさを増していって、何時果《は》つべしとも思われない。

私達は道の真ん中で、時々揺れる、地面の上に、莚《むしろ》を敷いて横になった。が人通りは引きもきらず、とても眠れる所ではない。

首を挙げて見ると、東の空の火の手は、相変わらずすごく燃え上がっていた。

後で思えば、この火の手は、幾万の人命を焼いた火の手であった。

天罰（東京）

伊藤道夫　理乙二一

　昨夜来の雨も名残りなく晴れて、その日は第二学期の始業日にふさわしい日和であった。この分では明日の二百十日も無事に過ぎゆくものと思われ、さすがに道ゆく人の足取りもゆるやかに、自分の眼に映ずるのであった。しかしさすがに長い休暇の後とて、ともすればだれがちの心を引き締めて、定刻前に登校したのであった。久し振りに学友の元気に満ち満ちた顔を見ては、自分の心も華やかに、また海へ山への愉快な話に、ことさら休暇時間も短かく思われるのだった。先生もいまだ出揃わぬと見えて、十時に授業も終わり、家へと帰ったのは十一時頃だった。昼飯までの時間を書斎で弟達を相手に、今夏に自分の試みた支那旅行の話につきぬ花を咲かせていたのであった。

　突然十二時間近とおぼしき頃、彼の大地震は襲い来た。いつになく珍しい上下動なので、これはと思う間もなく、振動はますます激しくなってきた。屋根瓦の落ちる音、背後の土蔵の壁が音を立てて落ちる物凄い響き、室内はたちまち土煙で濛々《もうもう》としてしまった。自分はかなりあわてた。しかしただちに弟妹等をそれぞれ机の下へともぐらせ、自分はじっとして静まるを待った。

目の前の煉瓦立ての三階が、薄気味悪いほど大きくゆたりゆたり揺れている。すでにして一時静まった間を見て、兄が大急ぎに部屋に飛び込んで来た。築山は崩れ、裏木戸は倒れ、灯籠は転がりて首足を異にし、二階の雨戸は落ちているなど、落花狼籍《らっかろうぜき》の体《てい》［物が錯乱する様］であった。落ちくる瓦でここも危ないというので、再び今度は往来へと逃れ出た。人という人はすべて戸外に出ておった。ふと大学の方に眼をやると、すでに地震に付きものの恐ろしい火事が、物凄い黒煙を立てて起こっているのであった。水道の破壊！恐ろしい予感が自分の頭に浮かんだ。早速余震の合間に家へ飛び込んで行って、水道の栓をひねった。初めは濁った水が少しばかり出たが、それもたちまちにして止まってしまった。恐ろしい予感はすでに現実となって表われた。とても自分の家は助かるまいとも思われた。しかしまた頭の一隅では「まさかそんな事が」とつぶやき返すのであった。家の中の火の気を全く絶やしてから、再び外に出て見ると、往来に出ているどの人の顔にも、恐怖、戦慄、不安、狼狽の痕が見受けられるのであった。父が「あの太陽の光の嫌な色」と言った声に、空を見上げると、そこにはいかにも鮮やかに、ポッカリと入道雲が浮き出ていた。そして自分の目にもやはり日の光が何となく厭《いと》わしいように見えた——そして何だかこのようにして世界がこのまま滅亡するのではないかとさえ思われた。

その時大学のみならず、神田駿河台、水道橋方面にも火の手が上がっていた。さっき通って行った消防自動車が力なさそうに引き返して行った。今や東京市は火炎の猛威を自由に振わしめるのほかなかった。人々の胸には言い知れぬ不安の念が、さらに強く波立つのであった。そして気の弱い婦人は、一様に誰をでも捕らえて、ただ漠然と「大丈夫でしょうか?」と繰り返すのみであった。「世の人があまり贅沢になり、そしてあの有島事件［作家・有島武郎が、震災前年に編集者の女性と恋仲になり心中した事件］などをすら何とも思わぬようになったから、天がこれに対して罰を下したんだ」と突然叫んだ父の声に、思わず自分は、ハッと気がついた、そしてこの時ばかりは自分はただ肯定するより外に何も知らなかった。

目が明いて来た（東京）

森田邦雄　理乙二一

当日十一時半頃までいた某書店は丸潰れとなり、二、三分前までいた新橋駅は崩落した。当時の感想などを書いていられる事も数分の差であると思うと感慨に堪えない。恐怖のために神経過敏になっていたせいか色々の事をこまかに感じたが、自分自身について感じた事を一つ述べて見よう。直接地震とは関係がないけれども。真面目な人間を、はっきり見た事、自分の考えている事や生活が、いかに嘘だったかという事である。自分の浮いた心が唾棄《だき》［捨て去る］したいほどに思われた。自分はだいぶ前から共産主義の思想に凝っていた。社会の欠陥を鳴らしたり革命を口にしたりしていたが、あの時ですっかり自分の馬鹿が目に見えて、たたき潰されたように思った。

鮮人騒ぎの時主義者が糸を引いてると聞いて、人々が騒ぐのを見て、思わず戦慄して、こんな思想はやめにしようと思った。そして彼等の事をとやかくと議論して家のものに、お前の主義はなんだといわれた。こんなに自分で自分を恥ずかしく思った事はなかった。自分の思想がなっていないのはもちろんであるが、彼等を大きな目で見る事ができず、ただ聞いただけで、人々の騒ぐのを見て自分の考えが変わったという事は、いつまでたっても思い出すごとに、張り倒したいような気がする。その噂が事実であるなしにかかわらず、彼等の行為は盲目的であるから何でも構わぬはずであるのに、自分の考えが間違っていたというのでもなく、ただ当たり前の恐ろしさから、自分の考えを変えたりした自分の心理が、たまらなく嫌なのである。万事がこれしきの上ッ調子だろうと痛切に感じた。ある友人で隅田川の堤防の上を三百の死体をしらべて歩いて、母を見つけて車で引いて帰ったというのがある。以来、彼は前とすっかり人間が変わってしまった。そして俺ははじめて目がさめたといっていた。彼の場合は非常に動機が痛烈であるが、発見した所は、自分と同じだと語った。自分がいわゆる第二義、三義的な人間であって、自分の考えは第一義のものだとすまし込んでいたのであった。それから後、自分は非常に臆病になってしまったけれども、本当に目が明いてきたのをあの時のおかげだと思って感謝している。

地震加藤（東京）

成瀬正勝　文甲一二

「すこしおさまった様ですね」

「ええ、この分じゃあ、まあここまで焼けては来ますすまい」

「しかし、なんとも判かりませんよ、なにしろ水一滴だってありませんからね」三人の洋服男がこんな言葉を交わしながら小さい門の前の床几《しょうぎ》［ベンチ］に腰をかけていた。

工学博士のOさんが自転車に乗って来た。

「先生、どうでしょうか。」三人の中の一人が立ち上がって尋ねた。Oさんは身軽に飛び下りて汗をふきながら。

「大丈夫だ、風が半蔵門の方へ吹いているからな。しかし早く破壊工事をしなけりゃ安心できん。時にどうだね、余震は。あんまり感じないじゃないか」

「いいえ、お父さん、かなり感じますよ、ここに腰をかけてごらんなさい」夏服の青年が席を譲った。

Oさんを真ん中にはさんで、ひとくだり話が交わされた。

脚絆《きゃはん》［すねに巻く布、ゲートル］ばきのKさんが日比谷で地震にぶつかったという。

「驚きましたな、なにしろ、あの大きいビルディングが揺れるんですからな。私は丸ビルの五階に用事があってその帰りでしたよ。丸ビルにでもいたことなら気絶しちゃったかも知れません」

O氏の息子さんは神田の通りでぶつかったんだそうだ。方々火事が起こったので一直線に九段を通って帰ることができず、ぐるっと外濠を廻《めぐ》って来たそうだ。

もう一人は家で遭《あ》った。まるで芝居の地震加藤を見るようだったという。

「むしろ痛快でしたね。壁にひびができる所や唐紙がバタバタ倒れる所なんかは。しかし硝子戸棚から硝子を突き破って中のものが飛び出すのにはちょっと驚きましたよ」と若い元気な所を示す。じっと静かに話を聞いていたOさんが突然口を出した。

「なるほど、こうやって腰かけているとかなり感ずるよ。この分ならもう大した事はあるまい。余震が少ないと危険だからな。それはそうともう暗くなった。お前蝋燭はいいかい」

「ええ大丈夫です。十五、六本ありますよ。それに僕はMさんからもらった懐中電燈があるし」

「よし、そこで食べ物の方はどうかしら。ここ二、三日は買えないものと覚悟しなけりゃならない。お母さんの所へ行って聞いてごらん。荷物も荷物だが食べ物の用意も考えなくてはいけないから」

息子さんは急いで奥へ消えて行く。脚絆のKさんはすでに自分の家に帰ってしまった。提灯片手に青年団の若手連が五、六人やって来た。

「先生誠に済みませんが御門の前を拝借できませんかしらん。集合所があの通り手狭なもんですから」

「なに、よろしいとも。ここに腰掛けがあります。マッチや蝋燭は大丈夫でしょうな。それに火の用心が肝要《かんよう》です」

「いや、有難う御座います。火の用心については手筈をつけました。ただ蝋燭が乏しいので閉口です。食べ物の方は横町の米屋さんがただでどしどし出してくれるんで」

若手連が二人で門の柱に目印の提灯を縛り付けていた。

急に大通りがさわがしくなって、角の交番の巡査が駆けて来た。

「ちょっと、また火の手がつよくなったから青年団の人で来てくれませんかね」巡査の白服はもう汗と塵とでまみれている。

「ようござんす、行きましょう」三、四人がバラバラと駆け出した。

「中六小学校がもえてるそうですよ」と八百屋のおかみさんが青い顔を出す。傍にいた女の子がワッと泣き出した。

「宅はどうしたんでしょうか。いまだ帰って来ませんが」隣の会社員の妻君《さいくん》が心配そうに尋ねる。

「奥さん、いまだお帰りにならないんですか。どうなさったのでしょう」八百屋のおかみさんは青い顔をいっそう青くした。

「大丈夫ですとも、あの方のことですから。会社の用で御帰りができないんでさあね」若い方が慰める。

「ドーン」なんだか爆発したような音がする。「バチパチ」と燃える音が聞こえる。通りに飛び出して眺めると一連なり「ボウッ」と火の手が天に沖する。赤い舌が北西の方へ傾いて、道具屋の硝子をパッと赤く染めた。在郷軍人が二、三人、火の方へ急ぐ。荷車を引きながら尻をはしょって避難して来る。見ると皆裸足だ。十二、三の男の子が目を押えている。血だかなんだか頬を伝わっている。O氏は自転車に飛び乗って行く。息子さんが奥から慌しく出て来る。

「君どうも危険だ、火の手が此方《こっち》へ向いている」

「馬鹿に、バチバチ音がするじゃないか」

「とにかく、僕は帰ろう」青年は暗の方へ。

いよいよ火が来るんだ。家が焼けるんだ。青年は唇をかんできっとした。「余震」がゴウーと音立てて電柱がきしり。電線が浪うつ。奥さんとおかみさんとが悲鳴をあげて抱き合った。彼も思わず立ちすくんだ。

火の恐ろしさ（東京）

富田善男　文甲一三

大正十二年九月一日、あゝ何というのろわしい日であったろう。鬱陶《うっとう》しい頭に物の覆いかぶさったような日だった、特に蒸し暑い日だった、が夕立ちの後は天候は漸次《ぜんじ》［次第に］また残暑の炎熱に回復していって太陽は数本の雨の間から強烈な光を投げ初めた。誰が、何人《なんびと》がこの晴朗《せいろう》の日に、かくのごとき空前な文豪の筆を以てするも足らざる大災害を予知する者があったろう。その刹那までほとんど何らの異常、いや、前兆という物は無かった。

しかし—あゝ、時正午を報じ、ちょうど私が食卓に向かった時、みしみしという微かな音と共に、私は身体に辛うじて感じ得たような微動に気がついた。「またやって来たな」くらいの調子で箸も置かなかった、と、俄然「みしみし」は「ぐらぐら」という破壊の音に変じて、壁は砕けて食卓上に散り、戸棚の開き戸は開いて中の瀬戸物は玄関のタタキの上に微塵に砕けた。

とっさに私は母をうながして、あわてて騒ぐ妹を抱いて裸足で前の広っぱに飛び出した。依然天地は動揺を続けて、足はよろめき、眩惑を感じてふらふらしながら、やっと母と妹をセーフティーゾーンに落ち着けて、まあ命だけでも逃れたのは幸いだったと喜びつつ、なお前後する家を眺めていた。しかし私はかつて大震には火災が必ず伴うという先例を忘れるほど狼狽していなかった。母に断って恐る恐るも再び砂ぼこりだらけの混雑の家の中に入って、火鉢の火を消してそれから戸閉りして、急いで母の所へ引き返して来た。まだ身体に動揺を感じている中に再度の強震が来た。あぁ地球は滅びるかと感じた。ぐわらぐわらという家の倒れる音、阿鼻叫喚《あびきょうかん》！

火事でも起こらねばいいがと母と話す折しも、所々に聞こえる半鐘《はんしょう》［火事を知らせる鐘］。私はもうほとんど現実を感ずる事ができなかった。恐ろしさの中にもまた新たなる恐怖を感じて、ちょっと離れた崖の所に来て見れば浅草下谷千住の方には何箇所となく黒煙上る中に、紅焔《こうえん》の舌は猛烈な熱を以て拡がって行くのだった。

私は近所の人と幾度となくこの間を往来して地震の恐ろしさを超越した火の恐ろしさに戦《おのの》いた。ますます火はその意を逞《たくま》しうして東京市を燃やし尽くさずんばやまざる勢いを示した。あぁ世の中はどうなってしまうのだろう。あるいはこれは日本だけの災害なのかしらと疑った。夜に入り、あたりは暗黒の幕が下りた時、三方三面はひとしお赤味を増して空に映じ、地獄の有様《ありさま》もかくばかりかと思われた。加之《しかのみならず》［さらに］所々から流言が伝わる。六時にはさらに大震があると、しかしその大震も案ずるほどの事もなく過ぎたがまたもや、「十二時に大震来るべし」という報告、婦人子供はいうまでもなく、男子まで顔色蒼然否《いや》土色になってしまっていた。避難民は続々と来て各報をもたらしたがずいぶんな流言を伝えていよいよ我等を不安ならしめた。

火はもはや千駄木町にうつった。上野駅は焼け落ちたなどの流言は不安の念をいやが上にも募らした。

一日の夜はかくのごとき不安の中に眠りもやらず夜露に曝《さら》されて明かした。

次いで二日、火の手はなおも衰えぬ、否《いや》一層勢いを増したようだった。刻一刻火の手は私等へ近づいて来るようだった。

あぁいったいどうすればよいのだ。学校はどうしたろう、先生方はどうしたろう、誰も怪我はないか。上野の停車場（父の勤め先）はどうしたろう。色々の心配がしきりに起こって来た。

時しも天にあらわれた怪雲（実は煙だったのか）内より湧き出づるがごとく、回転を続けるごとく。あぁ、さては夕立ちが降って火を消してくれるかと皆々うわさし合って一方には幾らか心配を薄らがした。しかし、しかし、その雲は一面に拡がらず煙なることを悟った時には非常な絶望を感じた。

しかして火の手はなおもその勢いを弛《ゆる》めぬ。あぁ、いかに気の動揺した事よ。今は地震の難は衰えつ、火の難は勢いを逞しうしている。しかしどこまで不幸は攻めるか、二日の日暮れ方には、鮮人の難は来た。一難去ってまた一難、その凄惨は口にも尽くせぬ。また明けて三日、ようやくにして火の手も衰え、今や鮮人の不逞は前よりも寧《むし》ろ甚しき者だった。

今は辛うじてその難も去って帝都には復旧の光明が輝き出したが、文才を以てもなお言を尽くすを得ぬ大正十二年九月のこの未曾有の大災害は、あるいは帝都の驕奢《きょうしゃ》［贅沢］を矯《た》めん［改めよう］とする天譴《てんけん》、一方より鑑みれば天の誡《かい》であろうか。

暗黒時代とは（東京）

雪水孜郎　理乙二一

長い長い夏の日を田舎に送って、八月の三十一日の正午に帰京した。私は一日の朝、まだ汽車のつかれで休まらぬ身体を学校に運んだ。つい昨日まで田舎の静けさにひたり尽くしていた身に取っては、すべてが安からぬ思いを心に与えた。住みなれた東京に帰ったのだと思えば思うほど、落ち着かなかった。何だか空飛ぶ雲も日頃よりは早いように思われ、そしてはっきりしないうす気味悪い天気は、ますます心の落ち着きを妨げた。それでも、どうやらこうやら友達と、黒ずんだ顔や腕を見せ合って、互いに健康を祝することができた。そして、この元気に満ちた友と、再び秋晴れの日を楽しみ得ることを思って、いかに心嬉しく思ったことだろう。まさかあの数時間後のあの大事変が我等の喜びを全く破ろうとは、夢想だもしなかった。

第一番目の英語のM先生が、秋に向かっての色々な計画を言われてから、私達の今日の学課は終わった。それから友達のNやKと、話しながら帰途に就いた。そしてNと御茶ノ水で別れて、私は七月の初めに訪ねたきり、少しも音信をしなかったMさんの家に立ち寄って話し込んでしまった。Mさんは新聞記者をしていたので、話が色々な方面に果てしなく伸びて行った。ことに政治に興味を持った彼は、現在の政界をあらゆる方面から論じて、すっかり私を話の中に取りこんでしまった。ちょっとしたはずみに自分に帰って時間を見た時には、すでに十一時を過ぎていた。それからそこそこに別れを告げて、帰宅した時には、もう十二時も間近だったろう。二階の居間に行って、着物を脱いで裸になり、来ていた叔父と久しぶりの挨拶をそこそこにして、洗面所に降りて、つめたい水道の水を取って、身体をふきはじめた。そしてタオルの冷たいのが背の一部にふれたと思う時、急に身体の安定を失った。初めはいつもの地震ぐらいに思って、また来たかと、思っていると、なかなか収まりそうにならなかった。見るまに台所の方から、瀬戸物の落ちて割れる音がする。屋根の瓦は物すごい音を立てて地をも割らんとする勢いで落ちて来る。隣近所からは婦人や子供の叫ぶ声が聞こえる。まるで天地がくつがえるのではないかと思わせるような騒ぎが持ち上った。第一震が終わって、母と弟とを連れて、七輪におこしかけた火の仕末をして外に出た。叔父は地震の最中に二階から降りて、家の裏のせまい所を落ちる瓦をくぐって、隣の自分の家に帰り、子供と、老人とを外に連れだした。通りみちにいた自分も、その速さには全く面くらわされた。幸いにして、何らの傷をも受けなかった。私達は、夢中になって、家屋の少ない、ちょっと家から離れた広場に行った。住宅の接近した私共の所では、如何ばかり様々なことが心を悩ましたことだろう。ついにその日は家に帰り得ずして、その広場に夜を明かすことになった。その内に市内の方にあたって恐ろしいような煙を見出した。まさかあの煙によって、全市が灰燼に帰しようとは考え得なかった。夜になるに連れて、中央からの罹災者が行列をなして、道を市外の方に進んだ。あの舐め尽くさずばやまない勢いの火は、夜の暗《やみ》に現れて、物すごく天を北から南にかけた。もしあれが数時間続いたら、必ずや我が家をも灰に帰せしめたであろう。

二日の日の暮れるまで、一睡だにゆるされなかった私は、その夜のちょっとの休みに、二日前の日を考えた。自分の脳に抱いて帰ったあの計画が、一瞬にして、跡もなく、消え失せようとは思わなかった。平静を失った町には、色々な事件が次から次へと起こって来た。暗黒時代とはこれか、戦争の渦中にあるとはこれか。

今から考えて見ると、九月一日以前は前世紀のような気持ちがする。

世界第六位の大都会も（東京）

臼田正雄　理乙一一

夜来《やらい》の雨午前十時頃には名残りなく晴れて初秋に似合わぬ暑い日となった。これぞ忘れもせぬ大正十二年九月一日の午前である。自分は学校を去って家に帰り、家《うち》じゅう揃って懇談に耽っておった。少し進んだ家の時計が十二時を報ずるや否《いな》や「グラグラ」「グラグラ」。けれども自分は驚かなかった。いつもの地震ぐらいと考えたからである。ところが一分また一分一秒刻々震動が劇《はげ》しくなる。自分は思わず立って入口の障子につかまってしまった。震動はまだ止まない。どうしたはずみかひとりでに外へ飛び出さしめられた。道にはもうたくさんの人が避難している。自分は最も安全な所を選んで立った。はて家の中の皆はどうしているんだろうと思うや否《いな》や、第二震であろうか天地が崩れるかと思われる震動でほとんど倒れんばかり。

やがて震動が止んだ。体を見れば、裸足で、無帽子で、手にはさっき持っていた鉛筆とナイフがあった。

家の中に入る。神棚から御酒徳利《おみきとっくり》が落ちている。壁にはすっかり割れ目が入っている。やっと心が落ち着いたかと思うとまたもや「グラグラ」「グラグラ」あぁこの時の気味の悪さ。往来へ出た。人がいっぱい出ている。どの家もどの家も言い合わせたように屋根の瓦がはげている。また石塀の倒れたのも所々に見受ける。風の便りとはこの事をいうのであろうか。誰いうとなくこんな風説が立った。「神保町の方はすっかり将棋倒しになって、おまけに火事が起こった」「今、帝大が盛んに燃えている」「下谷の方面も将棋倒しになった」「浅草方面が燃えている」。こんな話がそれからそれと伝わり人心今や戦々恐々、加之《しかのみならず》天の悪戯かたびたび地震がして人の肝を抜く。

自分は帝大が燃えているという噂だけはとても信じられなかった。しかし事実ならば一大事と思って本郷へと向かった。どの電車もどの電車も立ち往生している。人々は皆電車道に避難して家の中には一人もおらぬらしい。自動車、自転車がしっきりなしに通って実に黄塵万丈《こうじんばんじょう》［土煙が高く舞い上がっている］とでも言いたい。実際この砂塵《さじん》の中に甘んじて避難している人々の感や如何《いかん》。

本郷の通りへ出る。正しく帝大と思われるところから黒煙濛々《もうもう》として立ち上る。「あぁ、やはり帝大か」自分は失望せざるを得なかった。まず我が一高を見舞った。そしてその被害の甚だ少きを見て喜びに堪えなかった。しかれども隣の帝大の火が段々一高の方面に向かって来るのを見ては心細き感に打たれざるを得なかった。通りに出る。神田方面に黒煙高く巻き上がっている。やっぱり神保町の火事は事実であったのか。神田方面から続々避難して来る。あぁそのみじめさ。あるものは風呂敷包一個をかかえ、あるものは一枚の布団を背負い、あるものは泣く子を背負って大きな荷を抱いている。また病人を自転車のサイドカーに乗せて避難するを見ては涙の出づるを禁じ得ない。あぁ彼等は今宵はどこに眠らんとするか。

かかる混乱悲惨は夕《ゆうべ》になるも尽きるを知らず人一人として生きたる心地のするものはない。

夜自分は兄と水道橋の土手に上がった。あぁ何たる悲惨ぞ。たった今日の午前まで世界第六位の大都会と誇っていた帝都の真ん中に立って見渡す限りの焼野が原を見んとは。正面にあたって今七階の家が燃えている。そして瞬間また瞬間漸次《ぜんじ》上の方から崩れ、そして、崩れる度に火の粉が上る。悲惨と言おうか壮観と言おうか……。十二時近くなった。火は消えようともしない。上野浅草方面、及び九段の向こうに高く紅焔《こうえん》が立ち上っている。

あぁこの猛火この魔火は、いったいいつまで続くのやら。またこの帝都はいかになり行くのやら。大正十二年九月一日これぞ我等日本人の忘れ得ざる厄日であった。

更生した人々（東京）

村越　司　理甲一三

あぁ何という深いそして苦しい思い出だろう。我等がただ一つの頼みにしている大地がぐらぐらと揺るぎ出すとき、眼の前で、ほとんど不可能的な暴力で、己《おの》が棲家が豆腐を崩すように崩壊するとき、我等はすべての頼むべきものを失っていたのだ。

いつ、あの戦慄しながら立っている地が陥落せぬとも限らぬ。何の容赦もなく「死」の近づく事に対して、ただ消極的に勝つこと、すなわち天の為すがままにして大きな諦めをなすより、ほかに採るべき路はないのであった。

物凄い地響と共に、あらゆる地上のものがその威容を失って倒れそうにふるえ戦《おのの》く、ある物は天の力に抗し難くたちまちにして物凄い臨終の叫びをあげて倒れる。その時、どんな者でもその運命がやがて自分を襲うもののように怯《おび》えないでいられようか。あぁあの日こそ真の「恐怖の日」であり「世界の最後の日」であったのだ。

「火事だ！東京は全滅だ！」生きる事のほか何らの願いもない人々が、火のついた着物を着て逃げ惑うあの時。それを傍観するほどの余裕を有《も》っていた一部の者は、「東京全滅」の予感に悶えて身の置き所もなかった。

僕は死の決心をした。

その瞬間、僕は強い人間になっていた。生に対する執着を超越した人間ほど強い者はない。しかし、あの強震がしばらくにして止むとまた我々は前の平凡さに返った。

我々はただ手をこまねいて三日三晩自然の破壊するがままにしておくより、手の下しようもなかったのだ。

自然は自ら造って自ら壊した。人間の建設は人間についてのみ価値を有《も》つ。自然は全く無頓着だ。

何という馬鹿らしい事だろう。我等は破壊を予想せずに建設することを許されないのだ。ちょうど、生がやがて死をその中に孕《はら》んでいるように。

我等のする事すべてが破壊のための建設じゃないか。

快い秋風に散りゆく一枚の桜の葉までが「無常を思え」とささやいているように見える。

あぁあの一日、あの一日に幾万の人が死んだ。

しかし我々はあの一日に幾十万の人間がある意味において甦っている事を忘れてはならない。

皆真剣だ（戸山ヶ原辺）

清野恭四郎　文甲三一

その日は朝からしめっぽい気分の晴ればれしない日であった。学期の始まる日なので授業もほとんどなく、始まったというに過ぎない日だった。友達と少しトラックで練習して行こうとも思ったが、雨さえ降り出して来たので止めて帰った。秋とはいえ名のみの秋だ。蝉も鳴いている。

地震！突然静かな上下動、それもまたたく間に猛烈な水平動に変じた。箸を持ったまま立ち上がる。妹が二、三人かじりつく。止むのを待ってわざと落ち着いて。叱りながら一同を庭に出した。もうおしまいだ、大きな地震だと思ったのも束の間、再び揺り返しは来た。あの二階がまるで波に揺られている舟のように激しく揺れる。もう倒れるに違いない。どうなることだろう。しかしさしもの震動も止んだ。台風一過。あとはやはり残暑の候だ。さすが蝉もおとなしい。気がついて見ると父も母もいない。当時自分が一番長たるの位置だったわけだ。何故なら兄はみな箱根にいたから。火事……の声は聞こえた。とうとう火事になってしまったのだ。永らくの日照りには今朝の雨は何でもない。火は見る見る広がった。庭一面に瓦のかけらだ。今更ながら数分間の出来事に驚いた。その中母は医者へ行かれたことを知った。外へ出て見た。いまだ微動が絶えず来る、何だか恐ろしい。電車線路の傍には畳を敷いて大勢いる。そこに母を見つけてほっとした。戸山ヶ原に逃げる人もいる。家財全部を持って避難する人もある。皆真剣だ。笑い事じゃない。三時頃弟が帰って来た。夕方父は帰宅された。これで一家そろったわけだ。皆無事で何よりだ。早速野営の準備にかかる。付近は相変わらずざわついている。妹は、こわがってぽかんとしているのもいる。微震また微震絶えず襲って来る。火事はますます激しくなる。電車は停まったままだ。務め人がどんどん線路を伝って帰って来る。避難して来る者もある。非常な騒ぎだ。野営もできた。蝋燭をつけて外に寝る。蚊はやっぱりいる。絶えず不安に襲われて眠れない。大火は二階の硝子戸に反射してまるで部屋に電燈の輝いているようだ。昼間の疲れかうとうとして来る。時々蚊を追ううちわの音がする。微動が来る。箱根の兄の身が心配になって来た。

不安の夜は更けて行く。

浅薄《あさはか》な文明

（大久保）

土井哲四郎　文乙二

九月一日。

夜来《やらい》の雨いまだ止まず。第二学期の最初の日がこんなでは何となく嫌だと思われた。五十日あまりも逢わなかった学友の元気に充ちみちた顔を見てはさすがに嬉しい気がした。授業も二時間で終わった。いまだ雨は止まない。

数日前より山下と二人して手入れしたテニスコートのことを思い出すと雨がくやしくて仕方がない。やっと今日から使用することができるようになったばかりだ。まして一度も使わない新しいラケットのことを思い出すとなおさらくやしい気がする。

十時半頃本郷の兄の家へ立ち寄ってそこから出掛ける時には今までの雨もやみ、空の雲も次第にまばらになり、その間から照りつける太陽の光はかなり暑い。本郷の大通りで電車待つ間には手に持つ洋傘が邪魔になるぐらい暑くなった。

小川町で所用を済まして大久保の宅へ帰ったのが十一時半。母上に今日の学校の様子、久しぶりに逢った友達のことなどを話しているうちに時計が十二時を打った。女中が御飯の支度ができた旨を言って来た……

この時、この瞬間、ミリミリッと家が振動すると同時に座敷の壁がドサドサッと落ちる。濛々《もうもう》たる土煙……

「お母さん外へ！」と大きな声で叫びながら僕は内玄関より裏門へ飛び出した。これはほとんど無我夢中だった。次の瞬間に気の付いた時には僕は裏門の傍に立っていた。まだ揺れている。小道一つ隔てた家の大屋根の瓦が雨のように落ちるのが見える。ふと気がつくと台所には火鉢があるはずだ。しかも勝手には誰も居ない。これは危険だと思ったので勇を鼓《こ》して「勇気を出して」壁土をふみながら家の中に入って見ると、鉄瓶がぐらぐら沸いていてその上に壁土がどっしりと落ちている。やっとの思いで外へ運び出す。これが今度の地震での第一番目の手柄だった。

表門に廻《めぐ》って見ると母上はじめ一同皆揃って僕のことを心配していたのでお互いにホッとする。表門は門がとれて戸が斜めに倒れている。余震は引き続いて来る。しばらくして庭へ行こうと相談一決したので、家の中から呉座《ござ》を数枚引き出してその上で休む。ふと東の空を見ると一種変わった雲が下からもくもくと涌いている。隣の鹿児島の人が「桜島の爆発の時にもあんな雲が出ましたが……」と言う。さてはどこか噴火かと思うけれども東の方に当たって山はなし、ただ不安の念にのみ襲われている。下町から喘ぎながら帰って来た人の話によると丸の内全滅、日本橋神田などは方々から火が出たとのこと。こんなことを聞く度にますます不安の念は増して行く。東天の怪雲は相変わらず活動している。夕刻になる。昼飯を止めたのでようやくその空腹を感じ始める。

太陽ようやく没する頃、東天の怪雲は初めてその正体を現わした。初めは真白であったのが暗くなるにつれて下の方が赤くなり始め、ついに太陽全く没する頃には雲と思っていたものが真紅に染まってしまった。

電燈は来ない。わずかに蝋燭だけが浅薄《あさはか》な文明を嘲弄《ちょうろう》している［バカにしている］ように周囲を照らしている。東方の火煙は物凄く、青々した木まで赤色化せんとしている。

余震は絶えない。いよいよ一夜を外で明かすことに決める。皆毛布にくるまって頭だけは傘の下に入れて寝に就く。昼の疲労からか、痛いような寝床でもすぐに眠ってしまった。時に九時。

この日に際して無我夢中で逃げ出したのがいかにも残念だった。平常の精神修養が足らないのであろう。今後注意すべきである。

痛恨事（新宿）

佐治秀太郎　理甲一一

九月一日台風一過後の空はことによく晴れて、夏季休暇後の校庭は久しぶりに元気ある学生の顔を迎えたのであった。時は進んだ。十時、十一時、町も学校も今日の仕事に務めて余念なく、道ばたの犬ころまで今日の厄日の無事を祝するものの様であった。誰が知ろうぞ一刻の後、平和の町の阿鼻叫喚《あびきょうかん》の修羅場と化せんことを。

正午を前にすること一分余、人々は一様に異様な唸《うな》り声を聞いた。ある者は言った。「自分はちょうど車中にあったが不意に豪《えら》いショックを感じた。衝突！と叫んだがこんな大地震であろうとは夢のようだ」と。またある者はいう「客と対談中ゴーッという音、おや自動車が来たなと思う途端ドンと投げ出されてしまった」

僕は電車が不通になったので線路づたいに帰った。その時すでに火の手は四方に上がっていた。沿線の民家の人々は傘に暑い日射をよけて線路上に避難し、しばしば襲い来る余震におびえ、刻一刻盛んになる火の手を望んで戦々恐々としている。新宿に来た。ここは今盛んに焼けているのだ。浴衣一枚に素足の女が布団かかえて逃げて来る。活劇だ。しかし同時に起こった下町の火が東京を全滅させようとは果たして誰が思ったであろうか。その夜の惨劇、それは実に語り尽くせぬほど多いのである。避難の途中、群集に踏み潰されたとか、父が家の下敷きになったのを息子が火に攻められて見捨てて走ったとか、一晩中水につかって辛《から》くも一命を助かったとか、平常時には夢想だにしない事がいたる所に起こったのである。中にも悲惨なのは本所被服廠跡、横浜では正金銀行《しょうきんぎんこう》であるとのこと。被服廠跡では三万の生霊が失われ、正金銀行では数百の人が蒸し殺されたのである。

山の手には火事がなかった。余震を恐れて野宿する者はあっても、火に追われて逃げる者はなかった。幸いであった。不幸中の幸いであった。しかし、あぁ、ここにより以上恐ろしい事が起こったのである。鮮人来襲の報である。二日の夕《ゆうべ》であった。「放火の恐れあり」「井戸に毒薬を投入す。各自注意されたし」など、鮮人に対する警戒のビラが各巡査派出所に張り出された。人々は武器を取った。「鮮人が捕まった」「昨夜鮮人が二台の自動車に分乗して中野を襲わんとし軍隊によって射殺された」など、あらゆる鮮人に対する流言が行われた。そして人々は極度の恐怖に戦《おのの》いたのである。あゝ呪われたる日よ。地震は天譴《てんけん》である。火事は天災である。しかし鮮人暴動の流言に血迷い、あらゆる惨虐《ざんぎゃく》を敢《あ》えてするに至ったとは何たる呪われた日であろう。

大地震は地震国の常、火事は地震の付きものと諦めもできようが、流言に迷って無分別な事をした事は大国民の恥であり、絶代の痛恨事であらねばならない。

唯一の力は友

（中野）

小川四郎 文丙一

大正十二年九月一日、この日は実に我が一生に大いなる教訓と覚悟とを与えた忘れる事のできない日である。

朝から降りしきった雨風がにわかに止み、どんよりとしてはいるが、雲間から日光が差しのぞき出した。初秋の蒸し暑い陰気な日で、今から考えて見ると何だか大変事のある予感とでもいうようなものがあったような気がする。

放課後友の誘うに従い、中野なる彼の家に行った。東中野駅で下車して行くこと四、五丁［約五百メートル］、ある横町に折れんとする二、三歩の所で、地下の奥底か、地平線上の際《きわ》とでも思われる所からドッドッドッドッドッと地響きがするかと思うと、家が揺れる、電柱が動く、電線が波打つ、我が身の安定を失って、歩むことができない。さては地震と知ったが、大地まだ鳴動《めいどう》、震動が止まず、我が魂はすでに我が身を去っていずれへか消えている。一時は天地がこれを一期《いっき》に壊滅しはせぬかと思った。とっさに我が友にすがりついた。助け助けて横町に来た時、我等の前へ大きな石がけが倒れて来た。「ア、危ない」と二人は叫んで側の大きな樹木に抱きついたが、また前の家が盛んに躍っている。それが見るみるうちに前へ倒れて来て、我等を去る約一間［約一・八メートル］の手前へバッシャーンという音と共に壊れてしまった。我は死んだも同様真っ青になり、胸が激しく鼓《つづみ》を打っていて、ものを言うことすらできない。天下ただ手寄《たよ》るものとてはこの場合この友よりしかない。この友が唯一の力だった。そうこうする中にやっと地も心も静まった。それと同時に一時に遠き故郷のことが胸に込み上げて来た。恐ろしいやら、悲しいやら、実に名状《めいじょう》すべからざる感があった。友に促されて戸山が原の高台に上って東京を眺めて驚いた。七、八箇所から黒煙が濛々《もうもう》と立ち上っている。学校が気になるのですぐ市へ引き返した。

家という家は見るかげもない。その夜は市ケ谷に一宿した。翌日学校を気遣いながら馳せ帰って見ると学校まず無事で一安心、それから車を引いて避難民救助のため、本郷通りを駆け廻った。地震当時あんなに恐怖、萎縮、消沈していたのがどうしてこう働けるのかが不思議でならなかった。ついにその夜は徹宵《てっしょう》［夜通し］、警備の任に当たった。夜半《やはん》、校の東南一面にめらめらと立ち登る火炎、黒煙濛々たるさま、近くは校内避難者の呼び叫ぶ声、闇を貫いて我が耳に響き、実に阿鼻叫喚《あびきょうかん》の生き地獄、人の泣き叫ぶ声を聞いては我が臓腑《ぞうふ》をえぐられ、かかる惨状が現実に在り得るかとまで疑った。我はこの悲惨極まる中に四日間を過ごし、五日夜永い汽車路の苦痛を逃れて故郷に父母の喜ぶ顔を見た時は、我知らず涙が流れ出るのであった。

この大地震大火災は我が心に何を教えたか？　あの当時の恐怖は我が心に孤独を感ぜしめ、ただひとりの友に我が身の運命のすべてを委ねてしまったこと。この恐怖を超越すればもう我が身を忘れ、ひたすら他人のために尽くさんとする義侠心《ぎきょうしん》の起こる事である。これらのことは今後、我が大変災に処する時如何にすべきかを教えた。否それのみならず、我は今現在においても、このような恐怖を超越して我が身を捨つるの意気あらば超人的な如何なることでも遂行し得ることを痛切に体験したのである。

この一生逢遇《ほうぐう》［出会い］し得ざるこの教訓この覚悟を永久に生かしたいものだ。

健康の必要（目黒）

鈴木竹雄　文乙二

八月に入ってからは、私はほとんど一週間目ぐらいに下痢に悩まされた。事の起こりは六月の初め、軽からざる大腸カタルに罹《かか》ったが、その病後の不養生《ふようじょう》からであった。あまりはかばかしく治らないので暑い盛りを熱心に病院に通い、充分に養生をしたけれども、もはや慢性になり切った胃腸の弱さは急には治りそうもなかった。それでも根よく養生を続けて行くと、二十日過ぎてからは、いくらか健康も持ち直して来た。日に日に少しづつでも太って行く二貫目［七・五キログラム］も減ったやせた体を眺めては、毎日の楽しみにするようになった。ところが、三十日の晩だ。またもや激しい下痢に襲われて、ほとんど一夜を苦しみ明かした。翌三十一日は流動食で、私の体は一夜のうちに以前のようにやせてしまった。

八月二十三日に、私の長兄は自動車でかなりの負傷をして絶対安静を保たなければとの医師の言葉で二階に、看護婦に付き添われて、やすんでいた。しかし経過は至極順調に進んで、月が変わったら少しぐらいは起きられるだろうと言われるくらいになっていた。

九月一日午前十一時四十分頃、私は階下の室で兄の看護婦に腹の湿布を取り換《か》えてもらっていた。ちょうどそれが終わって、夜具をかけおわった時であった。恐ろしい地鳴りと共に彼《か》の大震が起こったのである。二人とも直覚的に飛び上がって縁側の所まで出たものの、今までの経験上地震なんてと馬鹿にしていた私等は、そこの硝子戸につかまったまま様子を見ていた。震動はますます激しくなって来た。一時取りかえした理性はいつの間にか奪い去られて、私達の心には恐怖のほかの何物もなく、一足出ればかなり広い安全な庭に出られるのに、呆然とその場に立ちすくんでしまった。突然隣の室の障子がバサと倒れて砂煙が立ち上った。つづいて屋根から瓦が数十枚物凄い音を立てて庭に落ちた。驚いてふり向くと庭の片隅に立っていた大きな灯籠がゆらゆらと揺れて崩れ落ちた。ぼんやりと立ち尽くしたまま「この世の終わりが来たのかしら」と考え出されて寂しい悲しい恐ろしさに襲われた。

やがて、第一震はいくらか弱くなって来た。すると、離れの室から母が末弟を抱いて、裸足のまま庭に駆け出した。引きつけられたように私も母の傍に駆け寄った。母は狂気のように長兄の名を呼んでいた。弟と妹とが茶の間から飛び出してきた。家の裏を通って次兄と他の弟とが駆けて来た。女中が二人、長兄を背負うて出て来た。飛んで来た爺と女中に指図して雨戸を五、六枚はずさせて、長兄と私とはその上に寝た。その時ちょうど第二震が揺れた。雨戸の上の体はまるで、毬のようにはね上げられる。家がぐらぐらと左右に大きく揺れる。女、子供は抱き合って、悲鳴を上げる。しかも、戸外にある心安さと大勢一緒になった嬉しさは、決して第一震のごとく恐怖を起こさせはしなかった。やがて第二震もやんだ。

雨戸をさらに五、六枚外させて皆その上に座った。ともかくも「まあ二、三時間こうしていよう。到底家へ入れやしない」と家のたいしていたまなかったせいか（私の家は目黒の停車場近くにある）割合に呑気に考えて、日陰を選び毛布を家の中から取り出して用意をした。「つぶれた家があるかしら」と私は兄にささやいたほどであった。妹のごときは「明後日は学校へ行けないかしら」と言っていた。

「お父様は」誰いうとなく叫び声が起こった。「電話をかけてごらん」と京橋の店に電話をかけて見た。電話は通じないという。父を除いて一家尽《ことごと》く集ってはいるものの、父はどうしただろうと不安の念に駆られた。しかしどうする事もできない。一時頃であった。突然父が帰って来た。皆はどんなに喜んだろう。店は潰れはしなかったが、前の洋品店や果物屋など五、六軒やられた家もあるという。よほど、大きかったのだなと初めて思った。

「昼飯を食おう」ちょうど焚き終わった昼の飯を握り飯に結んで食べた。私は冷めた粥をすすった。父の帰る時、二、三箇所火事が起こったが、大した事になるまいというているうちに、元火薬庫跡（陸軍衛生材料廠）から火が上がった。幸い風上だし、数町隔っているからと安心していた。突然母が叫んだ。「あの雲をごらん」見れば北の空に真っ白い山のような雲が、日光に照らされて、えもいわれぬ美しさに見えた。「不思議な雲だ」「恐ろしい前兆だろう」と言い合った。

警視庁が焼けた。日本橋神田は火の海だ。という報知が伝わった。しかし、その煙が立ち上ってあの怪しく美しい雲をつくったとは思わなかった。

夕景になった。余震はやまぬ。今夜は庭に野宿をしようという事に決めて、雨戸の上に床をとり、病人と子供を寝かせる用意をした。時が立つに従って大火の報は切りに伝わる。京橋の店もきっと焼けただろう。と不安はますます濃くなって行く。皆は盛んに立ち働いている。雨戸の床に横たわりながら、皆の世話を受けて私はどんなに残念に感じた事だろう。男十九、他を世話すべき年だのに。重い傷になやむ長兄も恐らくはそう思ったに違いない。心に済まぬ口惜しさの涙が流れた。生まれて以来、これほど切実に健康の必要なるを感じた事はなかった。無理矢理に寝かされて、しばしば襲う余震に体をふるわれて気味悪く感じながら、いつの間にか私は眠ってしまった。

ふと目が覚めると庭に明るい篝《かがり》［夜警のための焚き火］を焚いて虫を追っていた篝を囲んで皆が座っていた。「何時」と尋ねると「十一時だ」という「大変な事になったぞ。下町は皆焼けてしまったよ」と次兄が言った。その指す方を眺めると白金台の彼方、昼間見た例の雲は物凄く赤く天を染めている。私は寂しさと悲しさのほかは何も覚えなかった。兄は絶え間なく聞こえて来る爆音を、あれは工兵隊が家を破壊している音だと教えた。「どこが焼けているの」と聞くと、「十番とかいうけれどよく判からない。電車通りは大騒ぎだぞ。逃げて行く人でいっぱいだ。私は寝ながら、火に追われて逃れ行く人の身の上を想像して見た。しかしどんなに想像しても、決して事実のさらに悲しきに及ばないのではあったが。かくて恐ろしい大震の日は終わらんとしつつあった。

天から在学証書（千住）

堀越由亀雄　理乙一一

「脱線だ」こう叫んで、夢中で窓を握りしめて、立ち上がった。前に座っていた弟もいきなり僕の腕につかまった。その弟の手は気味悪いほど震えていた。その顔は真っ青であった。

脱線……転覆……死……半身血にまみれた死体……白い額が毒々しい血に染まった顔……断末魔の呻き……一瞬の後に起こるべき恐ろしい幻想が頭の奥の方で一点であったのが見るみる頭の中に広がり走馬燈のように頭の中を駆け回る。そしてその死体が僕と弟に見えた時、愕然《がくぜん》として我に帰った。

汽車はたった今南千住を出たばかりだ。汽笛が盛んに鳴る。鉄橋のすぐ手前だ。汽車は止まった。しかし激動は止まない。列車中の人は真っ青になっているが、一歩も歩けない。棚の荷物が落ちる。

途端ごうという物音と共に土煙が車内に吹き込んだ「怖い……」と叫ぶ女。「あぁ」と眼を手でふさぐ男。「痛い」と泣く子。そのうち揺れが止んだ。弟をかかえるようにして急いで飛び出した。傍の職人風の男が吐き出すように、しかも震え声で「大きな地震だなあ」とつぶやいた。

そうだ地震だった。目も開けられないほどの土煙は、前の倉庫の一つがつぶれたからだ。瓦が物凄く落ちている。

「もう大丈夫だ、助かった」とまだ震えている弟の背をたたく折柄《おりがら》、またしても大地が揺れ始めた。立っていられないので座って地面を見つめる。気味悪いほど、ゆらりゆらりと大きく揺れてる。汽車の連結器がガタガタと音を立てて切れそうである。今にも汽車は横倒れになりそうだ。レールが赤黒い蛇が苦しそうに光った腹を上にして、のたくっているように動いている。すぐ目の前の会社の二つの煙突がそれぞれ違った方向に、相向かったり、相背いたり、今にも折れそうに大きく揺れていて、相当離れている僕等まで、ハラハラする。二度目の大地震はやがて静まった。

あまり遠からぬ所に五、六箇所赤黒い煙が濛々《もうもう》たる黄色の土煙の中に立ち上った。

高台になっているこの駅においてさえ土煙のため普段のごとく浅草から東京一面を見渡す事はできない。

半鐘の音！ 雑然と町を包む人声の喧騒！

ひゅうひゅうと頬をかすめて行く風には火の粉を混ずるに至った。

駅員は右往左往して何事か叫びつつ馳せ廻《めぐ》っている。火の粉は盛んに降って来る。全く恐怖に包まれた。一同は行くも帰るも知らぬ者のごとく茫然としていた。その時荒川鉄橋がやや破損して危険ですから列車の運転は中止しますとの駅長の言に、一同の者は愕然とした。

見ると三、四町［約四百メートル］彼方のガスタンクの裏手は烈々たる火焔《かえん》！ 二、三年前新聞で見たがガスタンク破裂の惨状が眼の前を掠《かす》めて通る。火焔の塊が人を焼きながら飛んだという当時の事が、今にも起こりそうだ。ゾッとして弟の手を取り、思わず線路沿いに駆け出した。気がつけば、僕等のすぐ横には、鉄瓶を片手に着物を背にし、泣く子を片手にした、裸足の女が、取り乱して流す涙もないのか、恐怖のため真っ青な顔をして逃げている。

荒川の鉄橋にかかった。渦巻く濁流を下に見て、みしみしと気味悪い音を立ててる橋床を渡る時、風は身体を吹き飛ばすほどに吹きつける。足は震える、細い一尺幅の板から、ともすれば、足がはずれて、濁流へ落ちそうだ。

北千住の町はずれにて振り返った時、太陽は赤く惨憺《さんたん》たる破壊の街、焦熱《しょうねつ》の都を照らしていた。煙……真黒な煙は天空の半ばに高く拡がった。

ひらひらと頭上に落ちて来る焼けた紙きれを見れば、「日本大学在学証書」と書いてある。神田も焼けたのだ。

紙の焼屑はしきりに飛んで来る。

わずか三十分前まで平和であった東京が、しかも二百十日も無事に過ぐる事と街行く人の顔にはなんとなく喜色《きしょく》漲《みなぎ》っていたその東京の街が、火の海になろうと誰が予想し得よう。

朝から曇ったり、照ったりして、頭の痛むような天気こそ、天が我等に与えた警告であったのか。あの火は虚偽の街、虚栄《きょえい》の都を亡ぼさんとする天の劫火《ごうか》か。

またしても大地が揺れ始めた。

弟はだれに言うともなく「松戸はどう……」とつぶやいたが、その声も途中で震えて消えてしまった。振り返って松戸の方を見れば青い空に白雲が二つ三つ何事も知らぬ気に静かに浮かんでいた。

祈り（東京郊外）

堀　雄一　文甲三二

ちょうどあの日から学校が始まった。最初の日の事ゆえ授業はほとんど無かった。皆で駄弁《だべ》っていた。学期の初めの話題は注意点の事ぐらいに決まっている。「哲学はほとんど皆注意点だったそうだ」「上西が教務へ聞きに行ったら、零点がザラにあるって」「岩元さんひどいなあ、零点とは」「去年は何にも書かなくっても六十点くれたそうじゃないか」「誰だか『嗚呼玉杯《ああぎょくはい》〔旧制第一高等学校の寮歌の一つ〕』の歌を書いといても六十点くれたっていうのに、今年はひどいなあ」「また岩元さんの家焼けないかなあ、去年の二学期は岩元さんの家が火事で、答案を焼いてしまったそうだ」「ほんとかい。今年も焼けないかな」「もうしかし点数を教務に報告してあるんだから岩元さんの家が焼けても零点は消えないよ」――こんな甚だ不了見《ふりょうけん》〔よくない心構え〕極まる会話が交わされたその日の正午が、あの大地震だ。あの大火事だ。

私の家は郊外なので、夕方まであれほどの火事とは知らなかった。「怪しい入道雲が湧いて来たな、変な雲だな」とは思っていたが、火事の煙とは思わなかった。秋の太陽が西に沈んだ。夜になった。すると東の空は紅くなった。

秋の日が西に沈みて夕されば染まりぬ赤く入道雲は
ひたすらに怪しき雲と眺めしは大東京の燃ゆる火なりき
紅く紅く紅きが上に紅かりき空を見やりて心ふるえき

こんな駄歌は後から詠んだので、その時は歌どころではなかった。「帝大が焼けたそうです」八時頃往来でそんな声を聞いた。「しめた」と私は思った。一高も焼けたろう、教務も焼けたろう、成績簿も燃けたろう。従って私の零点も消えたろう。「しめた」私は口に出して言った。

空は赤い、何たる火だろう。どこの家でも外に出て戦《おのの》きながら、この夜を明かしている。ぐらぐらと時々揺れる度に、人々の心は戦《おのの》く。人は何て弱いものだろう。聞けよ、芝草のうちで蟋蟀《こおろぎ》がいつものままに歌っているではないか。秋の虫はこの地震にいささかも苦しんでいない。聞けよ、何て澄み切った美しい声だろう。「人は何てあわれだろう」と私は思った。ことにこの私は何てあさましい事を考えていただろう。自分の愛する母校の燃える事を喜んでいたのだ。ただ自分の前学期の不成績の結果を抹殺しようとして。

虫の声のいよいよ澄んで行くのを聞きながら、私は更《あらた》めて一高と岩元先生の無事とを祈ったのであった。

木蔭に一夜（東京郊外）

佐藤　半　文乙二

夕立のような雨が降り来ったかと思うと、急に天は清く晴れて初秋ののどかな感じがどことなく漂うていた。予は休暇以来の病気で、床に付いているとわずかの午前中でも非常に長い。今日から学校があるはずである。新聞を見終わると安らかな寝《ねむり》に落ちた。する内に自動車の爆音のごとき地鳴りがする。とその瞬間に家は揺れ始めた。否壊れ始めた。私は急いで起きた。立つとよろよろするので柱にもたれた。もちろん柱もぐらぐら動いて立っていることができない。すると玄関の壁が落ちた。戸が倒れる。本箱がひっくり返る。母がようやく飛んで来たのに勢いを得た私は夢中になって庭に飛び出した。生い繁っていたコスモスの中に飛びこんだ。次に母が来る父が来る。しかし逃げ出した人は他人のことを考えてる暇はなかったのだ。自分が安全だと思うと足の不自由なる叔母さんが独り部屋の中に横臥《おうが》になったままいるのに気が付いて父は連れ出そうとする。その時はまた動いている。母や私の言うのも聞かずに家の中より連れ出した。庭に出た刹那にまた恐ろしい地鳴りがし始めた。また物凄い音を立てて家は動く。障子は皆倒れて玄関まで見える。壁が砂煙のように落ちる。「早く早く」と呼んだけれども叔母さんを抱いたままそこに座ったようになってしまった。父は早く安全な地に行こうといくらもがいても恐ろしい有様《ありさま》に気を奪われて、コスモスの根にしがみ付いたきり手を離そうともしなかった。この間母と私とは森の蔭にいて夢中になって呼んだ。地鳴りは止んだ。私ははじめて生きたような気持ちになった。熱のある身体も皆忘れてただ恐ろしかったというほか何もなかった。次の瞬間に初めて自分は熱が出てることを自覚した。しかしあの恐ろしい地震を体験した私は、またどうして家に入って寝ることができよう。そのまま森蔭に毛布を被ったまま熱の出るのを我慢した。父も母もそれから家に入って壁や戸を始末していた。その間何回となく地震が来た。母は顔色を変えて飛び出さんばかりであった。夜になった。父も兄も寝たが自分はどうしても家に入れないので森蔭で一夜を明かそうとした。兄の話によると神田も日本橋もだめだと言った。夜になったけれど燈《あかり》は蝋燭のみである。森の蔭より見ると東京の空は一面に赤くなって来た。あれは横浜だろう。私はこんな話を聞いているばかりでついに眠れず、幾度かあの赤い焦げた空を見に出た。しかしよもや十万に近い人があの火のために死するとは思われなかった。

何物でもわからぬもの（東京郊外）

和田太郎　文乙二

秋近い空は青く澄んで東南の風が強かった。大正十二年九月一日であった。あぁこの日十万の生霊を奪い、幾億の富を焼き尽くしてこの世ながらの地獄を現出するような大震が来ようとは、可惜《あたら》［惜しくも］命を落とした人々さえも十二時二分前の瞬間まで夢にも想像しなかったのである。自然の遊戯か、人智の破滅か、想い起こすだにも恐ろしい極みである。

静かな晩夏の光を楽しみつつ新聞を読んでいた僕は突然の激しい振動に、ともすれば踏みはずそうとする足を踏みしめ踏みしめ階段を駆け降りて見れば、母上はただひとり玄関の外に立たせたもうて、今にも倒れんずと思うばかりに揺れ動く甍《いらか》を見守って、遠く病に臥《ふ》す弟の事や市中に嫁《か》している姉の身を案じ、狂わんばかりにその名を呼んでおられた。僕は足許《あしもと》の心許《こころもと》なさにとかく倒れんとする母上の腕をにぎって静かに地震のおさまるのを待った。そして静まるとともに戸外の原っぱにようやく避難したのである。ちょうど父上も帰宅せられたが、打ち続く地震に役所を気遣われ再び単身出かけられてしまった。

地震はなかなかおさまらなかった。ゴゴウと遠くから地鳴りが聞こえると、またしても大地は震う。五分おき、十分おきに気味悪い地鳴りを先駆けとして幾度か地震は来た。

と見ると勇姿巍然《ぎぜん》とそびえ立ち、付近を圧していた工業試験所の煙突は、あわれ中程より折れ傾いてその下からは黒煙濛々《もうもう》と立ち上っている。絶え間なく来る地震に次第に心細さを増してた人々はこの煙を見て言い知れぬ不安に襲われてしまった。しかし幸いに火はその試験所ひとつを焼き尽くしておさまった。

が地震はなかなかおさまらぬ。僕達はとうとう戸外に板を敷いて地震を避ける事にした。東の空を見ると真っ白な雲のようなものがもくもくもくもくと、もう全く風の落ちてしまった青空に静かに静かに上って行く。そしてそれが真綿でもほぐすように、わき返りまき返って上って行く。僕達はただ不安の念を懐いてこの何者ともわからぬ物を眺めていた。その内に誰いうともなく噴火の煙であろう、あれだけの煙を吐けばこそこれだけの大震を起こすのだなどと言っていた。

日が傾くにつれ不安はますます募るのみであった。

日がとっぷり暮れてしまった時、あの何とも知れぬ煙はいよいよ増大してその下が一面の紅《くれない》となるとともに、松林の中をすかして真っ赤な焔が二つ、三つ、太い太い柱となって上っている、今はまごう方なき東京の大火と知れたのであった。

東京から帰って来た人も三人、四人見えた。そして口々に言っている。「下町は一面の火で麹町、赤坂の方にも火の手は上っている。今日から明日にかけて東京はひと嘗めでしょう」と。

あぁ東京も全滅か。世界文明を取り入れて六十年、日夜孜々《しし》として［弛まず努力して］築き上げられた、繁華の都東京も一朝にして廃墟になってしまうのか。今現にそれを焼き尽くしつつある火がそれかと思うと言い知れぬ悲しさがこみ上げて来た。

眠られぬままに僕は門の所に立って空を一面焦がしている焔、この世ながらの劫火《ごうか》を眺めつつ夜を更かした。

空には遅い月が細くかかっている。大地はまだ震えていた。

破壊は建設（東京郊外）

岡本　剛　理甲二二

故里《ふるさと》の夏草にささやく秋風に驚いて帰京したのは何日頃だったろう。やがて今日よりは再び寮の窓に親しむ日という九月一日、誰が想像しただろうあの古今未曾有の大震災がこの東京におとずれようとは。

いまだ休み気分の抜けぬ我々は半日を幸いと皆家路へついた。僕も家に帰り妹らと昼餐《ちゅうさん》の卓へとついた。

俄然一揺れ二揺れ！電燈、戸棚、硝子、あらゆるものは一斉に踊り出した。屋根からは砂煙が立つ。子供の泣き叫ぶ声。世界の終わり！これは誰しもが直覚的に脳裡《のうり》に浮かんだ言葉である。折悪しく母は病床にあった。一同ただその枕辺に寄り添うのみで言葉さえ交わさない。

恐怖の中に第一震は去った。しかし続いて第二震、第三震が来る。

やがて心配していた父も帰って来た。一家揃うて一所に集った時の喜び！思い出すだに涙ぐましいものであった。とやかくするうちに長い残暑の一日も暮れかかった。

まず母を寝台にのせて庭で一夜を明かすことに決めた。

昼すぎから見初めた物凄い煙は夜に入って赤味を帯びて一面はるか東京市の上を覆うた。

ある人は三原山の噴火だといった。

しかしあぁそれは明治大正六十年間の建設にかかる大東京と数万の生霊の最期であろうとは。

幼き胸にもひとしお恐怖の感ぜられたのであろう。妹らの顔を見ると無邪気な平日が想われて何だかかわいそうになった。

日は暮れた。空には例のごとく無数の星が瞬いていた。まるで地上の一局部に乱舞する人間の群れをあざ笑うかのように。自然の前には人間は無力であった。

戦《おのの》きの中にその夜はまどろみ明かした。

思えば大震災の渦中になかった我が家は幸福であった。しかし我が数万の同胞はそれと運命を共にし、過ぎし日の大東京は無惨な廃墟と化した。

花やかな銀ブラも今となって見れば夢であった。

ある人はこれを天譴《てんけん》と解する。いずれにもせよ、よき覚醒の時であった。日に日に本質を忘れて物質に走る今日には早晩来るべきものであった。

今は過去の夢は葬って、さらに美しき東京を美しき精神をもって創造しなければならぬ。

それこそあの燃えしきる焔の中に大書きされた暗示なのだ。

自然は強い。しかし向上の一途を辿る人間は強く立たねばならぬ。破壊の日。思えばそれは建設の日であった。

震災日ならずして日ましに槌《つち》の音がしげく［しきりに聞こえる］なった。

姉さんは帰らぬ（東京郊外）

中島海三　理甲一三

その日は朝から不気味な天気だった。雨は降ってはいなかったが、薄黒い雲が幾重にも重なって薄日がさしていた。

「行って参ります」と姉さんと家を出たのは七時少し前だった。姉さんは山谷から私は千住から行くので門で分れた。

学校は始業日なのでたいていの先生は休まれていたので十時に終わってしまった。寮に入るはずだったが明日が日曜なので大急ぎで帰った。

帰って私の寮に持って行く物など整理した。

何となく室が陰気でお母さんも年のせいか、光の加減かこの頃めっきり痩せた横顔を見せて、お裁縫をしていた。道ちゃんも暑いので遊びにも行かず隅の方で何かしていた。

ねじのゆるんだ柱時計が物憂げに打ち始めた、一つ二つ三つ十二時だった。

ご飯ですよとお母さんに促されて御膳に座った瞬間だった。むくむくと臀《しり》が押し上げられるような気がした。地震だな、何となく侮《あなど》った心で座っていたが次の瞬間猛烈な震動が来た。

「こりゃ大きい」自分はどうしようかと考えるいとまもなく、たて続けに大震動がやって来た。神棚の榊が倒れた。茶箪笥が次で倒れたと同時に轟々という響きが耳を聾《ろう》した。

今まで茶碗を持っていらしたお母さんはもう裏に行ったのか見えなかった。妹と弟とが「兄さん」としがみ付いて来た。

「早く出なさい」とお母さんが裏からよろめきながら戻って来た。出るなんて事は少しも頭に浮かばず反射的に手近の押入から薄布団を取り出すやいなや、八重ちゃんと道ちゃんに被せて私は茫然として立っていた。

「早く早く」お母さんの叫び声が続いた。とうとうお母さんも入って来て親子四人畳にひれ伏した。

その中に震動も少し静まったので外へ飛び出した。もう大勢の人が土色の顔して土手に出ていた。

桜という桜には髪を乱した女の人がしがみついていた。そして時々の余震に悲鳴を上げて桜と共に揺れていた。

前の合宿はぺちゃんこになっていた。裏もその裏の長屋も二階だけ崩れてうちの長屋だけいまだ倒されず、今にも倒れそうに「ぎいぎい」音を立てていた。合宿は夜業《やぎょう》の人が七人逃げ遅れて下敷きになったがすぐ掘り出されて七人共助けられた。

やっと落ち着いてから家から恐るおそる食料品と戸板を持ってきて、ちょっとした小屋を作った。

二時頃東京が火事だと伝わって来た。河岸に出て見ても、そうたいしたように見えなかった。その後一時間もたった頃には、さっき数条に見えた煙が一団となって東京の空を覆っていた。この頃には鈍った太陽は煙で包まれてあたりが急に暗くなった。この世が如何なるかと思われるくらいだった。

それにつけても姉さんはいまだ帰って来なかった。避難民が土手に通り始めて五時頃に土手に一杯になった。家財をできるだけしょった人、鍋ひとつ持った人、身持《みもち》［妊婦］らしい人、小さな子供、腰の曲がった老人、色々な人がそれぞれ異様な姿をして通った。皆足袋はだしだった。

そして満足な服装をした人は稀だったが血の気も無く黙って、家族らしい人は手をつなぎ合わしていた。重い足を引きずりながらもこの人の流れに流されるようだった。

今まで恐怖に充ちていた自分は自分の幸福に気がついたので水をくんで道に出した。

「ごくっ」と二、三杯飲んでから皆「有難う」とお礼を言った。そして自分の遭難を話していく。

「東京は全滅だ」誰に聞いても同じことだった。姉さんはやられたか、いやそんなはずはないと自分で自分を打ち消した。

日が暮れて恐ろしい夜が来た。昼の黒煙は恐ろしい火災となって一面の火の海だった。時々爆音が地獄で呼ぶ人の声とも聞こえた。

土手には提灯が飛んでいた。しかしその付近に屯《たむろ》っているが恐怖と疲労に音さえ立てる者も無かった。

九時、十時親子四人して守っている提灯も夜露にうるんで、時々蟋蟀《こおろぎ》の音がきこえてきた。

十二時頃言問《こととい》が焼けたと聞いた。

しかし姉さんは帰って来なかった。

担架にのせられて（横浜）

安芸悌一　文甲一三

悩ましい日が幾日か続いた。四十度近くの熱が引っきりなしに続いて、毎日飲まされるアスピリンのために身体じゅうの汗を絞り出されるのも、病み衰えた身には非常の苦痛だった。焼きつけるような真夏の光はジリジリと窓越しに白いベッドを照らして、絶対安静を命ぜられた身を寝返り打たさせずにはおかぬ一種堪え難い空気を醸し出していた。薄汚くよごれたカーテンは赫々《かっかく》たる日の光に燃えんばかりの緊張味をあらわして、枕元にごっちゃに並んだ薬瓶も、名も知らぬ花を投げ込んだ青磁の花瓶も、悩ましいまでに、ギラギラ輝いている。バタバタと廊下を歩く看護婦の白い衣服までが堪らなく痛む頭を刺戟《しげき》した。高熱が続く。病名は腸チフス、その身は絶対安静――かくして悶々の中に悩ましい日が何日か過ぎ去った。

その日は稀な風雨であった。棒となって硝子戸に叩きつける雨の音と、屋鳴りするまでに吹き付ける暴風の叫びとは、古びたこの病院の二階に静かに横たわる僕の心を威嚇するには充分だった。しかし昼近くになって暴風雨がパッタリ止むと、天地はもとの寂莫《せきばく》［ひっそり寂しいさま］にかえってシーンとした真夏の昼間、空には一点の雲もなく、平和そのもののような穏やかさの中に時計の針はカチンカチンと永遠の刻をきざんで行った。あぁこの死のごとき静けさの中に、あの恐るべき天魔の呪の影がひそんでいたとは誰が思いかけていたろうか。思えばいわゆる人智と誇るものもまた儚《はかな》いものではないか。

十一時五十八分——看護婦の小野さんが薬を取りに立ち上がった瞬間であった。と、突然恐ろしい力が今までに経験した事のない鋭さを以て大地を揺り動かした。人々はそれが上下動だったという、しかしあの場合もちろん考うるなどいう余裕はなかった「地震だ！」叫ぶ間もありゃせずグラグラッと天地も砕けよと揺り上げ、揺り下ろす大震動——キリリとひびが入るよと見る間に、白壁はメリメリと崩れ落ちた。もうもうと立ち込める土ぼこり、薬瓶は倒れる、秘蔵の植木鉢は飛ぶ、隣の屋根では瓦が雪崩のように落ちる物凄い響き、バリバリと骨を噛むような鋭い叫声と共に、回転窓の硝子は粉みじんに打ち込んだ。白銀の破片がバラバラと身体に散りかかる。——あぁ生きながらの修羅の巷——形容すべき言葉もない——おお三階の高楼が大波を打つ。

わずかの小閑《しょうかん》を利用して辛うじて病室を後にした。梯子段を逃げるように、かつぎこまれた下の応接間は早くも詰めかけた血みどろの負傷者で目も当てられぬ有様《ありさま》――泣く者、うめく者、叫ぶ者、この世ながらの生き地獄――病院の裏手に上った火の手は早くもこの大建築を呑み込もうとするという。再び担架に揺られ揺られて少し隔たった煙草専売局の庭へ、さらに赤煉瓦の建物の土煙をあげつつ崩れ落ちるのを後にして、めぐりめぐってたどりついた懐かしい我が家も津波の声に脅《おびや》かされて留まる事もならず、ついにほど遠からぬ横浜駅前の貨物専用線のガードの上に引っぱり上げられた。人々の大努力で立てられた天幕も、吹き荒《すさ》む烈風にあおられて用をなさぬ。線路の上に担架を横たえて、洋傘一本を日覆《ひおい》として絶対安静の病人は横たえられたのであった。

――横浜全市を覆う物凄い紅蓮《ぐれん》の炎――ライジングサン〔当時横浜に本社を置いたライジングサン石油〕の石油の爆発するすさまじい響き――見ゆる限り空一面を包む黒煙――右に左に陸続きとして絶え間なき群れの青い顔――腹のドン底までも揺り動かす余震の数々――

三時間―四時間ついに力と頼んだ堀を越えて横浜駅に火がついた。ルネッサンス式の壮麗なる大建築も、あわれ祝融氏《しゅくゆうし》の魔手《ましゅ》に捕われの身となってあの気高い高塔を渦巻く煙と炎の中に浮き立たせて、あぁ断末魔――

火の粉は懸かる、熱風は煽《あお》る、居たたまれずにこの地を後にしたのは、すでにたそがれ迫る頃であった。三度担架は群がる避難民の間を縫うて用意の小蒸気船に移された、船はすぐにともづなを解く。

顧みればあわれこれが大横浜の名残りか。帝都関門の残骸か――家もなく、木もなく、倉もなく一面茫々《ぼうぼう》たる焼野原に暮れ行く、たそがれのとばりを破って彼方《あっち》に二箇所、此方《こっち》に三箇所、九天［天界］を深紅に彩る紅蓮の塊―貴き試錬―恐ろしき試錬―しかして悲しむべき試錬――大正十二年九月一日は、かくして永遠に暮れて行く――。

線路を枕に（鎌倉）

永田 進 文丙一

地震の当時。地震の瞬間に余は歩いていた。

たった一人で、てくてくと歩いていた。

その日十一時、余は鎌倉の駅に降りた。もう学校の暑中休暇も終わって、遊覧気分もようやく衰えたとはいえ、よく晴れた土曜日の事とて、余の降り立った歩廊［通路］には、相当避暑客の影も見えて、豊かな景色であった。余は駅を出て電車に乗って長谷で降りた。そして大仏の横を通って歩き始めたのであった。こうして余は、逗子に行った帰りに鎌倉の在に居られる余の幼時の先生のもとに行こうとしていたのである。トンネルを出て半里ほど行けば道は広々とした田んぼの中の一本道となる。かなり離れて左右に見える丘陵の上には松林がそよ吹く晩夏の風に櫛《くしけず》られている。道傍に、稲は八分の実りである。

余はただ歩きに歩いた。正午の日光の直射に汗ばんだシャツを気にしながら先生のお家に着いて、冷たい井戸の水に渇きを癒やするを楽しみに。ずんずん歩いていた。時、大きな大きな地震。余は倒れた。前後左右ただ一人も人は居ない。大地がぐんぐん揺れる。そして見る見る内に割れた。「亀裂」という字は思えばよく言ったものだ。

裂け口に腕がはまる。それを抜くうちに腹の下が割れる。見れば田の面、たくさんの稲は強く、振られて苦しんでいる。自分はこの時腕に付いていた時計を見れば、ちょうど二本の針が全く合わさっている。その時自分は気がついた。

「もう今、これで全部が終焉《おわ》るんだッ」

それから自分は起き上がった。そしてまた前進した。先生のお家は知れたが一村全部倒壊。お家の人々は藪に入って震えて居られた。余は取りあえずお見舞い申し上げた。家のことが心配になる。お暇《いとま》して横浜にと向かった。その時も余震の大きなのが頻々《しくしく》と来る。余はとても生きて家には帰られないのを感じた。そして懐中から手帳を出して、出発の時間を書いて、行き着く所々の地名を時間と一緒に書き残すことにした。

余はかくして、ずいぶん危険な途を通って、途中まで来たが切通しの所で崖が落ちて通れないので路をまた戻って大船に出た。停車場が見事に潰れている。そこから鉄道線路を伝って横浜へと向かった。鉄道省で電化のために立てた柱が無残に倒れている。それどころではない。路の土手が潰れて線路がめちゃめちゃになっている。国家が熟々気の毒になった。それからなおも枕木を歩いて横浜に志した。その内に横浜の方から人々が避難して来た。みんなたいてい裸足だ。そして弱い者の手をひいて、目は鋭く、光なく見張っている。横浜は大火事だ。というのだ。さあ一層家が心配になってきた。とにかく、煙で一歩も近寄れなくなるまで横浜に近づく。と決めて、疲れた歩を励ませて、歩きに歩いた。保土ヶ谷に来ると夜のとばりに包まれた。「横浜は熱くて近寄れない」という。仕方なく、そこで一夜を過ごすことにして、鉄道線路を枕にして寝た。行手《ゆくて》に横浜は空を真っ紅にして燃えている。反対の空はよく晴れて、星が美しく静かに輝いているのだ。月さえも昇る。

寝られない一夜は自然と人生の事をいつまでも思わせた。

朝が近くなった。近所の家の炊き出してくれるおむすびを持って横浜に帰った。六時。家の所に来て見れば、すべては灰と化している。トタンが散っている。余はもしやと思ってその一、二枚をあげて見た。死骸も発見されなかった。「先《ま》ず」と思って、玄関の石の所にぼんやり腰かけた。

その時横浜、思い出深い、いとしい町は、みんな全く灰と変わってしまっているのだ。

それから近所の人が来てようやく家族の居所が知れた。よもやみんな助かって一緒に集って居ようとは思いもよらなかった。そして、郊外の中学校の運動場の一隅に、お隣の人々と一緒に生きている家族の者を観た時は嬉しいというより何とも思わなかったと今考えられる。

とにかく、全部燃えてしまったが家族はみんな無事なるを得た。家族は全部救われたが家の全部は燃えてしまった。中でも去年余が小学校にいた頃の小さい友が書いてくれた色々の思い出がみな灰に化してしまったことは限りなく余を悲しませた。

「みんな燃えてしまった。みんな燃えてしまった。あぁ、みんな、みんな燃えてしまった。」
それがその時の余の心であった。

海に漁火なく（神奈川県）

水谷八郎　文甲一三

浴《あ》みしており立ちぬ。遥かなる浪路の彼方に薄淡き大島の影ほの見ゆ。げにうららかなる秋の初めなり。処は相模灘の東海岸、鎌倉を去る里余《りあまり》の一寒村、鳴鐘《めいしょう》まさに正午を報ぜんとせり。

突如来れる地震、例の地震ならんとて、とにかくに皆の居たる室に走りぬ。何事を言う間もあらせず、岩石に突き当たりて弾き返さるるがごとく強く我等を上下に投げつけつ、そのまま震は立ち去らで、あるいは前後にあるいは天地に、家も砕け身も挫《くじ》けんばかりに我等を翻弄《ほんろう》せり。柱軋々《ぎしぎし》となり壁落ちて土煙濛々《もうもう》と立つ。父上はこのころ傍《かたわら》に来られたり。瓦転々落下し、その音げに恐ろし。我はただただ「大丈夫大丈夫」と連呼せり。されど我と我が心には「もしや天井落ちて下敷きとなりおわるにあらずや」また「この鉄石ならぬ両腕にして果たして天井を支え得べきか」など思いて、ただ地震の止まんことをのみ願う。その中にも自ら危く転倒せんとしては取り直し、タオル持てる手にて物なき傍を握《つか》まんとせり。立てるがゆえに妹や小さき孫達が姉上の膝に頭を突き合わせ居るを微かに認めえたり。

かくて出んとしてついに外に出でえざるにようやくに揺動収まりて、柱々の残りの揺れ音軽く耳に入り初めぬ。誠に闇を出でて日に会いたるがごとく、または冬を去りてのどかなる春に入りたるがごとき心地せり。急ぎ表へ飛び出でぬ。地はなおユラユラ揺らげり。瓦あたりに飛散し、四阿《あずまや》［休憩所］はみごと倒壊し、化燈籠《はげとうろう》無惨に転がる。百姓権兵衛蒼顔になりて馳せつけ、海嘯《かいしょう》［津波］来るやも知れずというに、初めてそれと気付き、裏の畑地に至りぬ。見るみる潮は遠く引き去りて、その跡に露わるる岩礁突几《がっしょうとっき》、奇なりと言わんか恐ろしと言わんか真にその言を知らざるなり。やがてその潮迫りて満潮となるかと見れば復退《またひ》きて赤褐《あかちゃ》の巌塁《いわおるい》々たり［連なって見える］。さるにても山の噴火か地の陥没か。地震の止む暇をみて下り、家より煮焼道具を取り出す。あの洪水の事をもそれと思いて我はこれ必ず天罰ならんとて、神に祈れり。顧れば姉上も瞑目《めいもく》して祈り居給えり。揺らぎ次第に間を置きて来る。やがて壁土を掃き、障子をはむ［元通りに嵌めなおす］。午食《ごしょく》もそこそこに、秋谷の町に至れば薬屋二棟潰れたり。一行人《いちこうじん》［道行く人］に問いて葉山の惨状を知りぬ。この頃よりシャボンの泡のごとき白雲裏山の彼方より舞い昇る。雪よりも白く水晶のごとく輝き、自ずと恐怖を抱かしめたり。ただ心に掛かるは東京の事なり。村人に問えば、三崎は全滅せりと言い、横浜横須賀は火災の裡《うち》にありという。この白雲は海軍タンクの爆破せる煙なるを知れり。浜に下れば傍の別荘の崖所々崩れ落ちたり。我等は前庭に立ちて潮の様《さま》に注視せり。蓋《けだ》し海嘯を恐れてなり。姉上叫びぬ、「海嘯の速力六百秒米「毎秒六〇〇メートル」」

かくて恐怖の日は暮れぬ。星月夜《ほしづきよ》、黒煙西天を覆う。海面に漁火なく星影キラキラと映る。岸近く黒き岩影もの凄く見ゆ。しかれども、一度玄空を仰げば燦然《さんぜん》たる星辰《せいしん》「星」輝き渡る。この土に住む弱き人の子、彼の涯《はて》に在るという安らかなる国に有らんことを冀《こいねが》わざるを得ざりき「強く願わないはずがない」。

習慣の盲信

増原恵吉　文甲三二

大丈夫だという感じは、事実を確かめたから安心しているというよりも、むしろ習慣の力である事がしばしばある。従って事変が起こって心配になるのが当然の時にも、依然として平気でいることがずいぶんある。ある時間の経過する間に、ある事件が起こらなかったとする。すると習慣というものはすぐこれを根拠として、たとえそれだけの時間が経った事そのことが、正しくその事件をすぐ近々に勃発させる理由の上塗である場合でさえも、該事件は決して起こらないと言い張るものである。たとえば四十年間一度の怪我もせずに、鉱坑内で働いたという事を理由にして、たとえ坑の天井が落ちかかっている時でも、何ら危険を恐れる必要はないなどという人があるものである。習慣はかなり種々の手品を持っているが、中で最も手際の善いのは実際神秘的な現象をただ繰り返しただけで神秘的でなくなるように思い込ませる呼吸である。人間は驚いてばかりいては仕事ができないから、習慣のこの手際は実生活においては有効な事がずいぶんある。しかし神秘的な事象がただ繰り返されただけで、果たして軽々看過し得るようになるであろうか。それで間違いは起こらないものだろうか。それで後悔するような事は起こらぬだろうか。

否！否！現に後悔したものがここにいる。自分は今まで極めて頑健な身体を誇って来た。物心ついてからまだ一日と床についた事がなかった、病身でふらふらしている人を見ると、まるで人種でも違うかのような著しい距離を感じたものである。運動も猛烈なもののみ選んだ。

激動の後の疲れが、自分には何ともいえぬ快いものであった。こうした生活が幾年か繰り返されるうち、ついつい自分と病気とは所詮縁なきものというような独りよがりの断案が形成されてしまった。それはいわゆる習慣であった。そして牢乎《ろうこ》とした〔揺るぎない〕根拠を持っていた。ところが一学期の末、障害物を飛ぼうとして馬から落ちたり、雨に濡れて数時間ボートを漕ぎ続けたり、毎夜の暴飲夜更かしなどの結果、ふと胸に痛みを覚えた。四、五日も痛みがとまらぬので、友が心配して医者に見てもらう事を強要した。医者は胸膜炎だと言ったが、盲目的な健全の信仰を持っていた自分は、何をと思って二度と医者のもとへ行かなかった。そのうち休暇になって国で徴兵検査を受けると、検査官は細かく検査し終わって後、立派な体格だといって甲種合格を宣してしまった、ここで自分は再び、否相変わらず善い気になって、でたらめな運動を続けた。熱が少し出るようになっても、相変わらず海に浮かんで日を暮らした、胸膜炎の恐るべき事を夢想だもしないで。

蝕みかけた身体がどうしてこの不摂生に堪えられよう。自分は再び胸膜炎の宣告を受けて、今度は床につくを余儀なくされた。しかし不幸にも熱は一日でとれてしまった。三日目には床を離れる事を許された。盲目な信仰がまたまた動いて来た。自分は十日ばかりたつと再び海に浮かぶようになった。呪わしい盲目の信仰！　習慣の力！　自分は深く呪いかつ悔いないでいられない。激動の結果自分は三度床についた。少量のヘモプトイ〔喀血〕があった。医者は絶対安静を命じた。一日たち二日たった。医者は相変わらず安静を命じた。一週間たった。医者は安静をとかなかった。急坂を走り下るような勢いで、健康に対する信仰が潰れてしまった。そして自分は習慣を目前に控えて、解剖のメスを加えないでいられないようになった。床についてから八日目。それがあの大震の日であった。自分は町はずれの離れ家の、海を望見《ぼうけん》する一室に横たわっていた。白熱した太陽が僕を海に誘うて止まなかった。僕は瞑目《めいもく》異数〔めったにない〕の事である。看護婦は号外を読んで聞かせてくれた。誇張された震災の記事が次々に読み上げられた。人々は茫然として声をあげた。

不思議な事に――今考えて見るとほんとに不思議に思われる――自分は震災の報を耳にして驚かなかった。堅い信仰があまり急激に潰滅《かいめつ》したので、心的過程が変態的になっていたのだろうか。とにかく自分は滅亡する東京を心に浮かべても、大した感動を受けなかった。ただ習慣の盲目的信仰を裏切られた東京の人々を偲ぶというより、明らさまにいえば小気味よく感じただけだった――。自分の幻想が裏切られた腹いせだろうか、今考えると狂気の沙汰としか受け取れない――。

その後三ヶ月、病は癒えて東都に上り、まのあたり焦土を見て、病後感傷的な眼に幾度か涙を浮かべた。僕は習慣の信仰を失った東京の人々を心から悲しみ同情するほか、震災に関する何らまとった考えを述べる事ができない。

黄太陽（浦和）

松本武夫　文甲一一

おい、もう八時だよ、起きないか、今日から学校じゃないか、という兄の声に起きては見たが前日の妙義《みょうぎ》登山がたたって足が痛い。どうも学校へ行きたくない、うむそうだっけな、今日は九月一日か、しかし今日は始業式くらいのものだろう、それに昨夜田舎から従弟も上京して来ているので今日はサボろう。うむそうだね、今日は行った所で大した事もないだろう、じゃ俺はちょっと行って来るから後はよろしく頼むぞといいながら、兄は飯も食わずに出て行った。

残された二人は床の中で駄弁《だべん》を始めた。

「英ちゃんは何していた」「うむ彼か、彼は相変らずカンバスに熱中している、今度画題を田舎に求めて帝展に出して見る意向らしい、下書きができたら上京するとか、多分十月頃になるだろう」「そうか、彼はこのごろめきめき上達して来たね。先だって何会とかに入選したんだっけな、あるいは今度もうまく入選の栄を担うかも知れぬ。それから増公はどうしている？」「彼は相変らずだよ、天気でさえあれば釣りに出かける、釣りに出かけなければ馬を乗り廻している。しかしあれもこれも屋外運動で体にはいいだろう、今度は体を充分鍛えておいて二学期に大いに頑張るとか、なかなかに殊勝《しゅしょう》［感心］だよ、多分十日頃には上って来るだろう」

それからという瞬間この時だ、身体が跳ね上げられたようなショックを受けた。あまりの事に刹那には分別も浮かばぬ。もう止むだろうと思った震動もますますひどくなるばかり、棚からはガラガラと落ちる。戸棚の中ではあたかも鼠の合戦でも開かれたようにグラグラと物の倒れる音が絶えない。もう我慢ができないと叫びながら跳ね起きた。出口がどこという間もない、雨戸を突きとばし、俺は南に彼は北の縁からほとんど同時に走り出た。

もう下駄身装などという考えは毛頭ない。寝巻姿のままだ。ほとんど足の地についたのも覚えぬ。ただよろめきながら安全地帯と思わしきところに夢中に逃げた。ようやくにして気付いて見れば我知らずも木立ちにかじり付いている。どこも同じだ、向こうにも三々五々色もなく、やっぱり夢中にかじりついている。われも恐らくは同様に蒼然たるものであったろう。

従弟はと見れば彼は滑稽にも何の用あってか、掻巻《かいまき》［半纏の一種］をしっかり抱いている。その様は滑稽家の彼をより滑稽に見せた。やっと第一震が静まり二人は落ち合い、互いに青い顔を合わせ、これではだいぶ家も傷んだろう、あるいは倒れた家もあるかも知れんねと話しているところに八百屋の小僧がやって来た。どうだった、自転車乗れたかと問えば、いや私はちょうど休んでいたところでした、何でも町では倒れた家も十軒ぐらいはあるそうです、それに死傷者も数人とかの噂なんですよとさすがに激震の後を偲ばせた。

そこへ兄も帰って来て、しきりに先生方の避難の滑稽ぶりを語る。この間も余震は絶えない。本能的に命の惜しいのを感ずるのか、何にしても家に入る元気が出ない。そこで被害を見ようと町へ出た。なるほど小僧の言った通りだ。我が家の安全なりしを喜びかつその惨状の想像外なのに痛ましい感じがした。それから共に兄の同僚の人を見舞った。彼の人は東京は大火事だ、しかも大学、一高は火元ですでに全焼、目下森川町あたりは一面の火の海だという、地震に火事はつきものとは承知していたが、まさかと思った、しかしそこには一種言うべからざる不安があった。遥か帝都の空には物凄い入道雲がむくむくと広がっている、そんな事を聞かされるとなるほど帝都は大火事だなとうなずかれた。

噂はとりどりにしていずれを真、いずれを偽とする事もできず、ただ思い迷うのみだ。しかして安否を尋ぬべきよすがもない。この時早くも電信電話は不通だ、加うるに唯一の交通機関たる汽車が不通と来ている。どうする事もできない。人の行き交いは、筬《おさ》［機織りの道具］のそれよりも繁い。奥州街道は上京の人で一大チェーンをなしている。兄は不安のあまりついに意を決し巣鴨の親戚を見舞いに出かけた。余震はなかなか止まぬ。日は淡暗く暮れんとす。近所を見知る事少なき我等は二人限り心淋しい事限りなし。

帝都の空は進み来る黄昏の闇に反しますます赤くなる。まるで赤熱《しゃくねつ》地獄だ。さすがの大東京も駄目か。あれでは、ほんとに全市が劫火《ごうか》の巷と化しているに相違ないと思われた。しかしてなおその状を知る事はできない。大内山は御安全か、誰彼はどうかと心の悩みの増すのみだ。

滑稽家の従弟も日頃に似ず、この時ばかりは黙して多くを語らず、不安の思いに沈んでいたようだ。傍には入り得べき住家はありながら夜になってもやはり入る勇気はない。いよいよ今宵は露宿《ろしょく》と覚悟を決め余震におびえながら早速準備に取りかかった。

ううむこれでよい、こんな時だから、まあこれで我慢しようねと二人はやっとそこに腰を落ち付けた。子供の折老祖母より安政の大震には、空き地に畳を敷き寝ぬる事数日間などと聞かされていたが、現在自分がやろうとは夢にだに考えなかった事だ。

闇の中に火の手はますます凄くなる。中天にはこの世の惨事も知らず顔に月が冴えている、静かに碧白《あおじろ》くひとしお淋しさをそそって。

寝ては見たがどうしても眠れぬ。東京の状況が知りたい、不安で堪らん、兄はいまだに帰らない。こわごわながらもすでに眠りに入ったのか、近所は寂として声もなく帝都の空に反して更けて行く。時計は早や一時を過ぎていた。しかして我もまた悩みに労《つか》れ何らの確たる模様を知り得ず、何時しか眠りに落ちてしまった。かくて一日は過ぎたのだ。但しこの日の黄味を帯びた凄い太陽と静かに冴えし中天の月とは永久に我が胸を去らないだろう。

大浪が二本（房州）

徳江　徳
理乙二二

その日の房州は朝からしけていた［海が荒れていた］。二、三日前からの雨が鼠色に砂を潤し、風が戸を揺らしていた。詠帰寮《えいきりょう》［千葉県館山にあった一高水泳部の合宿所］の河童どもは、連日の天気に泳ぎ疲れの体で、かえって今日の天気を喜んでいた。そのままの天気であったならば、我々はあるいは幾人か傷ついたかもしれない。いや案外早くいったという給仕の話だから、二階からすっかり横倒しになった中に入った人は、半数以上だったに違いない。その上、九月一日まで残っていた者どもは皆二階を占領していたのだから、飛び出す間もあらせずやられた事であろう。一人いた給仕も洗濯していたということは実に天佑《てんゆう》［幸運］であったわけである。

十時頃風雨が幾分凪いだ。これがよかったのである、簡単な練習をやりに出かけた。何で命を拾うかわからないものだ。泳いでいるうちに天気もあがって、やがて雲も切れてきた。日も顔を出す。愉快に泳いで昼に帰るのが遅れた。皆水から上がって帰ろうとしたときにぐらぐらっと来た、腰が上がったり下がったりする。足がふらふらし出した。こいつは熱でも出て目まいでもしたのじゃあるまいか、病気だと困ったな、とここまで頭が働いたときに一人が「地震だ」と言った。ごうという音、終いに尻餅をついてしまった。

これはますます困ったなと思って立ち上がった。頭の中には生に対する執着と地震の恐怖としかない。ただ恐ろしい事だと思う。人もずいぶん死んだろうと思う。房州なんかにいてひどい目にあうぞと思う。

まだ水の中にいた者に「津波がくるぞ。あがれ」と叫ぶ。幸い浅いところにいたものだから、変な浪が無数に動いて泳げないけれどもやっとやって来た。ごうごうと音がする。「あそこを見ろ」という、指さす方を見ると、船形の方で家があっちでもこっちでもひっくりかえって、砂煙があがる、火の煙が三筋のぼっている、津波が来るかも知れない。「松原へ行け」という。松原にやっとたどりつく。松につかまってやっと安心する。しかし松がいつ倒れるかわからないから松とにらめっこをしていなければならない。砂が口をあけて水が出る。「津波津波」という。見ると船形の方に白波をあげた大浪が二本よせて行く。大きな島を驚くなかれ乗り越して行く。しかしそれでも家をさらうほどの浪ではなかった。津波が来たら一生懸命山の方に逃げようと思う。それでも恐い。とても逃げおおせそうもない。今か今かと思う。

そのうちに一震はすんだ。津波を気にして海の方を見い見い寮に帰って見ると、すっかり潰れていた。その辺で潰れていない家はほとんどない。早速風呂場が潰れてその下から煙が上っているのを消す。

それから一同は知人の家をまわって人を出したりした。が、人はほとんど助からなかった。汽車の線路は丁寧にもつづら折りにくねくね曲がっていた。機関車がごろごろ寝転んでいた。停車場は姿を消している。それから一週間、我々は真剣な生活を互いに助けあって、謙遜な心となって海辺の小舎《しょうしゃ》に送った。働かざれば食うべからずというわけで、毎日頼まれて家の取り片付けなどをやった。その一週間の生活は一生忘るべからざる記憶となって、吾人《ごじん》の前に飛び出して来るだろう。

人はただ為すべき仕事があるから生きる、学校はつぶれた、会社は焼けた、ここに初めて人は手持ち無沙汰を感じた、何のために、何を求めてと感ぜざるを得なくなった。

しばしが間、人は人の弱さを忘れなかった。

みんなが出て見な（上州）

福田赳夫　文丙一

ドドド、、……
メキメキメキメキ、、、……
アレ！……
藪へ！
ガタン!!
ドシャン!!
……………………………

浅間がはねたかしら、裏へ出て見よう。俺はこうつぶやきながら裏の小高いところに駆けて行った。――上州、少なくとも俺の地方では、時々浅間の鳴動に脅《おびや》かされる。浅間山というとすぐに、地震とその崇高な景色を連想するくらいだ。夕立雲を七重八重に重ねたごときに五色の彩色をほどこしたその濃艶なる光景、その中を右へ左へ、縦横に走る電光の凄さ、それらの雄大なる状景に培われた土地の人は、すぐ地震に浅間山を想うのはもっともなことだ。――薄青い、むしろ白味がちな浅間山には、今日は煙すらも見られないではないか。

さすがの自分も、生まれ落ちてから初めての大震には胆を抜かれざるを得なかった。自分の心はズルズルと、この世のありとあらゆる暗き方面を曳き廻される。破滅の世界までも。

あぁ何という静けさだ。赤城下ろしに恵まれている上州に今日は桑の葉ひとつ動かす風もない。うす白く曇った空には眠そうな太陽が半分眼をつぶったままである。さすがの強震ではあったが、製糸場の高い煙突が一つ折れていない。農人は昼の休憩を終えて再び野良へ出る。その後には長い煙草の煙が残る。「でけえ地震様でしたな」「わしはこの年になるが初めての大地震でげす」こんな会話は彼等の口の間から煙と共に交々《こもごも》出た。いくら大きい地震であろうと村の菜畑の菜一つ盗み去ったわけではなし、とにかくこの地震と自分の村は、地震の当時の後三十分も除《よ》けば無関係なのだ。俺は明日上京せねばならぬ。田舎の暢気な情緒を充分味わって行こう。いつもの通り馬の背に乗って散歩する。(あぁ何という呑気な田舎だ、これから二十八里［約百十キロメートル］の彼方にはあたかもこの時間に四万の生霊が炮烙《ほうらく》［火あぶり］の刑に絶望の太い歎息をつい

ていたのではないか)

…………………………………………

「皆んな出て見な！ 大変な火の手よ、大変、大変！」

何かしらと闇を冒《おか》して外へ出る。近所の若者の導くままに走り出し小高い場所に至って、南の方を見やれば、南の方あたかも高崎市の西郊に当たって、一帯の薄紅の空を望むことができるのだ。その中央に高い火の柱が天に沖している。

「どうしてもあれは秩父の方向だ。秩父武甲山の噴火に違いない」と若者はいう。

「今日の地震といい、あの火の手といい、秩父の武甲山噴火に違いない」と自分は考える。生れて以来、結び付いた、地震と火山の観念は自分の頭の冷静なる批判の力を奪ってしまったのだ。秩父山には火山脈がないはずであることは、後数時間でようやくわかった。「いやあれは板鼻町の火事だ。あの火柱は火薬庫の爆裂だ」他の若者はこういう。

自分はどうしても秩父の噴火を信じて疑わなかった。ここには秩父地方の惨状を想像する二、三の会話が交わされた。

…………………………………………

その夜はいやに重苦しい夜であった。自分はいつになく転々として一夜を送った。悪夢は幾度か自分を襲った。

震前の飯を（日光）

渡邊佐平　文甲三一

「行く手はどこまで行っても闇だ」と、私は時々思うのだ。しかし人間に未来の事がはっきり分かっていたなら、このような罪過障害に満ち満ちた世に住む事はかえってできないであろう。今から十四年後の秋の月夜の晩に、自分が死なねばならぬと分かったり、お前の最愛の人は早くも来年の春に死ぬであろうと分かったりしたなら、あぁ私等はどうして生きている事ができよう。

だが何も考えず、小さな自分の世界に安住していて、いたずらに小さい事に気をもんだり、怒ったりしているとき、この度のような天災に遭《あ》うと「どうして自分には分かりきった、すぐ後の未来が分からなかったのだろう」と思ったりして、小さな暗《くらがり》の世界にも、かく頼りない自分を哀《あわ》れに思ったりし出すのである。

大震の日、私は日光の奥の湯本に遊んでおったのであった。そこは昨年も行き、その濡《うるお》いを帯た湖と山の景色や秘めやかに緑色深く水をたたえた湖上にボートを乗り廻す愉快さを味わったので、今年もまた同じ喜びを享《う》けようとしたのである。しかし私の運が悪かった。湯本へ行きつくと、その時はもう薄暗く、第一に期待した美しい姿に接することができなかった。そしてそればかりでなく、その夜からは烈しい雨が降り出して、舟を湖に浮かべる事もできなかった。私の旅は失敗だ。しかし雨ももしや止むかも知れないと思いながら、私はその次の日の午［昼］頃まで宿屋の中に閉じ籠らねばならなかった。

せめて雨の景色をと思って外を見たり、友人に手紙を出そうと思って、雨に降りこめられた愚痴を書き込んだりして、よしない時をこまごまと刻むようにして送っておった。

ちょうど宿では昼の仕度らしく、忙しそうに人の歩く足音がしたり、物洗う音、皿鉢《さわち》などのかち合う音などがしだしていた。そしてその音が人気のないような静けさの中を破ってきて、私に何となく物悲しい響きを伝えた。

ちょうどその時であった、今まで降り続いた雨がはたと止んでしまった。はっと外を見やると、ちょうど湖尻辺の山の上では、雨雲が二つに切れ飛んで、遠くかすかに気味悪い光をもった空があらわれた。今思えばその時うす温かい、ねむそうな風が通り過ぎたようにも思われた。と、あの呪わしい記憶さるべき大地震がやって来たのである。

見る見る柱は奇《くす》しき［不思議な］音を立てて揺れ、障子はまさに倒れんとする。私は驚いて立ち上がった。そして頭上の電燈が烈しい勢いで振れているのを見て座った。そして一散に戸外へ走った。二階より階段を降りる時、幾度か転ぼうとし、夢の中のような気がしていた。

外へ出た時地震は止んだ。宿の前の熊笹の一坪ばかり生えている芝生に、宿の者や女中等が集っていたが、あるものは慌て方を恥じらうように、そこを去り、ある者はまだ来ると言いながらその場にとどまった。

余震は絶えず来たけれども、それは段々と小さくなった。家は無事であった。外はどこも損害をうけた所はなかった。

私は家に帰り、震前の飯をためらいながら食べた。だが何という変わり様であろう、大地震の前と後とをつなぐものは、ただこの前に心なく横たわる物より外はない。この家もこの湖も、そしてありと有るこの世のものは、歴史上の一事件に印《しる》せられてしまっているのだ。

地震の最も激しかった京浜の地方では、この時人間の持ち得る最大の恐怖に駆られながら、生へ生へと走ったであろう。華やかな文化にあふるる都会の街上には、従来仮面の下にかくれた見苦しき人間性を現わして、死の巷より来れる人々が、あてどなく戸惑い逃れていたであろう。永年住み慣れた暖かき家庭のその地に、懐かしき家の残骸の下に、母や子が潰されて一瞬にして冷たき地獄と化した所もあったろう。

だが私はその時いまだそのような事を知らなかった。

私はただ人里離れた山の中の地震として見ていたのである。

人間を離れ、社会を離れ、文化を離れて、恵まれた自然の中に入っても、そこに天災があり悲しみがある。人が生きている間、死を恐れている間、人は風の葉を鳴らす音にも、雨の降りしきる景《かげ》にも、心を傷《いた》ませたり悲しんだりしなくてはいられない。これは運命であろうか。

私を部屋の中を見まわした。机の上には朝に友人に書いた手紙がのせてある。それには雨のことをさも命を縮める物のように悪々《にくにく》しそうに書いてあった。私には小さな事にこだわり切ったその手紙が、萎《しお》れ切った花のようにしか思えなかった。

外では雨が晴れあがりそうに、切れ飛んでいる雲がひとつの方向へばかり走っている。私にはこの景色がこの世のものであるようにも、またこの世のものでないようにも思われた。

この雨雲に満ちた空の下に、この些事《さじ》［つまらないこと］に没頭した人間の中に、遠く続いている私の未来の線に横たわっているものは、何であろう。私は知らない。私は雨雲の彼方にもはや何物の期待をも持つまいと思って、ひたすらその地、多くの期待を以てはるばる旅して来た地を去ることに着手した。

秩父山の噴火（軽井沢）

佐奈木俊一　文甲一

昨夜来の雨がいまだ降り切らず、雨とも霧ともつかぬ絹糸をほごしたような細い雨が、しっとりと地を濡らしていた。ちょうどこの地方（軽井沢）特有の濃霧の立ち込めたように。十時頃だったろうか、ひょいと机から頭をあげると、障子にあわただしく行き交う雲の割れ目からのぞむ太陽の光線が心細く照っている。何時その明るさが失われるか知れない、私はブラリと外へ出て、二、三の友と雨あがりの澄みきったしっとりとした大気にうっとりしながら、蝦夷松の並木通りを散歩した。太陽は眩しいくらい雨に濡れた木々の葉を照らしつけている。この地方の晴雨計になっている浅間の頂きはすっきりとその輪廓を画している。もうお天気だと考えた。しかし離れ山の麓にはいまだ薄れゆく霧の名残りが棚引いている。九月の軽井沢にはもう秋草が盛んだ。ほんとに詩的なゆったりした気分だ。

突然どこからともなくゴーという奥深い響きがしたようだと考える間もなく、私はフラフラとよろめいた。倒れそうだ。どうしたのか解《げ》せない。歩こうとした。しかし身体の中心は全く失われそうだ。思わず私は並木の一本にすがりついた。ほっとしてあたりを見廻すと、友達は皆木を抱えこんで、全くひどい地震だといいながら、十間［約十八メートル］ほど離れた別荘の二階に吊り下がっている電灯の幅広く激しく振れているのに見入っている。私は初めてあぁ地震だったなと思った。初め私は全くわけが分からなかった。なお揺れている。人々は「地震だ外へ出ろ」と叫びながらうろたえ騒いでいる。子供の泣き声が聞こえる。なお揺れている。私は地が裂けはしないかと思ったその瞬間、私の頭には死！という考えが閃いた。そしてそれが現実的に言い難い諦めの心と、避けがたい恐怖と変わって、私の心を強く捕らえた。そして死んでもいいと絶望的に心の中で繰り返した。二、三分してやっと揺れは止んだ。人々は家に入ることもせず、ただおどおどとして浅間が噴火するだろうか、震源地は近かろう、また余震が必ずともなうだろう、その時はあの桑畑へと、ただ反射的に語を交わして、眼と眼を見合わしていた。しかし人々の奥深く、死の恐怖、避くことのできない天災の予感が刻まれたに違いない。しかしただちょっとした余震は人々を気味悪がらしただけで夕方まで何事も起こらなかった。停車場・付近の小さい家が倒れたのを人々は気の毒がった。

夕飯が済んで二階でぼんやりとしていると、前の小路に人々が「噴火の煙が！」「秩父山脈の方……」などと囁《ささや》きながら、峠の方へ急いでいる。路へ出て人々の指さす方を見れば、なるほど碓氷峠《うすいとうげ》を越してはるかに、空一面紅に染まっている。雲が紅に反映しているのか、紅《くれない》の焔かわからない。峠から下りて来た人は、秩父山の噴火らしい、確かに火柱が三本立っているのが見えたという。いや大島だという。夜に入っても空は真紅に染まっていた。私達はただ何となく不吉を前兆されたように沈黙のうちに不安な夜を明かした。ただその翌日東京横浜の報告を受けるまでは、自分達の不可避の宿命を恐れつ。

西瓜が一番（軽井沢）

草島時介　文甲一三

大正十二年九月一日！　私はこの時軽井沢に滞在中であった。ある英国人の家へ日本語を教授に行って帰宅したその時だった。

人類史上記憶すべき大惨事が起こったのである。その時は自分は奈落へ陥とし込まれるような思いがした。ちょうど十一時五十八分であった。家にいたら家は上下微かに動いたとみる間に、たちまち地響きがして家は上下左右擅《ほしいまま》に揺すられ、それと同時に自分はばったりと倒れてしまった。これと同時に裏の二階が倒壊したのであった。これに続いて数分おきに地が鳴り響いてそのたびごとに家は倒れる、電線は切れる、屋根石は飛び散る、恟々《きょうきょう》［びくびく］として全身氷のようで、生きた心地はさらになかった。一つの激震が去って、ほっと一息ついているとまた、大地鳴動して地をゆする。地上の人間は自由に弄ばれるような気がした。人畜はこの間をわめきながら右往左往に逃げまわる。実に、凄惨《せいさん》極まりないものがあった。路傍へ避難した自分にたかった大きな外人もあった。自分はこの世の終わりかとさえ思った。

その夜である、碓氷峠の南方秩父地方に当たって、天は一面に真紅を呈した。土人［住民］の言によればこれは正しく秩父地方だ、あの火は、秩父の噴火だという。軽井沢の人は皆それを信じていたのであった。その晩はもちろんの事、数夜続けて軽井沢は暗《くらがり》であった。人身恟々として万一に用意していた。

避暑客の多くは峠の頂上へ秩父の噴火をみにいった。その夜の峠路は夜中もなお人が絶えなかった。自分も数名の外人を誘って峠へ登った。夜の九時頃に登りはじめ十時に頂上に達した。頂上から見ると秩父地方は炎々たる猛火につつまれて、真紅は真紅を重ね大空を焦がしているのであった。そのうちに山は霧がおりたので山を降《くだ》った。その時はもう真夜中の一時もまわっていた。あぁ計らざりき、この火こそ、東洋一を以て誇りし東京横浜を甜め尽くしししことを。

翌二日の朝、村役場には東京の大惨害が発表された。それには日本橋、京橋、本所、深川、全焼。芝、本郷、麹町、四谷、小石川半焼、死傷者山をなすとあった。自分はこれによって秩父の噴火というのは、東京横浜の大火なることを知った。

路傍には、ここかしこに人が群れをなして、語る所は皆震災の事ばかりである。どの人を見ても皆、眉間に底知れぬ憂いを漂わしていた。ある一獨人［ドイツ人］が言うには、数年前欧洲戦争突発の時もこうであったと。実に何ともいえない一種異様な気分であった。夜は毎晩暗《くらがり》であった。毎夜鮮人が停車場で捕らえられて留置場へ投げ込まれた、実に凄惨の極みであった。

地震後数日して列車は開通した。軽井沢を通る列車はいずれも満員であった。乗客はことごとく辛うじて震災に生き残った罹災民《りさいみん》であった。来る汽車も来る汽車もことごとく避難民ですし詰めであった。屋根といわず連結器といわずデッキといわず、甚だしきは汽車の外側に吊り下がっているもの、エンジンの石炭車の上に乗っているものさえあった。東京より起こる数本の鉄道は悉《ことごと》く破壊されたので、信越線一本で、地方との連絡を保っていたのである。避難民の中には実に気の毒なのがあった。数日来食事にありつく事のできないものもあった。ひげの生えた紳士の金側時計《きんがわどけい》［外側を金で覆った高価な時計］を出して握り飯と交換を求むるもあったそうな。着物を焼かれて半分肌を出しているもの、毛を焼かれているもの、大やけどをしているもの、辛うじて死地を脱して汽車の中で、背負った赤子に泣かれて弱っている婦人など、実に目もあてられぬ惨憺《さんたん》たるものがあった。自分も外人の救済団などと一緒に停車場で駅を通過する避難民に食糧を配付などした。なにぶん夏の事なので、パン、ビスケットなどより、西瓜が一番もてはやされた。かくて数日は経過した。九月の末日となって、電報が初めて開通した。もちろん、郵便、小包の類はまだ取扱いはなかった。自分は電報で一家の安全なのを知った時に、はじめ重たい憂鬱がはれて気が晴々とした。軽井沢に十月まで滞在した。自分は十月の××日に彼の地をたった。その汽車の混雑はお話にならなかった。午後一時に立って黄昏近くに上野に着いた。あゝ自分は、あまり惨憺たる有様《ありさま》に轉《うた》た［いよいよ］感慨の念にうたれた。この恐ろしい地震において人類の凄惨という凄惨はことごとくこれを極したといって敢《あ》えて過言ではない。

あゝ熟々思いみるに、我が国は維新以来順境《じゅんきょう》に順境を重ね戦勝に戦勝を重ね、民心ようやく腐敗して来たので、天はこれを懲罰したのであろう。健忘性《けんぼうしょう》の国民はこれを忘るることなく協力一致して、以て帝都復興に努めようではないか。

赤い東の空（軽井沢）

萩原　徹　文丙二

あの大震大火はすべての形容語を超絶した全く空前絶後の大事変だろう。単にそれが日本史上世界史上において大事変であったのみならず、九月一日は何百万かの人にとって、その人一生中全く空前絶後の体験であったに相違ない。何十万かの人にとってはそれが生の最後の大悲劇でさえあったのだ。しかし僕の体験はその何十万何百万の人々の体験に比してあまり貧弱だ。幸か不幸かその日をかなり平安に過ごした。

あの日僕は軽井沢にいた。朝から荒れた天気だった、明日帰るというので荷造りなどをしていた。そろそろ食事をと考えていた時だった。地震！地震で外に出た事のない僕もあまりひどく揺れるので思わず二階から走り下りて外に飛び出した。外に立っていられないぐらいだ。家人も皆飛び出して来た。家があたかも倒れそうに揺れている。家の中では色々な物が落ちて恐ろしい音を立てる。

しばらくは不安の中におもての松の木につかまっていた。何度か来た「振れ返し」の静まるのを待って家に入り、わずか食物を口に入れただけで、早速、町へ出かけて行った。人達は不安気に町の中に立って話している。そして皆不安そうに浅間を眺めている。暴風雨めいた雨が止んで恐ろしい雲が入り乱れて、その中に浅間が青く見える。「山の形が変わった」という人もある。また浅間の上にひろがった黒雲を見て「あの煙は……」など言う人もある。どうも浅間らしくないと思いながら、もしや浅間じゃないのかという考えが人々を不安にしていた。僕も町を何度も行ったり来たりしながら、人の話を聞いて歩いた。西洋人の中では浅間だというので停車場に駆けつけて帰ろうとしたが、汽車不通でまた町に帰って来た人さえあった。「電信電話不通、高崎以南全く不明」こんな事が停車場から報告された。

何も手がつかない。そのうちに夕方になり夜に入った。また不安に堪えかねて町へ出かけた。「東の空が赤ぃ！」こんな話が暗黒の町で人々の口から口へと伝わる。皆野原へ、峠へ、見晴しへと出かけて行く。僕も野原へ行った。空が真っ紅だ。峠へ登った人は赤く輝く火が見えるという。「秩父の噴火だ」「東京の火事だ」「否そんなに遠くはない高崎だ」「否火事じゃない三原山の噴火だ」議論はつきない。「東京の火事だ」という説は信ずる人さえなかった。もちろんそれを言い出した人も、出まかせに憶測したのだ。僕等は磁石と地図を見て三原山だという事にした。その夜十二時頃まで山に登ったり停車場に行ったり町に行ったりして何か知ろうとしたが何も知り得なかった。

不安、九月一日は「不安」だけだった。その間に何十万の人が死に、何百万の人が火の中に叫んでいたのだとは誰が考えたろう。その火を見ながら誰も東京が火事だとは思わなかったのだ！

翌朝、東京全滅の報が来、その夕方には僕の家が焼けたと東京から帰った人に告げられ、その翌日は汽車の屋根に乗って出発し、その翌日、焼野の東京に入って、隣家まで火がついて残った我が家を見、その翌日汽車の屋根に乗って軽井沢に帰った。これらの事がすべて夢のようだ。「不安」だった軽井沢の九月一日も、焼けた東京を見た後では、極めて平安な一日のように思われる。

自らを顧みて（静岡）

国塩耕一郎　文甲二二

正午より起こりし地震はいまだ断続的に続きてやまず。小振動後の今の振動は、第二回目の激震なるか。……余は当時故郷静岡に居たり。しかして家人のいう所によれば、静岡にてもいまだかつて有らざる大地震にして、先年の家屋倒壊して死傷数名ありし地震も、この度のものには比較にならずと。弟走り来たりて告げて曰く、鈴木別邸の石塀倒れ、危うく通行人難を免れたり。兄上早く逃れよ、と。母また戸外より大声に出で来たれと叫ぶ。余、時あたかも楽器をいじり居たるが、これを抛《ほう》り出し、座敷の真ん中に大の字に寝ころび、天井をにらみて一言も発せず。人々の街路に叫ぶ声、泣く声かまびすしく聞こえて来る。地震しばらく中断せり。しかして余、起き上がらんと思いし刹那、今またこの第二回目の激震来たりしなり。

また天井を凝視す。地震は左右動なるを知りて、このごとき造りの家は倒壊すべきものに非ざる事を思い浮かべさらに安心す。柱と天井の板には、交互的にあるいは鋭角を作りつつ、あるいは鈍角をつくりつつ動揺しつつあり。これにつれ電燈の左右に振り動くを見るなど、静かに落つきたる心にて眺むる時は、また格別の趣をもその中に発見すべし。されど余はただ天井を見たり、ただ電燈を睨《にら》めたり、屋根落ち来たる時はこの机の下に入るのみと覚悟しつつ。叫喚《きょうかん》の声、耳をつんざきて迫る。母、弟、姉の危機に迫れる時、救いを求むるがごとき叫び声。台所にてバケツが覆り、水のこぼれる音、鉄瓶の湯のこぼれて灰かぐらを立てる音。戸の揺れる音。耳をすませば、微かなる反響して鳴り響く、傍の楽器の音。人の走る音……。

振動はようやくにして止めり。室に目をめぐらせば何らの異状もなし。余、人々のあまりに騒がしきに驚きつつ、地震はその性質をよく心得たれば必ずしも恐るべきものにあらず。この度の地震のごときは、この例なりなどを考え見たり。また己の衒学的《げんがくてき》の［学問をひけらかす］態度、臆病なる癖に糞落ち着きの行為を、嘆かわしくも感じたり。煙草に火をつけ、ようやくにして戸外に避難す。人々余の落ち着きたる態度を嘲笑し、また呆れいたり。余思えらく、隣人よ、汝は汝の事にのみ努むべし。他人のいらざる節介はなすべからず。余は余のせんとする事をするに、他人に害を与えざる限り、何の遠慮するところあらんや。と、後、自ら余を顧みて、あくまで衒学的な、利己主義的な自己の態度を恥ずかしく思いき。

地震すでにして漸次《ぜんじ》間隔を置き来たるようになれり。人々ようやく生色あり［落ちついてきた］。余は震源地はどこならんなどと様々に想像す。しかして他の地は如何ならん？静岡にてもこれほどなれば、まして震源地は、などと思いを走らせたり。

午後三時すぎの日盛り。しかも空には一点の雲もなきこの日、この大地震ありとはまた何たる天の皮肉ぞや。

呪の車（滋賀県）

湯下謙三郎　文甲一二

二百十日には珍しい平和ないい天気だった。瀬田の流れもその日は特に清くして美しいようにさえ思われた。そして瀬田川における最後の練習日たるその日も、何事もなく極めて平凡に暮れて行った。僕等は八月の二十六日、対三高野球戦が驟雨《しゅうう》［にわか雨］のため中止になるとすぐ、ビショ濡れになったままその夜八時幾分かの汽車で石山に向かった。そして瀬田川に沿うた、石山寺に近い三日月楼旅館に合宿して、十月下旬の三高とのレースを前に毎日練習を続けていた。

夕陽はいつものように美しく、山に、川に、また浪静かな琵琶湖の面に映えて、静かに薄紫の遠山に沈んで行った。そこには天変とか地変とかいうものを少しでも予想せしめる何物もなかった。

僕等はこの山紫水明の佳境で、美しい自然の懐に抱かれながら、幸福な幾日かを過ごした。そしてその日は午後一時頃までで練習を止めて、大津からインクラインで京都に向かい、最後の一夜を優雅な京の町で享楽した。あちらこちらと食い歩いて石山に引き返したのは十二時近くであったが、その時までは東都の震災については何も知らなかった。ただ京都で、豪雨のため東海道線一部不通の号外を見ただけだった。何事も知らないでその夜も安らかに寝に就いた。しかし今から考えて見ると、僕等が京都にいた頃は、この華やかだった大東京はまさにこの世ながらの焦熱《しょうねつ》地獄と化していたのである。僕等はその日全然地震を感じなかったが、ちょうどあの時はボートの上にいたのだろう。石山地方でもあの時は家を飛び出した人があったとか。全く夢想だもしたことのない、また吾人《ごじん》の想像を遥かに超越した大悲惨事であった。実に思っただけでも戦慄せざるを得ない。

二日には皆で宝塚へ行こうと朝早く起き出て石山駅に急いだ。そして大阪までの切符を買ってプラットフォームに出た。その時そこにいた乗客の一人が号外らしいものを見ていた。何心なくそっと覗いて見ると、その紙面には十数行の大きな活字で何事か書かれてあった。「九月一日午前十一時五十八分の大震により、帝都八十ケ所より発火し今や東京全市焦土と化せり」……しかしてなおその号外には畏《かしこ》くも〔恐れ多くも〕宮城の危険に瀕せるをさえ伝えていた。僕等はただ茫然たるよりほかなかった。しかしどうしてこんなことが信ぜられよう。こんな事が有り得るものか、恐らく新聞の誇張だろうとは思いながら、やはり不安を感じないわけにはゆかなかった。その時、明石行の汽車がやって来た。僕等はただ本能的にその汽車に乗った。

僕と舵手《だしゅ》のKとを除くほかは皆東京の人だったので、一同の驚愕は全く一通りではなかった。そこで早速帰京する事にして、ひとまず大津駅に下車した。震災に関する新しき報道は次から次へと報ぜられた。ここにもそこにも一枚の号外を取り囲んで噂とりどりであった。皆の連中はすっかり悄気《しょげ》返って待合室の長椅子にグッタリ横たわったまま、あまり口も利かないでぼんやりある一点を見詰めていた。浅草のKの家と本所のHの家はすでに焼けてしまっていることは明らかだった。その家族の人達は無事避難したであろうか？……しかし老母一人を残して来たというYの心配と焦慮《しょうりょ》はどんなであったろう。Yの家は湯島にあった。「俺の家のすぐ裏には高い石垣があったが、それが崩れてMUTTER［母親］は死んじゃったかも知れない？……」彼は心配のあまり両の眼瞼を赤くしていた。ぼんやり一点を見詰めたまま物思いに沈んでいた。僕等は一刻も早く東京へ帰らなければならなかった。一時間も早く……委員のMは静岡まで汽車で行って、それから自動車でなりと行こうというので、三等特急より一時間しか早くない一、二等特急で一時間でも早く東京に帰り着こうと、ありだけの金を出し合って二等特急の切符まで買った。しかし僕等より一汽車後れて石山からやって来たTは、静岡から自動車で行けるかどうかも不明だし、東海道線で行くより安全な中央線で行こう、またこうなった以上は一時間くらい早く行ったって仕方がないから三等特急で行くことにしようと、やっとMを納得させて中央線で行くことにした。僕とKの二人は東京には家もなし、親類もないから、行っても仕方がないだろうと皆が無理に引き止めたので、帰京したくてならない心を抑えて、ひとまず居残ることにした。汽車は鈍い一声の汽笛を後に駅を離れた。一同は極度の不安と焦慮に襲われながら帰京の途に就いた。僕等二人は彼を励ましながら彼等を見送った。そしてその汽車の見えなくなるまで、いつまでもいつまでもただ茫然として後を見送っていた。彼等の乗っているその汽車は、彼等を奈落の底へ引きずって行く呪の車ででもあるかのように思いながら……。

母の病死（京都）

藤本純助　文甲三二

大震のあった日、私は京都にいた。山に閉じこめられた京都の夏は、毎年非常に暑いのに、今年の残暑はまた論外であった。その日父は留守であったが、市役所の号笛《ごうてき》が鳴ると、残りの四人で風通しのいい廊下の板の間にじかに座って、午食《ごしょく》の膳を囲んだ。

ふと食事の中途で、異様な眩暈《めまい》を私は感じた。自分の頭がよろけ落ちやしないかというような気持ちがした。船や車に弱い私には、眩暈は珍しいことでないけれども、こんな異様なのは初めてだ。実際異様というよりほかない。私はとっさに脳貧血じゃないかと思ったが、そう急に貧血するだけの理由もない、しかも意識は少しも損なわれぬ。妙なことだと思ったが、別に口にするほどの事でもないので、ただ水をくれとだけ女中に言おうと思った。私は私の斜め後ろに丸い給仕盆を膝に戴せて、過度にうつむいている女中の姿を見た。私はものを言おうとして止めた。女中の姿が死んで動かぬもののごとく見えたから。

「おい、どうかしたのか？」と声をかけると、彼女が重そうに首を擡《もた》げる前に、母や妹たちの視線が彼女の異様な様子を怪しんだ。彼女の頬は血の色を絞り取られていた。その血が皆目玉に集まったように、眼が赤く灼熱していた。彼女は目を患っていつも赤くただれたような目付きをしていたが、その時は今にも瞼からほたぽたと血を滴らしそうにさえ見えた。

母が続いて尋ねると、彼女はようやく目が廻るんだということだけ言った。彼女はすぐに自分の部屋に寝かされた。

「お母さん、僕もさっき何だかくらくらとしましたよ」と、私は箸を取り上げながら言った。

「まあお前も……」と言った限り、母は気味悪そうに私の顔をしげしげと見た。

「僕、地震があったんじゃないかと思いますよ」

「だって何も音がしなくってよ」と、妹が抗議を申し込んだ。

「こんな家だと少々の地震じゃ音もしないさ」

「でもお前、地震なら私達にだって分かりそうなもんじゃろう！」と、母が自分だって地震を感ずる権利があるんだというようなことを言った。天井を見上げると、だらりと頭の上へぶらさがった電燈が少し揺れている。母は風がよく入るからなと言った。私はもう少し早く天井を見ればよかったと思った。

夕方になって鈴の音があわただしく往来を飛び、この日の大地震が報ぜられた。しかし私が当日起きていて知ったのは、わずかに沼津小山地方の消息に過ぎなかった。東京地方の大惨報の至ったのは実に翌日の午後である。

京都にいた私の当日の事実は上に述べただけであるが、私はどうしてもこれだけでペンを置けない。日は更《あらたま》ってもいい、もし許されるならば、なおペンを続けたい。その後の数週ないし数ヶ月は、九月一日の延長に過ぎない反復に過ぎないから。

その後毎日の新聞号外には、いまだかつて見ない大きさの活字や、憚《はばか》られる意味の活字が連続した。それらを耳にし目にした時の感じは書き表しようがない。私はただとめ度もなく涙を流した。天刑も天恵もない。ただ事実はどこまでも事実だ。この厳かな事実をただ与えられたままに受けるほかない。反抗もしたくない。感謝もしたくない。自然は我々人類の事を特殊的には考えていてはくれないのだから。

目の赤い女中は四、五日たって親許へ帰って行った。それご覧なさい。やっぱり地震だったでしょうと言いたい母は、地震の翌日から病気で臥床《がしょう》した。そしてわずか二週間患ったきり、地震のことを口にしながら冷たくなってしまった。

私は地震と母とを連想して、妙な感じに打たれる。彼の時母がせめて赤い目をしなくとも、顔色を失ってくれていたのだったら、私や女中のように今も生きていられたんじゃなかろうかと思う。ただし妹はなお壮健である。東京では今でも地震が多いと言ってやったら、うらやましいと書いてよこした。

母の五七日の逮夜［法要］に、父の述懐が「東京もえらいことだったが、家の地震もかなり酷かったな」というのであった。母自身が家の震源であった。かくして母は永久に地震を感ずる権利を失ってしまった。

海は穏やか（朝鮮海峡）

王　剣　理甲二三

朝五時母親に揺り起こされた。洗漱《せんそう》［身だしなみを整えた］後母親の手で朝食ができ上がった。喫飯《きっぱん》［食事］の時、母親は側に澄まして座っていた。車で駅までやって来た。親戚知己の人が二十人ほど待っていた。発車はいよいよ五分後に迫って来た。速く乗れとせがまれた。「平安であれ」「努力せよ」と色んな声が耳に響いた。母親は始終そばを離れなかった。「着いた時速く返事……」速く返事して下さいという意味が完全に表われた涙がすでに涸《か》れたので、目が湿って紅く見えた。汽笛が鳴った。駅夫に母親の手から奪われた。汽車がすべり出した。これは実に八月三十日の午前六時の事でした。

速度が増して来た。駅の方に揺れ乱れたハンカチーフはようよう白点と変じて来たが、まだ動いてるように見えた。汽車はあの運河の鉄橋の際まで進んで来た時、白点すらも消えてしまった。黒雲一朶《いちだ》奉天市を襲うていたが、その中に母親がまだ泣き枯れた老眼で見透して佇立《ちょりつ》している様子がはっきり脳の中に浮かんでいた。車は音がし出した。揺れが激しくなって来た。後を眺めると眺めるほど堪らなくなった。が、それを捨てるに忍びなかった。が、とうとう疲れ切って床に横になった。

満鉄の方では三等客でも寝台を買う事ができた。プロ［プロレタリアート、無産階級］の私でもその御蔭で眠る事が十分であった。どうしても満鉄の徳を頌《しょう》せないを得なかった［褒めたたえずにはいられなかった］。

真夜中に目が初めて醒《さ》めた。側の話によると次は京城《けいじょう》［現・ソウル］だそうであった。朝鮮に初めて来た私は奇異の念が睡魔を全く駆りだした。京城駅に入ったすぐホームに降りて来た。例の白衣の人は群らがっていた。呑気そうに長い煙管《きせる》を持って側へ寄って来た。驚いて車中へもぐり込んでいた。朝鮮にてはだいぶこの長煙管に悩まされた。

一日朝五時、車掌に注意されて乗船の用意をした。下車するとすぐ二列の人垣の尾に付加された。乗船するまでは、一時間余を費やしてしまった。

船中で私等外国人はだいぶボーイ様に喧《けん》された［注意された］。が白衣の人に比べると、余程気楽でしかも幸福であった。それを満足していた。

船が桟橋を離れると、船中の時計は七時を報じていた。

この日は船客が極く僅少であった。座るも横たわるも極く楽であった。しかも天気は朗《ほが》らかであった。海は穏やかであった。おまけに港を出ない船はちっとも揺れなかった。アットホームの感をした。しかもバネの上に乗せた板の上に座る気持ちもした。船暈《せんうん》［船酔いしやすい］の私も蒸暑い熱気と汗臭とにやられて、堪りかねるになっていた。すぐ甲板上にとび上った。

波は鏡のごとくしかも碧緑であった。太陽の光線は、波にあたって乱反射をした。海風は面《つら》に撲《なぐ》りて汗はすっかり消された。夢中になった。瞑想に入った。夢を見た。まず私の頬は我が母親の頬にあてられた。しかしていつものように熱してはなかった。次に住み馴れた東京は眼前に現れた。銀座もいつものようであった。日本橋も変わらなかった。浅草公園は人に埋もれて、少し猩気を帯びていた。十二階は依然として恙《つつ》がなかった。上野も日比谷も須田町も神田も何の通りも賑わっていた。ようよう学校へ移って行った。時計台は聳立《しょうりつ》して［そびえ立って］八時を指していた。一千の学友が集っていた。校長の訓話もあった。久列れた学友どもはこれに挨拶していた。郷里からの土産話が窃《ひそ》かに囁《ささや》かれていた。あぁ！どうして我をしてこの盛会に臨ませなかったか？親友に宛てた電報も受け取る時であろう。日期《ひにち》違いで今日駅に迎えやしないか？明日着いた時、誰も迎えに来なかったらどうしようという心配が我を捕らえた。

あぁ！「思いきや」……

下関で船を捨てて車［列車］に登った。夜であった。翌朝神戸に着いた時、尺余の訃耗《ふほう》［新聞のことか］が車窓から舞い入った。車内の人は、三三五五、議論を始めた。「なあに！大した事はないいや、また新聞屋の悪戯《いたずら》でしょう」最後耳に入った、それを信じた。否信じなくともしようがなかった。急行の車が緩々《かんかん》と［緩やかに］続いた。威勢が余程減じていた。午後二時江尻［現在の静岡県の清水駅］に着いた。いよいよ誠らしい様になって来た。その程度まで信じなかった。

そこで五日間の立ち往生をした。ようやく一身をもって東京に行った。見れば……あぁ！我が東京はどこへ去った。初めて初めの強情さを悠じていた。が、その実況は、ここに実に話す勇気がなく、何時までも泣いた。

一つの現象（支那）

石潮　白　理甲二三

去る九月一日は忘れることのできない日であった。その当時運命というのか幸いというのか僕はちょうど東京に居なかった。僕は自分の国で弟や妹と一緒に愉快に遊んでいた。夢にも僕の住み慣れた東京に左様な天災が起こったということを知らなかった。けれどもその翌日新聞を開いて見ると大きな活字で「東京大地震大火災」と書いてあるのを見た。驚いてその新聞の一節を読んで見ると、東京は全滅の見込みであった。あぁ僕の住み慣れた東京は今はどうなっている。僕の愛する学校は今はどうなっていると、しきりに独り言を言った。目を閉じて考えて見ると、その惨な光景が頭の中に浮かんで来て、到底もおそろしくて堪らなかった。新聞の記事によると、今度の地震は未曾有であって、死傷者は数十万に達しました。これは何の罪でかかる最後を遂げなければならなかったか。誰かこれを聞いて同情の感を起こさざるものがあろうか。あぁ天災だ天災だと諦めるほか仕方がない。ある人が言いました。これは天罰だ、天が罪のある人を懲《こ》して正義を維持しようとするのであった。けれども一度このようにたくさんの人を死の運命に遇《あ》わせるのはあまりに残酷ではないか。またある人が言いました。この度の地震は日本の今まで衰えてきた国民を奮興させるためにすべての古い建築や衰頽《すいたい》している人々を打ちこわして再び新しい帝都を作り、国民の思想の流れを向上せしめるためであると言ったが、このような多勢の犠牲者を出したのは、誰か悲傷の感を起こさざるを得んや。僕はこの度の地震に対して、次のように思いました。地震は宇宙界の一つの現象であって、人間が地震に遇《あ》って死ぬということも、一つの現象である。この現象の行われるのは、ちょうど雨が降り水が流れると同じである。宇宙界にはこのような現象が絶えず行われて、この度の大震災もその現象中のある行程に過ぎない。何も天災とか天罰とかではなくって、ただ自然のフェノメナに過ぎなかった。人がこの度の地震を出来事と見て、偶然に起こったものと解釈するが、僕は必然な事と思う。僕はこれによって同胞に対する悲傷の感を自ら慰めるのである。

魂の落ち着き所

山根　礎　文甲三二

大震災の日から早くも百日は過ぎた。人の噂も七十五日という語もあるけれども、かかる大事件は人の口の端からも容易に消え去らぬ。電車に乗る度に、道を通る度に、あるいは見知らぬ人同志の会話に、あるいは親しい友との対話に、あの恐ろしかった九月一日の話は、幾百度となく繰り返される。そしてその話の一断片さえも私の心をして今なお大震災の日を眼前に彷彿せしめ、その日の恐怖と不安とに戦慄を催さしむるに十分である。

有史以来の大惨事、明暦《めいれき》の大火と安政の大地震とを加えたるごとき惨禍、大震災大火災。——いくら形容詞をならべ誇張を大きくしても、この度の災変の幾分の一を現わすことができようか。

突如として揺れた大地、恐怖。喧騒、百数十箇所からの発火、家を焼き財を灰にして。命からがら着のみ着のままの逃亡、食物の不足、飲物の不足、飢死《うえじに》の憂い、鮮人陰謀の流言、自警団の凶暴、暗《くら》がりに輝く抜身《ぬきみ》の刀、銃声……。

かくて十数万の貴重な人命は失われた。数十万の家屋は焼失した。百億の富は灰に帰した。貴重な書籍、得難い美術品、すべて祝融氏《しゅくゆうし》に委ねられた。明治大正数十年間の努力勉励の結果は、すべてこの大震と大火のために徒労に終わった観がある。

偉大な体験のあるところには偉大な思索がなくてはならぬ。何ゆえに吾人《ごじん》はかかる惨事を経験しなければならないか。

避け得られるものであろうか、避け得られぬものであろうか。避け得られるものとすれば、いかにして避け得られるものだろうか。

ある人は天譴《てんけん》であるという。浮華軽佻《ふかけいちょう》の［軽はずみで浮わついた］弊風、奢侈淫靡《しゃしいんび》［贅沢で淫らな］の悪俗を憎むあまりに、天はこの大震を与えて日本人を警告し叱責したのだという。ゆえに吾人はこれを機として弊風を改め、悪俗を革《あらた》めて質実剛健の美風を養い、勤勉力行《きんべんりっこう》すれば、天は吾人を幸いならしめるのだと説く。

この説は方便としてのみ成立の可能性を持つ。「質実剛健ということはよいことである。勤勉力行ということはよいことである。どこまでもよいことであるから、地震があったとて、火事があったとてやめてはならぬ。むしろこれを機として、ますますそういうよいことをすべきである」というのが、その真意でなくてはならぬ。「よいことであるがゆえになすべきことである」というのがこの説の根本でなくてはならぬ。万古不易《ばんこふえき》［永久に変わらない］のいいことを地震という機会を利用して、さらに力説した方便説でなくてはならぬ。しかしいいことをすれば天災がなくなるということは、この説の関知するところではない。

もしこの説をなすものが、その言葉通りに（その言葉を方便として使ったのではなく）いいことをすれば、天災がなくなるという真意を抱いているとすれば、それは甚しい愚論である。そういう考えは、「天災多き国は悪人多き国、天災少なき国は善人多き国」という結論となる。二十世紀に生存している一人前の人間ならば、こんな説を傾聴することはできない。「いくら天災が多くても、いいことをする国民は天意にかなっている」というのならば肯定することができる。

いいことはなすべきことであることは分かる。しかし地震はどうしたらいいのか。

自然科学的見地から見る人がある。

「地震はただ一自然現象である。自然現象には何らの意味はない。ただ因果律によって必然的に生じたに過ぎない、今回の地震は相模灘の最深部に発生したもので、日本地震帯と小笠原地震地帯の分岐点との弱線に添って生じた上下動を主動する地滑り、または陥落地震で、その誘因は全く当日震央地北方を通過した台風である」と説く。

「かかる人類に有害な自然現象を防ぐには他に道はない。すなわち一方地震学を発達せしめて、かかる自然現象を未然に洞察する研究をし、一方かかる地震に堪え得るような合理的都市計画を断行することによって、初めてかかる大災害は全く防ぐことができる」と論ずる。

私はかかる説に対してもとより異議を唱える理由を持たない。地震学を発達さすることはまことに結構なことであり、合理的都市計画の断行は、双手《そうしゅ》を上げて賛成することであって、復興審議会において露命旦夕《ろめいたんせき》に迫った［生い先短い］老人達が、ややもすればあまりに経験的実際的方面に執するのあまり、合理的理想的の計画を破壊しつつあるのを、心から遺憾に思うのである。しかし私は敢《あ》えて問いたい。

「科学の発達とそれを基礎とする合理的施設」だけに、吾人は満足し得られるか。吾人は吾人の科学的才能のいつかは自然を征服して、吾人はその征服した自然の内に、安慰な生活を享楽し得るという希望のもとに心を安んじ、意を安じて生きて行くことができるか。


大正十二年を遡ること二百六十六年、明暦三年一月江戸本郷丸山本妙寺に発火して八百余町延焼し、焼死者十万人に達したとは、記録の誌《しる》すところで、その火の元であると伝えられる振袖に纏《まつ》わる恋物語や、火事のために大成金となった紀文の話は、あるいは戯曲に、小説に、あるいは講談にものせられて、今なお人口に膾炙《かいしゃ》して［広く話題に上がって］いる。

その当時の建物はもちろん木造ばかりであった。消防隊の組織も道具も、到底今日に比較にならなかった。水道もなかった、電車の通るような大道路もなかった。私はかかる大火はかかる科学の進歩しない時代にのみ存在するもので、今大正十二年、最新発達した科学に基づいて建てられた大東京のもとに、鉄筋コンクリートの大ビルディングが聳《そび》え立つ大東京に、今度のような大火災が生じようとは夢にさえ思わなかったところである。

しかるに一六五七年の明暦三年の大火と一九二三年のそれとの間に、吾人はいかなる科学の進歩による生活の安全さをみとめ得るだろうか。わたしはむしろその二者の災害のあまりにも酷似していることに、ことにその焼失箇所と焼死者の数との似ていることに皮肉な運命の悪戯を見る。

しかし単に量的の考案で、二百六十六年間の科学の進歩を軽視するのは早計かも知れない。ゆえに今私は今度のような大震が明暦年間に起こったならば、その悲惨なことは今度のそれに数倍するであろうとの仮説を許すとしよう。しかし吾人は今度の災害に数倍する、または数十倍する大震、あるいはその他の天災に遭過し得ないとは保証されては居ぬ。今から五十年の後科学の進歩は震幅四寸［約十二センチメートル］の地震に対して、人命の安全を保証するに至ると仮定しても、誰が震幅四尺［約百二十センチメートル］の地震が起こり得ないことを保証し得るだろう。

私は前のように言っても自然科学を価値がないとするものではない、否その発達を心から冀《こいねが》い望んでいるものである。ただ私は自然科学に魂の落ち着き所を得る事はできない。

あらゆる人生の問題を鋭く記察し、深く思索するときには、常に吾人が赴かなくてはならぬように、私はこの度の大震の体験によっても、その根本の解決はただ形式上―心の問題となるということを痛く感ぜしめられた。これは人間というものの本質上避くべからざることに思われる。

――the sight reaches forth into the void Deep,and alone with the Universe,and silently――
commune with it,as one mysterious Presence with another.

心を主観的に見る時はIch我である。客観的に見る時はAlles万有である。我を能知する所知は一家族でもなければ一国でもない。生のみでもなく死のみでもない。ただ万有である。我等万有の問題の解決によってのみ心は解決しすなわち解脱《げだつ》を得る。この解決を得られる間は、吾人の生活は脅《おびや》かされた生活である。生に執する時は死に脅《おびや》かされる。科学的理智に執する時は、非科学的力を如何ともすることができぬ。心が万有を内容とする時、人は安心立命を得る。

「吾人は須《すべか》らく現在を超越せざるべからず」明治文壇の鬼才高山林次郎はかく唱えた。色々解決も付くであろうけれども、私はこれを現代を超越して万有（宇宙）と我関係において、心の立脚地を得ることを吾人の生活の理想とすべきであるとの意味に取る。

爾時佛放二眉間白毫相光一照二東方萬八千世界一靡レ不二周偏一下至二阿鼻地獄一上至二阿迦尼吒天一於此世界尽見二彼土六趣衆生一

佛をもし超人間的架空的で吾人と何ら関わりのないものでなく、人間の理想的人格とするならば吾人の理想は阿鼻地獄からから阿迦尼吒天《あかにたてん》までを達観するにあらずして何であろう。

地震を免れる道はただ一途、曰く地震を超越することである。

死を免れる道はただ一途、曰く生死を超越することである。

両頭共截断《りょうとうともにせつだんすれば》一剣依天寒《いっけんてんによってすさまじ》である。

理屈を言う事は容易である。しかし私はなお少し激しい余震にも、安らかな眠りを破られる。口を閉じているのに越す事はないだろう。しかも口を開けば現在の私の考えている事を偽る事ができぬ。

付記　かかる人生観の厭世《えんせい》的消極的なりと誤解されることに対する弁解も書きたいけれども、長きに失するを恐れてこれを省く。

いずれを採ろうとするか

大橋武夫　文甲三一

振幅四寸の地動が、静寂和平なる地球の一角を振動した。忌わしき損害と呪うべき業火《ごうか》とは、ここ極東帝国の首都を、瞬時に滅失せしめた。驚くべきことである。駭《おどろ》くべきことである。九月一日、二日。

かつては東洋第一を誇りし壮麗の帝都、否、昨日までは銀座街頭不夜歓楽の巷を現出してあった帝都、此宵《こよい》立って舞う焔は、その空、二哩《マイル》［約三・二キロメートル］に達した。満都の士女の歓楽、淫蕩、虚栄《きょえい》、恋愛の市たりし三越も帝劇も、黒煙と紅蓮《ぐれん》とはその白亜の、層楼を悽惨にも彩った。巨万の財と貴重の生命、今はただ焔と煙、人の営みよ、燃えよ、失せよ、破壊、破壊、その上に踊る焔の乱舞、乱踏、赤き空よ、怖《おそ》ろしきまでに、呪わしきまでに、ただ赤き空よ。

その昔肉欲の都府ポンペイを熱灰にした自然は、今、東京に業火《ごうか》の苦痛を与えた。彼は思うさま、自然の責苦《せめく》に痛められた。地に満てる廃墟。地に満てる骸《なきがら》。人は失望と、落胆と悲嘆とに立ち上がる勇気をも滅した。驚くべき自然の威力よ、人は惨禍に亡びつつあるのだ。神よ、人を創《はじ》め営みし神よ、宇宙を創め営みし神よ。汝は何時から天地の管理を怠っているのだ。万能の神はいないのか。「最初の安息日以来、自らの営める宇宙の外側に佇《たたず》んで、その進転へ、ただ傍観し居てるのか」神なき日よ、人なき日よ、焔と煙の日よ、破壊の日よ、九月一日、二日。

第三氷河時代の末期、ジブラルタル峡より侵入して来たった洪水の波に、地中海渓谷を満たそうとする彼の自然の暴逆を訴うる人類の叫喚《きょうかん》悲鳴は、今、一九二三年、再び極東の地に聞かれたのだ。

力なき者よ。哀《あわ》れむべき者よ。悲しむべき力なき人類よ。自然は彼等を存分に愚弄し、苛責し、殺戮《さつりく》して、黙して無窮を永恒《えいこう》に立つ。汝偉大なる自然よ。絶大なる自然よ、人は彼の絶対性を見る。

五十年の「必滅性」を嘲笑しつつ、見渡す限りの蒼空を、無数の星光もってちりばめながら、無限の空間を永遠に回転する絶対性は、それ自身一つの神秘である。「欧洲の屋根」アルプスの連峰真白き中に、静かに立った「雪の処女」の崇高なる玉の肌よ、漠風怒りの沙《すな》を挙げて南する所、おもむろに頭をもたげて永遠の星光に微笑するスフィンクスが緑の瞬《また》きよ。氷雪に鎖された平原の暗《くらやみ》に、虹のごとく来って、虹のごとく去る「極光」の妖女が宝玉の誘惑よ。南国の海。常夏の緑濃く水に滴る時、たちまちに天空を覆う暗雲のもたらす閃々《せんせん》たる電光の死の恐怖よ。自然の神秘は随所に無限である。

美《うる》わしき自然と、忌わしき自然と、絶対かつ神秘なる自然は、多様多種なる形式にかくれて人類の前に迫る。それは憧憬《どうけい》［憧れ］と恐怖とに満ちてる彼等を生より死へ、死より生へ、誘惑するにすでに充分である。人類は自然の神秘をあるいは追い、あるいは逆に追われて、感情と理性との示す、理想と現実との間を彷徨し来った。自然に胎まれ、自然の懐に生育して来た人類の歴史は、実にこの過程に外ならぬ。しかもそれは、必然であり、当然でもあるのだ。

美《うる》わしき自然に、醜き彼等自身の生活を曝露し、比較し、しかして、彼等が、美《うる》わしき自然の姿態を憧憬し、醜き自身の現実の生活を回避せんとする時、ここに理想主義の立脚点を生じる。呪わしき自然に、彼等の意識ある赤裸々の生活を以て、対抗せんとする時、ここに現実主義の立場は生まれる。前者は美わしき自然の神秘を肯定し、後者は呪わしき自然の神秘を否定する。一は理想を高唱し、他は現実を高調する。彼は絶対を肯定し、是は絶対を否定する。いまだかつてこの二に属しない人生観は発見されなかった。彼等は、北半球に暴《あら》ぶタイフーンと、南半球に怒るサイクロン風とのごとく、その発生地と生育地と、活動地とを全く異にしつつ、しかも常に人類を導く二つの潮流である。

理想主義の人生観は、自然に、魅惑されたる感情の上にその存在理由を持つ。現実主義の人生観は、自然に対立抗敵せんとする理性にその根基《こんき》［根源］を置く。従ってこの両一《りょういつ》の人生観の対立は、人類を動かす二要素なる感情と理性との両個の世界の対立の他にあってはならぬ。

人類は今や、自然の脅威の前に、この両個の人生観のいずれを採ろうとするか。理想の白雲を双手に抱こうとして、不可能を嘆じようとするか。理実の黒潮に、雄々しくも沐しようとするか。暗黒の死の都、炎々たる火焔《かえん》の燃え尽くした所、寂滅荒涼の廃墟に、白然の毒手を排して立った彼等が、灰燼の血涙《けつるい》もって描く哲学は抑々《よくよう》［そもそも］何だ、光明か、暗黒か、滅亡か、興起か、抑々何だ。

その昔、花笑うエデンの園に、美しくも甘き「智識の果実」を食《は》んだ人類の祖、アダムとエバは、理想と永遠との神の園生《そのう》を、希望と歓喜との中に、追われて行かなかったか。智識は理性だ。理性は希望だ。そして希望は歓喜ではないか。雄々しくも勇ましき裸体の二人よ。理想の園を逃れ出でし光明の男女よ。それは永遠に人類の光栄である。自然の暴逆の前に、神の鞭撻の下に、抱擁し接吻《せっぷん》する、生命の泉である。

人類はすでに理想郷を脱出した。理性の太陽の前に、理想郷の春は渺《びょう》たる［はるか遠くの］星の瞬きに過ぎない。現実の肯定を経《けい》とし、絶対の否定を緯《い》とする現実主義、理性論の人生観は、今、灰燼の下から掘り出されつつあるのだ。理想は今や雲の柱でない。美わしき自然の神秘の誘惑は、文化の洗礼を精神の上に受けた現代人にとって、もはや火の柱ではない。

人類はかくて現実の上に立たんとするのである。彼等の備えは成った。暴威に傲《おご》る自然の脅威、絶大なる破壊、焦熱《しょうねつ》の呪咀《じゅそ》、それらの前に人類は固結した。全人類的博愛は、敢然と運命を甘受し、断乎《だんこ》として現実を肯定せる廃都の民を、その困憊《こんぱい》と、飢餓と、欠乏とより救出すべく、太平洋の東より西より、太平洋の西より東より、国民的憎悪を超絶して翕然《きゅうぜん》と涌いた。それは人類の相互扶助である。相互支持である。社会生活における社会性の最高完成である。絶対を否定する人類の生活条件である。

大震災に次ぐ大火災の魔の二昼夜は去った。見渡す限りの焼土を覆う空は、拭うがごとくに晴れ渡って、碧の空には光明と希望との太陽が、生命の歓喜に輝く。暗黒に蠢《うごめ》く悪魔の蛇に祝福あれ、現実を肯定し、絶対を否定する人類の未来は、悠久の栄光を放つ、完成されたる社会性の中に、人類は生活の幸福を沐浴するのだ、復興の営みは巷に満ちた。

震災当時の余

稲田清助　文丙一

その盛んなるや玉楼《ぎょくろう》金色燦《さん》たり［鮮やかにきらめく］。その亡ぶるや残壁いたずらに悲雨注ぐ楚人の一炬《いっきょ》に灰燼に帰せし阿房《あぼう》の宮のみが、有為転変《ういてんぺん》［常に変化するもの］を物語るものには非ざりき。見よや彼の半天を覆い尽くして燃え盛る紅蓮《ぐれん》の焔をあの裡《うち》に、高楼櫛比《こうろうしっぴ》せる昼時の市街はすでに空し。美しき、大いなる、親しむべき我が東京市も今や終と見えたり。誰か思わむ、かの分秒の極まで、蒼天白日の下に、この一大変事を見んとは。とまれ、我が東京は目の当たりに亡びつつあり。されど我においては、深き感慨を催すには暇《いとま》あらざりき。我が家もすでに免るべしとは思われざれば、家族皆身仕度して、この際取り出さるべきものあらねば身一つのみ全うしてんと言い合いつつ、ただ祝融《しゅくゆう》の手に追い立てらるる時を待ちたり。夜は更けて、火勢ますます盛んに、時うつりて、四方いよいよ明るし。街に燈火なけれど行路の人面を弁じつべし。蒼穹蕭々《そうきゅうしょうしょう》として運行する星辰列宿《せいしんれっしゅく》の色に変わりなけれど耳をすませば、何事ぞ、凄然たる阿鼻叫喚《あびきょうかん》か怒号叱咤か。平時車馬轢轆《れきろく》の音にかえて聞こゆるものの何ぞ凄愴《せいそう》たる。我は慄然として街路に出でたり。立ち並ぶ店はすでに財物空しく、はや立ち退きし後と見えたり。打ち続く人波よ、身を交わす隙間もなく、ひた押しに押して来る避難者の行進に阻まれつつ辛うじて電車通に出でたれば、焔乱れ飛ぶ火事場の光景は眼前にひろがりたり。三丁目角の最も大なる新建築に火うつれりと覚しく火の粉は盛んに上り来れり。幸いにして風向きはよけれど、この大火にしてこればかりの距離なればいまだ決して楽観は許されざりぎ。さらに手近き帝大はすでにもう落ちたれど、風来たるままに生を得しもののごとく余燼《よじん》［燃え残った火］の赤熱《しゃくねつ》するは見る目恐ろし。これより先は全く進むべからず。家にある人の案じてはとて急ぎ帰れり途に、近隣の三、四軒すでに避難し去りしと聞きて、心細さ限りなし。我ここに生まれ我ここに育ち我ここに起臥《きが》［寝起き］せる、親しき家も今は灰燼に帰するかと思えば胸中の熱きを覚ゆ。しばしば襲い来る大小の余震に屋内に入り難きまま、庭上の芝生に座しつつどこへ避難せんか、誰は何を持ちて皆まとまりて逃れんなどいい合いつつ、ただひたすらに夜の明くるを待てり。何物よりもただひたすらに夜の明くるを待ちたり。この時この際待つ人もあれど来るとは思えず、夜のみ明くれば避難も危険少なかるべく猛火も勢いを収むべき道理もあらざるめけれど、ただひたすらに曙を待ちし心こそおかしけれ。夜半《やはん》過ぎて北風吹きまされり、晩夏とはいえど夜気《やき》は水のごとく冷かにのど元をかすめ、老いたる父の身体に障りなきやと憂うれどもこの北風こそは我が家を助くるものなれ。ここにおいて全く類焼の恐れは免れたり。明日もいかなるところに寝るやも知れず余震は気味わるけれど、再びかの大いなるのが来るべしとも思われねばとて、皆初めて屋内に入りぬ、壁は落ち、拭うべき水もなければ足ざわりの悪さよ、柱曲がりて雨戸は立たず、街にもとめてわずかに二本得たる蝋燭を心細く灯して床をのべたり。着のみ着のまま横になりぬ。先頃より身もたまらぬくらい眠けれど心昂ぶりてかまどろむを得ず。思いはそれからそれへと移れり。姉の一家、帝大、三越、あれを思いかれを案じ、ついに曙に及べり。夜は明けたり。東天なお煙濃くして天日暗し。庭に枯れ枝いぶして炊《かし》ぐ、飯は米櫃《こめびつ》さらえてこれを限りと聞く心細さ。

家を存し財物を保つ我等においてすら食糧を得るの道なく、飢えは眼前に迫れり。いわんや彼の家なく食なき数十万の窮民をや、歴史の長江に棹《さお》さして遡江《そこう》［川を遡る］するとき、両岸の風光に対し、一国の盛衰一世の興亡を想い、あるいは心躍り、あるいは心いたましむる中に、最も恐るべきは食糧によるの暴動なり。数日を経るも得るの道なく、呆然たる心に暗示するものあるときは、如何なる不祥事のこの無欠の国体を汚さんかとそれのみを憂え、心ふさがり居たりしに、その午後米六十万石大阪より来ると聞き、ようやく安ずるを得たるには、からざりき［意外にも］その夜半、門を打ち叩きて「朝鮮人襲来す男子は武装せよ」と連呼するを、聞かんとは。

自然を畏敬せよ

大山太郎　理甲一一

平和の静けさ、驕《おごり》の夢。それは大きな自然の、ほんの戯れで全く破られてしまった。今まで自然の愛に甘え過ぎてかえってこれを汚した人々は、自然のほんのわずかの御叱言《おこごと》で、全く恐懼畏敬《きょうくいけい》するようになった。水陸両界を征服し得たと言った人々は、倒れる家を支える事ができなかった。海嘯《かいしょう》［津波］の押し寄せるのを如何ともすることができなかった。宇宙をすでに征服し得たはずの人々は、溺死を免れることができなかった。焼死を免れることができなかった。昨日まで文華の巷と誇っていた所は、今日はただ一塊の廃墟となってしまった。

あぁ、今まで人々は間違っていた。自然を征服する事ができると思っていた。また征服し得たと信じていた。自然はすなわち造化の神である。宇宙の森羅万象は善である、そしてまた至善なものである。我々はゆえにこれを改善することはできない。すなわち自然を征服することはできないのである。我々はこの自然に服従すべきである。そしてこれを畏敬し。その愛の温かさに浴さしてもらうべきである。何となれば、人類最後の日まで、重力の法則に抵抗し得ないものであるがゆえに。

わずかの瞬間における自然の働きは、かくも見事に人工の一切を破壊した。我々は当然これを復興すべきではあるが、第一に肝に銘ずべき事は自然と自我の主客を混同してはならぬことである。我々は精神の慰安を、自然の愛に仰がねばならぬ。我々の行為は自然を畏敬したものでなくてはならぬ。

復興。それは日本国民の大いなる義務である。復興に対しては真の勇気を以て努力しなければならぬ。自然の愛に甘え過ぎて、その峻厳《しゅんげん》な［厳しい］半面を見せつけられた時の、か弱き人間の恐怖はこれを女子もなお忍ぶことができた。しかしこれを真の勇気といえようか。真勇は、あらゆる艱難辛苦《かんなんしんく》を忍びつつ、さらに大なる理想の境を建設すべく努力するその勇気をいうのである。今の我々はこの真勇を発揮して、自然の温かき愛に抱かれ、これを畏敬して、旧に倍する新天地、新生命を開拓することに努力しなければならない。

生への本能

白岩俊雄　理乙一一

朝からいやに穏やかな暖かい日だった。呑気な、しかもこの上もなく打ち寛《くつろ》いだ、第一高等学校生徒としての初めての夏休みも夢の間に過ぎて、懐かしい校庭で何十日振りかで、親しい級友と語った日だった。神ならぬ身の我々は誰一人としてあの超自然な、物凄い、そしてあの超知覚的とでも言いたいような自然の魔手《ましゅ》が、今にも我々を一蹴の下に、暗黒世界の奈落の底へ蹴り込もうとしていようとは、夢想だにしていない事だった。しかもあぁ！無情なる自然は、瞬間にしてあらゆる破壊とあらゆる暴虐とを擅《ほしいまま》にして、泣き叫ぶ声すら立たない憐《あわ》れな人間を下界に冷ややかに見下ろして、一人ほほえんでいたのであった。

「十一時五十八分四十八秒！」それはあまりに痛々しい記憶と、あまりに凄惨な現実の廃址《はいし》とによって、頭脳から離す事のできない時間である。「一瞬にして修羅の巷」などいう古い貧弱な言葉では、とても表現する事のできぬ真の「修羅場」であった。俄然襲来した恐ろしい地鳴りが、極度の衝動を与うると共に、関東一円にわたり数十万の家屋は、あるいは倒潰し、あるいは半崩し、かつて覚えない所の恐怖と戦慄は怒濤のごとく押し寄せて来た。親は子を呼び、兄は弟を求め、姉は妹にすがり、夫婦相擁して尽きざる恨みと未練とを残しつつ、ついに死の淵に沈んだ者実に十万。凄惨と言おうか無惨と言おうか、その状はあまりに超感覚的で、貧弱なる人間の筆舌の遠く言い表わし能《あた》わない所である。

あらゆる人間はすべてを忘れた。否、すべての人間はほとんど失神の状に近い驚愕と、恐怖とにおびやかされて、そこにはただ「生へ」の力強い、本能のみがもがいていた。すぐ数時間前まで都人士《とじんし》〔東京都民〕の全部を覆っていた、虚偽と虚飾は、即時に焼き尽くされてしまって、残らずの人間が、人の本来に戻った。そしてあらゆる無自覚的な努力、「生きんがため」に供せられた。しかもなお残忍あくことなき自然は、断えざる大地の衝動と共に、ますますその魔手を延ばし、悲惨なるかな！　無数の人口は偉大なる「生へ」の努力も、多くは「死」の地点に到達するの已《や》む無きに至ったのである。

傲然《ごうぜん》として狼狽する人間社会を低くに見下ろし、微笑しながら太陽は西山に没した。悪魔そのもののような物凄い雲の下に、陰をひそめていた、満都を包んだ火焔《かえん》は、ようやくその怪光を放ち出した。夜は実に穏やかで静かであった。かくてもあの可憐な綺羅星《きらぼし》がチラチラと輝いている空のみ。そして澄み切った空の月はやはり平常のごとく冷たかった。猛火焔に包まれた人々の、かすかに聞こえる、救助を求むる声も、次第に力無く弱って行く時、一人平然として青白い、柔らかい光を投げかけていたその月。呪いたいような大震の日の夜はかくて更けて行った。はてしなき紅《くれない》の焔の日が、次第に赤らんで行くのと共に。

早く助け出して

土田武雄　文甲一一

松の梢《こずえ》を吹き渡る物凄い風の音と、それに交じって煩《うるさ》いほど半分から開けられた雨戸を打つ雨の音とを夢現《ゆめうつつ》の中に聞いていたが、ふと戸外を見ると案の定暴風雨の有様《ありさま》である。何となく楽な気持ちになって連日の練習の疲れに、いくら寝ても寝足りないといったような、倦《う》い身体をそのまま寝床の上に投げ出して、足先に押しやってある布団を少しばかり引き上げた。この分なら今日は水泳の練習も休めるだろうと心の中である心安さを覚えて再び目を瞑った。ほかの連中も何となくだっくりしたような様子を見せて、誰一人として起き上がろうともしない。

気がついて見ると雨は間欠的《かんけってき》に［降ったりやんだりしながら］襲って来るので、雨の合間合間に、矢のように飛び過ぎる雲の切れ間から太陽の光がちらちらと射してはたちまちに暗くなる。しばらく松風の音に耳を澄ませていると突然主将の松澤君が、メガホーンを持って二階に上がって来て「おい雨も止んだようだから。この貴重な時間だ、この間にちょっと練習して来ようや」といつもの元気な声で、皆を促しにかかった。不精無精起き上がって外を見ると、なるほど音を立てているのは風ばかりだ。ちょっとうんざりしたが、習慣的に、朝飯を済ますと、出掛ける用意にとりかかる。この間にも雨はいまだ時々叢降《そうこう》［にわかに激しく降る］に襲って来るが、日影が繁くなって来た。

猛烈な風は河波を吹き立たせてぴしゃぴしゃと顔を打ち、練習困難なることこの上もない。雲は凄いほど迅《はや》く飛び過ぎて、その片々が一々太陽の光を遮《さえぎ》ってその度に、我等は烈風に、濡れた身体をまかせて、ターニング台の上に震えた。練習終わって、だっくりした気持ちでターニング台を片付けに河岸に上り、例のごとく台を持ち上げながら直《なお》き［平らな］上の草原へと歩き出した。と、この時どうしたことか。突然余は足元をすくわれたような激動を感じて、思わず、台を持つ手をはなして投げ出そうとした。これと同時に目先が眩《めまい》でも起こったかのように、異様に震動し出したように思えた。この時誰とも知らず「地震だ」と叫んだ。一同常の地震と異なり、異様な不安を感じたものか、期せずして、次の瞬間には手近の松林の中に、ややもすれば後戻りするような焦慮《しょうりょ》を感じつつ夢中で駆け込み、松の木に噛りついた。目先は揺れる、地皮はもくもくと気味悪く裂けて、見る見るうち隆波して行く。一心に捉《つか》まっている松の木も怪しく打揺れて、足下の地割れからは濁水がごぶごぶと湧き出して来る。

海岸の砂原は濛々《もうもう》砂煙を上げ、河波は不気味に打ち合って時ならぬ波涛を上げた。生きた心地もない。ふと目を転じて館山方面を見れば、砂塵《さじん》濛々と立ち昇って人家の倒域を知らせ、円形の地にはたちまちにして黒煙が立って火災を起こしたものかとっさの場合ながら想像できた。海上からは、大なるうねり二つ三つ、寄せると見る間に沖に見えた一、二の小舟をたちまちに呑んで舟方の岸を打った。「死」を思わせる物凄い、不気味な状景である。果たしてこれが現実であろうか。一瞬にして世界の終わりを思わせるようなかかる光景を示現《じげん》した。自然の魔力にただ目を瞠《みは》るのみである。気がついて見ると海水は平常よりも一、二町も遠く干上がっていて、我等に何とも知れぬ怖ろしい予感を与えるのだ。「津波」。我等の頭に閃いたものはこれだ。地震も少し和らいだので、宿舎の安否の気遣わしさから、一同、ただちに寮の方へ一目散に駆けしめた。行き着くまでもなく、途中給仕の知らせにより寮舎の全壊を知った。松林中の別荘、漁家、ほとんど倒壊し、一瞬前の面影とてない。

我等は見る影もなく崩れ伏した寮舎の前に立ち尽くしてただ茫然として言葉すらない。人員には一人の怪我もなかったのは何よりの幸いである。実際何が幸いになるかも分からぬ。「今朝あれで、泳ぎに出掛けなかったら」と、思わず慄然たらざるを得ない。この時松林の中の一別荘から、けたたましい叫び声が聞こえて来た。早速駆けつけて見ると幼い子供とその守女《もりめ》［子守の女性］とが倒れた家の下敷きになって、母なる人は狂気のごとくその廻りを駆け廻りながら「早く助け出して」と泣き叫んでいる。棟木《むなぎ》を切って引き出した時には幼児はもはや事切れていて、人工呼吸も何の効もなかった。母の悲嘆は見る目も悲惨である。守女は僅かに足の骨を挫いただけで助った。運命というものの不思議に、つくづく思い及ぼされて何と言ってよいか分からなかった。かかる間も大地は絶えず動揺し、松の並木は異様に揺れ、鉄道線路はあめのごとく曲がりくねり、軌道は無残に破壊されている。

付近を一巡する中、目を覆わずにはいられない悲惨事到る所に演ぜられていた。見兼ねてあちこちの死体発掘等に手伝った後、一旦寮舎に引き上げ当座の必要品の掘り出しに取り掛る。こういう時はさすが若者の寄り合いだけに、比較的手が運ぶ。働きつつも、なお、夢の世界で働いているような気持ちがしてならなかった。村の人々、別荘の人々はことごとく戸外に取り出した蚊帳、布団の類を並べて揺り返しを避けている。いずれの顔にも、常ならぬ、不安の表情が浮かんでいる。

恐怖の夜は次第に四辺を籠《こ》め、所々でともす蝋燭の光と松林や野原に隠見する焚火の影は却って夜の暗黒を増している。この辺で崩れ残った唯一のトタン造りの、吹き通しになっている長屋の囲内《かこいうち》に、掘り出した畳を敷いて寝る事にした。

ふと目を舟方の方に転ずれば、我々が地震の最初の一揺れの後目撃した火災は今や防ぐもののないままにますます燃え盛り、呪わしげに、地獄の業火《ごうか》のごとく、赤々と空を焦がし湊川岸の松林の影を黒々と浮かび出して、炎々たる焔を上げている。

蚊帳をひっかぶって寝つこうとするが、昼からの神経の昂奮となおも次々に、一転の地鳴りを伴って襲い来る地震とのためなかなか寝入れぬ。婦人子供は震動ごとに戸外に飛び出そうとする。暗黒の中に轟々と鳴り響く松林の彼方の海の叫びは人々の心をますます暗くする、津波を思わせる音だ。

少しうとうととしてまた揺り起こされた時、薄暗い蝋燭の光で、先ほど幼児を失った若い母と、生き残った五才ばかりの女の子の淋しい影を見た。「――ちゃん、どうしたの」と昼間に死んで行ってしまった小さい妹のいないのを不審そうにこの女の子は母に聞いている。こんな小さい子供にどうして「死」などという事が分かろう。余はその可憐さに眼の中の熱くなるのを感ぜさるを得なかった。「――ちゃんはもう帰って来ないのよ」と答えている母の声が淋しげに聞こえた。恐らくは泣いているのだろう。余はさらに頻々《しくしく》と自然の一瞬間の悪戯の醸し出した悲劇を感じた。

三十里を隔てた東京でも、さらにさらにひどい惨劇が起こっているのだとは夢にも知らず、いつまでもこの地に居残って見た、悲惨な現実に一晩中心を攪《か》き乱されていたのである。

波の音はますます劇《はげ》しく、人々の心に大なる脅威となって響いて来る。

目次

震災百首のうち三十

今井彦三郎（教授）

谷の如き口うち開きて醜鯰《しこなまず》大なるあくび一つしてけり
ごうごうと動みそめてば山峡に啼《な》き出るまもあらぬ雉子《きじ》哉
末法の時大正の十二年長月の一日大佛の首落つ
安見しし我大君の知ろしめす千代田の国の土の裂けたる
傷《いた》わしや築地の下の仆《たお》れ女顔は見えねど膚あらは也
梁の下に妻も子もあれど我はとく病に臥せる父を助けむ
死にし子を涙に抱きてはらはらと落つる瓦の数の知られぬ
家庫《くら》のくづれし土のほこりぞと見れば大空火の雲の湧く
七所八所《ななところ》にわたりうちあけし火の手のさきの早くもある哉
下谷よりよせくる焔吹きまきて上野に赤き銅像の立つ

街々《ちまたちまた》煙ふきまき火の海に人の世只に漂いにけり
人は人と手を執りあいて雲の中烟の雲の中を行くかな
鶏は飛びもえあらず犬の尾に火もえつきて逃げまどうなる
下駄もぬげ帯をも占めずなりぬとも知らでや走るうら若き女
免れ出でて顧りみすれば我が家は焔のうちに包まれにけり
いとし子を失いておめく女《め》の親の声はつむじ風にまかせはてつつ
女子の声は火《ほ》中に聞ゆれど吹き捲《ま》く焔我如何にせむ
茜刺す日色も薄くなりにけり煙に包む小町大町
川に入り小舟に乗れば水の面に走る煙は皆焔也
わびしらに煙の中を免れ出でて河にうち入れば首《こうべ》のみ焼く
うちあぐる火の手に捲《ま》きしつむじ風人の命のちりに等しき
人と人とうち重畳《たたなわ》り［幾重にも重なり］人の山をなしてぞ焼くる本所河原《かわはら》
上野より見渡す目路《めじ》［目に入る限り］の西東海辺へ続く諸焼《もろやけ》の原
焼け落ちし幾十万の屋の下に悲しみの外何か拾わむ

瓦ちる都大路の焼野原我が日の御子の御馬うたすも
十万の富失いし我が国のこれや名に負う日の本の橋
千秋長五百長秋の瑞穂国疑わんやは永く生くる国
民は君と隔てもあえずなりにけり千代田の城の松の下蔭
米や塩や沽《か》うべきすべも無かりけり味噌は庫ながら焼失せぬとう
家を焼き食《みけ》つ物なくなりあいし人の心に情知らるる

大震の日の雲の恐ろしきを見てよめる

むくむくと湧立つ雲の姿をばこの世を呪う鬼かとぞ見る
修羅のごと二王のごとく湧立てる雲に尽きゆく火の都かも

杉　敏介（教授）

村田祐治（教授）

おお方は焼野となれる武蔵野もなお虫の鳴くくまはありけり

三十余年蓄へ来たりし髭を剃りて

心まで若返るべく髭そりて此大ないの記念とぞする

怖ろしく、されど美しかりし日

（抄録）

沼波武夫（教授）

怖ろしくはあった。しかしあたかも平時に見られぬ美しき人生がそこにあった。人は互いに親しんだ。助け合った。人は神を見た。人みずからも欲を忘れて神に近づいた。自らと社会と国家と高貴なる方々と、一つに認めて、その一つに刃向かう敵に対して、婦幼なお武装した。その時、ここの人々はあくまでやさしく、あくまで強かった。過失はあらゆる場合にある。ある人のいわゆる「自国を仇敵《きゆうてき》視する〔憎しむ〕」人々、道の千古一貫たる理《ことわり》を忘れて、変転流行の相のみを道とする人々、衣裏《えり》にある珠を知らずして、光を遠きにのみ求めむとする人々、が過失のみを廓大して、あの折の世相の美観を全然抹殺せんとするは、悪というよりも狂である。

長明〔鴨長明〕が元暦の地震〔一一八五年に発生した文治地震のこと〕を書いたあとに、「いささか心の濁《にご》りも薄らぐかと見しほどに、月日かさなり、年越えし後は、言の葉にかけて、言い出づる人だに無し」と記したるその絶望に似たものが、昨今時々私の心に起こる。しかし絶望は天に対しての冒涜である。力《つと》めてこれを払って、根気よく使命を続けねばならぬ。

……………………

ここに是非書いておきたいのはK先生の予言である。私が支那へ立つ前に、かの地に詳しい先生を訪《おとな》うた。「どうしたら今の日本の堕落が改まるでしょうか。どういう折にそれが始まるでしょうか」こう私は問うた。「大旱魃《だいかんばつ》か大地震か、何か知りませんが、ともかく一大災厄が必ず起こりましょう。私はそれが動機になるとかたく信じております」と先生が答えた。そう言われれば、全くそのような事が起こりそうな世の中だと私は思った。早くその時が来ればいいとまで思った。

……………………

U「よ、これァ大変だ……広い所へ早く出よう」踏んでる大地がズルズルのめる。Uさんがもと来た道へ駆け出す。Sさんが駆け出す。そのあとを私が追うた。やや広い、三越の向こう横町、いつか杉風の店のあったあたりというので、長男に写真をとらせておいた所まで出た。Uさんは電信柱につかまった。Tさんは私の前に右を向いて手を伸ばした。私はそのTさんの胴の右に両手を置いていた。「ほッほツ、ほッ」とTさんは家々の屋根の方を仰ぎつつ言っておられる。私の頭には、中学生時代にあった濃尾の大地震の折、やはり往来に出て、下男の金蔵と相撲取るような形に支え合っていたあの時の気持ち、光景がハッキリと浮かび出た。そして、今のTさんとの組合いは、Tさんが横向きであるために、中心が取れぬ、と思った。またここに自分一人が大地震についての先輩という気がした。もう、このくらいですむだろう。もうこのくらいで、と思うので、一所懸命に、Tさんや、そこの肴屋《さかなや》から飛び出して来て、私の体に取ッついた婦人に対して、「もう大丈夫です、もう大丈夫です」と言い続けた。瓦が盛んに落ちる。そばに立ってた若者が、あそこらの道にころがっている盤台を取り上げて頭上にささげた。しかし手をそれにとられたため、ヒョロヒョロしていた。

思う存分に揺れて、とまった。濃尾の時よりは弱かった、と私は思った。Uさんが電柱から手を離すや、「Aさんが見えない、見えない」といわれる。なるほどと思って、もと来た路次を見ると、その路次の、こちらからの入口のところが、両方とも家が倒れて、道を一杯塞いでいる。「あぁ我々もあぶなかった」とも何とも思わぬ。ただ倒れてる当然のことと思っただけ。そのむこうに、土煙のすきまから、家の軒下に立っておられるAさんの姿が見えた。「大通りへ出ましょう、出ましょう」と私達は手真似《てまね》交じりにAさんに言った。

……………………

「日は照る瑠璃の……」とうちの子供が毎日口癖のように歌っている。塀の外を、どこかの小僧らしい声で、「大地も人も、蘇る」と歌っている。復興の歌である。私はなんだかこの歌を聞くごとに、なかのウツロな付元気《つけげんき》［から元気］のような気がしてならぬ。山の手のこの辺こそ、もう何でもない姿をしているが、バラック町へ行って見ると、大変である。世はまだ絶苦の中にある。焼かれない我等も、絶苦の中にあるを感ずる。これからまだまだ思いきり苦痛をなめて、感ぜられるだけ感じ、考えられるだけ考えてここ十数年かかって震前とは生まれ更《かわ》った、強く正しい美しい世界を建てねばならぬ。東京にさる世界を建つるは、やがて日本に建つる所以《ゆえん》であり、やがて全地球に建つる所以である。まだまだ空の瑠璃色を仰ぐいとまなど無い。蘇るなどとは当分とても言われぬ。

慰安の野外劇とか、慰安の能とか、とてもそんな事に目を向ける者は、真の罹災者には一人も無いはずだ。その優人《ゆうじん》、役者等自らが、生活のためにやる。どうか見てくれ、という態度でなぜやらぬのか。それならば蕎麦屋が蕎麦を売り、豆腐屋が豆腐を売ると同じで、差し支えない。当然である。慰安などいう看板をかけないでもらいたい。

みんな空腹でいるのに、ドンジャンと行進曲を鳴らし立てられるようである。玄米時代はまだ続いている。罹災者も非罹災者も心を一つにして刻苦《こっく》て［骨をおって］十年を暮らせ。贅沢らしい様子をした者には、あの当時のごとき制裁を加えろ。美ならざれ。粗野なれ。文化的ならざれ。むしろ殺伐なれ。言論は止せ。実行しろ。

天譴《てんけん》などと考えるのは非罹災者のことなど、と罹災者はよくいう。この大きなまとまった全体をなぜそう分けて考えたいのか。非罹災者も罹災者も全く同じ刺激を受けている。生き残った人は、黒焦げになった人よりも、まだ長く、今日もなおこの五体に烈火を感じている。そうで無い人は、よほどの鈍漢である。同時に罹災者も、その目前の事に忙殺されて己《おの》が頭に遠い大きい事を考えるひまがないから、非罹災者の頭を借りて、感じ、考えている。そういう姿を会得《えとく》しなくてはダメである。

…………………………

余震が当分あるから、と言って、非常口を開き、天津さんの前の空き地へ、椅子を持出して、うち中そこに居らせ、それから蝋燭をたくさん買わせにやった。私もそこへ避難して、まず思ったのは、少なくとも一週間は学校が休みだ、有難い、ということであった。さっきからの心配と疲れとで気分が落ち着かぬ。急ごしらえの鮓《すし》をちょっと食って見たが、どうも咽《のど》へ通らぬ。冷蔵函《れいぞうかん》のビールを取り寄せて飲んで燃えるような渇きをいやし、幾分気分が晴れた。今日まで近所の人をとんと知らなかったが、加藤さんや尾後貫さんや天津さんやあらゆる近所の人たちと青天の下に言業を交わして非常にハシャいだ気分になった。私はまず近所の笹川臨風氏へ見舞いに行った。そして避難所へ帰ったが、一高と大学とを見舞わねば済まぬとまず一高へ行った。亀裂を生じてる所も見えるが、大したことはないようである。本館前の空き地は避難民で一杯である。次に大学へ行ってみた。

もう図書館はとっくに焼けて、法文科の本館が、向かって左から右の端まで、凄まじい響きを放ちつつ焼けぬけているところである。地上には図書館の本が多少持ち出してある。見ると、辞書類や神道の本や一切経の一部分が見える。入口の辺のものが少し出ただけらしい。館員の人が私の顔を見て、「五門は皆だめでした」と言う。私はこの時サッパリとした気がした。五門といえば国漢文の書のある部である。こう書いている今でも、二十年来の馴染みの書庫内、ことに五門のところは、どこの棚のどの辺に何の本があり、どの本にはどういう書き入れがあるという事まで、眼前に歴々たるのに、それが忽然として灰になってしまったのである。私たちが初めて大学に入学した時、時の学長井上哲次郎先生が、火の用心をよくしろということを演説して、「もし諸君の生命とする図書館の一切の図書が一朝烏有《うゆう》に帰したと想像したらどうですか」とシャ嗄《しゃが》れた声を張り上げて言われたが、あり得べからざる事を言われたと感じて皆笑った。その有得べからざる事が今日ただ今わけもなく行われてしまった。

書に離れたし。書の憎きかな。書は我が師友と思いつつ、その師友の圧迫を感じ来たれり。書は如何に我を怯懦《きょうだ》［臆病］ならしむるぞ。書を去りたし。図書館在る東京を去って寒村に居を卜《ぼく》し［住み着く］、すなわちどうしても研究のできぬ境に身を置きて、全く独断の筆を執らば如何。書庫の棟を支うる無数の書のその剛慢なる姿よ。我は汝等を憎む。

とは十年前私がここの書庫で起こった閃感《せんかん》を書いておいた文章である。その時私の憎んだ無数の書は、ただ入口の小部分の助かったのみで、五門といわず何門といわず、七十二万の書籍は消滅したのである。私はありのままをここにいう。私はこれを惜しむという心は毛頭起こらなかった。閃感に言ったような放言で無く現時においてことに書籍の消滅は、始皇帝の為しし所、天これを為したりと観じて、むしろ微笑を禁じ得なかったのである。それらの書籍を用いてただ極めて少数の学者多少世を利したるのみ、無数の学者むしろこれによって無用もしくは有害の言論を世に伝えたではないか。「三上さんは」私はそばにいる人に問うた。「あそこにいらっしゃいます」といわれて、その方へ行くと、先生は黙然と火を見て立っておられた。見渡す限り、大学の先生は、三上さんを除いて誰も来ていないようである。「何か御用があったら、何でも致します」というと、三上さんは「用も何も全く手が着けられません。ボンプは来ましたが、水道がだめですから、池の水だけでやっていますから、とてもだめです、この勢いでは八角堂も焼けましょう」といわれるうちに、もう火は道を飛んで、研究室の建物についた。三上さんは「宮城がどうかと思っております。さっき非常召集の号砲が鳴ったようですから」といわれた。なるほどそういえば、砲声が引き続いて響いていた。私は今まで宮城を懸念する心の全く無かった事をこの時深く恥じた。

ふと見ると、むこうに、萩原蘿月《はぎわららげつ》君［俳人］が、シャツ一枚で、頸に手拭を巻き、顔は煤で黒ずんで、凛乎《りんこ》として立っている。私がそばへ行くと、君は、「君、洒竹文庫は出したよ」地上の本の低い丘を指して「この辺の下敷きになっている。皆出したよ」と言った。「洒竹文庫が焼けたら僕は死ぬつもりだった」と言った。蘿月君は本当にそう覚悟をした。真に命とずるがえ［ひき替え＝愛知の方言］に、文庫を救出した。君は雑司ケ谷水久保に住んでいる。大震の時はうちに居たが震止むやただちに徒歩、ここに来たり、それから身を挺して国文学研究室に飛び込み、大学生一高生警官等に大声に助力を求めて、遺憾なく洒竹文庫の一切、なおその他をも出し得たのである。

…………………

一高の門を出て左を見ると、本郷三丁目のかなたは、天も地も黝黒《ゆうこく》なる［あおぐろく］、深さの測り知られぬ煙が立籠《たちこ》めている。玄という漢字の感じである。たとえばこの世と地獄とが同平面で、そのこの世から地獄を数町の間に望む感じである。市中いずこにも井戸は極めて稀である。水道は全部とまっている。火は焼け放題になっているに違いない。震を避けてる近くの人々、火を遁《のが》れて来る遠くの人々、往来は悉《ことごと》く人間の流れである。私は門脇の交番で火事のことを聞いてみた。

「一つ橋辺からあそこまで燃えて来たのです。念入りの火ですから、どこまで燃えるか訳がわかりません。神田は全部焼けたそうです」

と巡査は投げ出すように言った。地獄の黒煙はよく見ると、東へ斜めに靡《なび》いてるようであるからこちらへは来そうにないが、念のため、大学前の方へ様子を見に行く。大学の中は、全く独立した火事で、まだドンドン燃えているがこの火は森川の通りへは向かわないから、大学の向こう側の人たちは余震を避けて、大学の塀際の人道に、それぞれ敷物をしき、道具を積んで、往来に向けて屋号や姓名を書いた紙旗を立てている。火の中から逃げて来る人が、烈日のもとを、北へ北へと進む。なかに三十近い女の人が箪笥を紐で背負って、棒を杖にして来るのを見る。何かの随筆に、某という大力の老翁が火事の際箪笥を二つ背負って歩いた事が記され、その絵もあったのを思い出した。しかしこの際誰一人、珍しい見物として彼女を顧る者は無い。あらゆる異形異体、取り乱した姿が往来を動いて来る。あぁ今日の午前と午後と、何という変わり方であろう。赤門前まで来ると在郷軍人らしいのが番をしていた。その人に、三丁目のこちらへ火が来てますか、ときくと、まだ来ません、という。若竹は、ときくと、もう若竹は焼けました。という、安心でも不安心でも無いが、これから先へは人込みで危なそうだから、ともかく宅前の避難所へ帰って来た。

私たちのいる真後ろはちょうど東南に当たっている。その方面に煙が一面に見え、空の怪雲は我等を見おろしている。飛行機が一つ二つ翔ける。家のなかは怖いものになってかつ砂だらけになっているので、止むを得ぬ用のある時には、履物のままであがる。一高のＫ君は時々尋ねてくれる。いよいよという時には、この人に助けてもらえようと非常に気丈夫に思う。「浅草の十二階がまん中から折れた」「砲兵工廠《ほうへいこうしょう》が焼けた」などという噂を聞く。余震はしばしばと襲い来る。やがて今日の日もそろそろ暮れかかってきた。半被姿の日々の記者が「帝劇が焼けました。警視庁が焼けました。三越も焼けました。内務省、大蔵省も焼けました。丸ノ内は海です火の海です。本所、浅草、神田は全区全焼です。摂政宮殿下は御無事で御座います」と口で報道して来る。「御苦労様でムい《ござ》ます」「有難うムいます」と人々が礼をいう。

ここで夕食をいくらか食べて、それから長男を連れて弥生町方面へ見舞いに行った。阿部秀助君も、栗原古城君も、浅野邸内に避難していた。案内せられて、邸内の丘にあがると、高い木立ちのかげに、この辺の人が一面に座している。ここからは下谷方面の火が近く前方に見える。古城君も定紋《じょうもん》つきの提灯を手にして子等の寝ている上に突っ立って、火に対していた。阿部君は空を仰いで寝ていた。家族皆々無事なのを賀して、それから後藤末雄君を訪《おとな》う。君の一家は、戸田邸に避難していた。暗い所で君や戸田子爵《ししゃく》らに会う。さっき記者から聞いた事を話すと、この辺の人は何も知らないと見えて非常に驚いた。

通りの家々は提灯を出し、電車は宿屋になってる。帰って来て、大火をうしろに、籐椅子を伸ばして空のもとにねる。火は段々と明るさを増して来るので、Oさんの所では立退きの相談を始める。私はよし焼けて来るにしても、明日の昼頃だろうとタカをくくっていた。火の無い半天は秋の夜らしく晴れて、月が美しく照っている。そしてこの大変のさ中に、うそのように、虫の音が盛る。

大震十日記　録三

安井小太郎（教授）

五日。服部希大［人名］を訪《おとづ》る。希大の長子［長男］纘《つづく》［人名］三浦郡長となり、横須賀に在り。鎌倉・横須賀は震害最も巨《おお》く［大きく］、而《しこう》していまだその消息を獲《え》ず［状況が分からない］。家人これを憂いて色を形《あらわ》す。去りて落合偉平［人名］を大久保に訪《おとづ》る。偉平曰わく、「伊東子爵［人名］は祐淳［人名］君を携《たずさ》え［一緒に］、伊東町の別邸に在り。郡司豊太［人名］行《こう》に従《したが》う［一緒に行く］。音問《おんもん》の通《つう》ぜざる［連絡がつかない］を以《もっ》て、高山生［人名］ほか一人をしてこれに赴《おもむ》かしむ。二人して二日午後糧《りょう》を負《お》いて結束して発《た》つ［出発する］。鮮人放火の説の流伝《りゅうでん》するを以《もっ》て、各所の自警団、竹木を植《た》てて道を遮り、刀を抜きて銃を発し、行人《こうじん》を阻格《そかく》す［道行く人を阻む］。一言《いちごん》も相《あい》応ぜず、剣銃《けんじゅう》並《なら》び至《いた》る。横《ほしいまま》に惨禍に罹《か》かる者あり、険《けん》を冒《をか》して大森に至るも、ついに進むこと能《あた》わず［進めず］。夜半に及びて還《かえ》る。図師［現在の東京・町田市図師］の一人工科大学生たり、祐淳君に侍読《じどく》［家庭教師］すが一日早晨《そうしん》［早朝］に伊東に赴く。正午に真鶴に達す。車を下りて海岸に至る。轟然一震《ごうぜんいっしん》し、波浪脛《すね》を没す。山に走りてこれを避く。二日、暁に別邸に至る。四日、豊太は石油発動機船一隻を雇い、町民二人を載せて帰る。ここに於いて始めてその事を詳《つまび》らかにするを得《う》［状況がわかってきた」。子爵以下は皆恙無《つつがな》し。ただ浜海《ひんかい》の地は、民舎倒破《みんしゃとうは》す。海潮《かいちょう》［津波］これに乗《じょう》じて、尋《つ》ぎて火起《た》つ［続いて火災が起きた］。死者甚だ多し。」と。また曰わく、「浜町の日高昂［人名］、本所の湯地貞淳［人名］もまた災いに遭う。」と。皆郷人《きょうじん》なり。本荘全［人名］これに抵《いた》る。全の曰《い》わく、「一日夜、邸内の石油臭鼻を衝《つ》く。二学生牆外《しょうがい》［囲いの外］を彷徨《ほうこう》し、怪しく人を瞯《うかが》う。人無きを見てまさに火を放たんとす。跳び出でてすなわちこれを捕う。皆鮮人《せんじん》なり。諸《しょ》警察署に致《いた》す。」と。濱田四郎を訪《おとず》るも、在らず。戸山原を経て帰る。此の日は体力いまだ復せず、困頓《こんとん》たること殊《こと》に甚だし。食終わりて臥《が》す。

薄暮［夕刻］に図師をめぐり至《いた》る。一父あり、埼玉県羽生農学校長たり。家人を見るに恙《つつが》なし。感喜して語ること能《あた》わず。嗚咽《おえつ》する者これを久しくす。季女《きじょ》［末っ子］淳子の傍《かたわ》らに在るを抱《いだ》き、庭上《ていじょう》に跳舞《ちょうぶ》すること数次《すうじ》にして辞去す。軍隊来警す。機関銃隊は田島橋にあり、騎兵中隊は屋後丘上に在り。蹄声戛々《ていせいかか》たり［馬のひづめの音が聞こえてくる］、終夜絶えず、大いに人意《じんい》［人の心］を脅す。

六日、三郎をして川野健作を訪れしむ。また、次郎をして本橋兵太郎を上二番町に訪れしむ。次郎帰りて言う、「善国寺大街以東は、富士見町に至り、三番町大街以南は、永田町に至り、瓦石累々《がせきるいるい》たり。これを蕩《のぞ》けば焦土たり。ただ下二番町一線、富士見町一番町の一部のみ火を免《まぬか》る。本橋二松学舎その中《うち》に在り、木澤病院・大橋図書館・鷹司邸皆焼く。始め火は数所に起《た》つも、すでにして風位［風向き］しばしば転じ、火勢もまた随変《ずいへん》す。旋転廻合《せんてんかいごう》し、その方を常にせず。本橋は火の近づくに及び、衣物を対門《たいもん》［向かい］の左右田某《なにがし》の庭中に移す。而《しか》るに風復た転ず。左右田邸火を被《こうむ》り、移す所の衣物は、焼尽して遺るものなし。而《しか》るに其の宅は却《かえ》りて災いを免る。午後に石井毅一来る。外孫なり。晡時《ほじ》［夕刻］に毅一を送り、その家に至る。祖父隼太在り。佐土原の人なり。曰《い》わく、「一日、島津伯夫妻は鎌倉の別業《べつぎょう》に在《あ》り。縁端《えんたん》に坐《ざ》して午飯《ごはん》［昼食］す。忽然《こつぜん》として震来《しんきた》りて、縁下《えんか》に墜《お》つ。匍匐《ほふく》して免《まぬか》る。則《すなわ》ち屋《おく》すでに倒る。侍婢《じひ》［女中］二人厨房に在りて圧せらる。声を尋ね屋を穿《うが》ちてこれを出《い》だす。」と。質《ただ》すに島津・松方二公の事を以てするに、また訛伝《かでん》［まちがった噂］なり。

七日。斯文会《しぶんかい》［東洋の学術文化交流を目的に岩倉具視らが創設した学術団体］書紀山本邦彦至りて曰《い》わく、「一日、斯文会に在り。震来りて屋壊る。走りてこれを避く。天野夫妻圧せらる。救いて出だし神保町に至る。救世軍本営火起《た》ち、黒煙天を沖《つ》く。三崎町に至る。沿道の人家みな倒壊して街を塡《ふさ》ぐ。瓦石狼藉《がせきろうぜき》たり。荷を負いて走る者、坐跪《ざき》して哭《こく》する［座り込んで泣く］者、塗上《とじょう》に交錯《こうさく》し、来往《らいおう》紛雑《ふんざつ》し、名状すべからず。家に到れば、家人皆道側に立ちて、予の帰るを見、喜び極まりて泣く。妻曰わく、「震の来るに、糸子［長女の岡村に嫁ぐ者］先ず走り出づ。妾《しょう》と麗子［三女］とは圧せられ屋下《おくか》に在り。隣房《りんぼう》の山川君兄弟の救う所となる。予家人の恙《つつが》無きを見、再び斯文会に至らんと欲す。時に今川小路・神保町・猿楽町皆火に没し、行くべからず。たちまち警官走徇《そうじゅん》して曰《い》わく、「火は神田劇場に迫れり。すべからく［みんなで］疾走して難を避くべし。」と。すなわち飯田町駅に至る。駅吏曰《い》わく、「もし三面より火来れば、すなわちこの地もまた免《まぬか》るること能《あた》わず。砲兵工廠に避くるに若《し》かず［砲兵工廠に逃げた方がいい］。」と。河を過ぎ工廠に至るも、工廠もまた火起《た》ちて居《お》る能《あた》わず。出でて水道橋を望みて馳す。時まさに薄暮にならんとするも、火光天を焦がす。松平伯邸はすでに猛火の包む所となりて近づくべからず。飯田町の火は、河を踰《こ》え新諏訪町を焼く。前後皆火なりて小石川橋遮断され渡ること能《あた》わず。進退維《こ》れ谷《きは》まる［行くことも戻ることもできなくなった］。たまたま工廠士官数人来りて、長板を舟に架けて河を渡る。すなわち尾《つ》き行きて前岸に達するを得んことを請う。堤を上りてこれを望めば、西神田の十余万戸、まさに狂風烈火の中《うち》に在り。叫喚の声は、怒号と並び起《た》つ。惨然《さんぜん》として神を傷《そこ》なう。再び飯田町駅に入る。須臾《しゅゆ》にして［あっという間に］火来る。避けんと欲するも地無し。すなわち相携《あいたずさ》えて河に入る。水深乳に及ぶ。駅舎火を被り、火粉雨下す。体膚の水より出づる者は、皆その傷《そこ》なう所となり［水面に出ている体の部分は火傷してしまうので］、河水を掬《すく》いて相灌《あいそそ》ぐ。すでにして水漸漲《ぜんちょう》して［水位が上がって］肩に及ぶ。蓋《けだ》し駿河台北崖の崩落して下流を壅《ふさ》ぐを以《もっ》てすればなり。火勢やや衰え、妻を抱き岸に上らしむ。予もまたこれに継《つ》ぐ。二女を観視すれば、水すでに肩を没して動くこと能《あた》はず。予を呼びて救いを求む。命は一呼吸に在り。予は遊泳術を解《げ》せず。惶急《こうきゅう》するもなす所を知らず［焦るけれどもどうすることもできない］。たまたま一舟人の救う所となり舟に上る。予と妻ともまたその舟に入る。幸いにして死を免るることを得。震来るよりここに至るまで十七刻［約三十四時間］、而《しか》るに水中にある者五刻《こと》［十時間］を下らず。飲食両つながら絶ゆ。疲労もまた極まれり。天明の比《ころお》い、神田一帯の火はすでに熄《き》ゆ。而《しか》るに余燼《よじん》の炎々たること一大の烘爐《こうろ》のごとし。長女を拉《ひ》き南榎木町の岡村宅に至る。尋ぎて妻と三女と至る。長男文彦・二女巴子も、また立川より来る。ここにおいて親子六人歓然として相会う。始めて笑声を聞く。この次《たび》の大震は、家を焼き命を殞《おと》す者甚だ多し。而《しか》るに邦彦の遭う所、最も酸鼻たり。故に特にその語る所を詳記《しょうき》す。邦彦の帰る後に伊東邸に如《ゆ》く。牆屋《しょうおく》依然たるも、ただ壁土の落崩する者数所《こと》。まことに天幸となる。避難する者二十余人来りて宿る。郡司曰《い》わく、「子爵は明日邸に帰る。」と。午飯して去る。

大正十三年八月十五日印刷
大正十三年八月二十日発行
編纂者　第一高等学校国語漢文科
発行者　林平次郎
東京市日本橋区数寄屋町九番地
印刷者　伊崎開治
東京市小石川区久堅町百八番地
印刷所　株式会社博文館印刷所
東京市小石川区久堅町百八番地
発行所　東京日本橋数寄屋町
六合館
振替口座東京二三七一

『大震の日』の執筆者、

およびその著作権継承者のみなさまへ

原著『大震の日』の執筆者、および著作権継承者のみなさまがいらっしゃいましたら、どうか下記までご連絡ください。よろしくお願いいたします。

株式会社西日本出版社
〒564-0044
大阪府吹田市南金田1-11-11-202
MAIL：jimotonohon@nifty.com
TEL：06-6338-3078
FAX：06-6310-7057

あとがき

「あの地震の作文を集めて本にしておいたら、後世のために非常に参考になろう、千人ほどの青年が色々な場所であの災難に遭い、あるいは聞いたのをそのままに書いたのだから」

『大震の日』を開いて序文を目にした時、居ても立ってもいられなくなった。首都直下地震の発生が警戒されているにもかかわらず、安井小太郎先生が「後世の参考になろう」と出版したこの100年前の手記を、埋もれたままにしておいていいのだろうか。

巻頭にも書いた通り、この文章を書いているのは、当時の日本の最高の頭脳を持った人々である。18や19の若者が書いたとは思えないくらい洗練された内容だ。旧字体や旧仮名遣いで、普通の人にはなかなか読みにくいが、幸い私は学生の頃から古文漢文を読むのが好きで、漢字や仮名遣いを変換して比較的スラスラと読むことができる。これを読みやすくして復刻できればどんなにいいだろう……と思った。
ところが、不幸なことに、出版元の「六合館」はなくなっている。旧制第一高等学校も改組され東京大学になった。つまり、再刊・復刻を判断する主体がなくなってしまっている状況だった。国立国会図書館のデジタルアーカイブを検索しても、「著作権残存著作物のため……」などと表示され、画像が出てこなかった（2022年の著作権法改正で「絶版等資料」の扱いが変更され、その後閲覧可能になった）。確かに120人あまりの手記は、執筆した生徒たちの「著作物」であり、執筆者がお亡くなりになって70年間は、著作権が存在することになる。

執筆者はどんな方々なのか、インターネットでできる限り調べてみた。たとえば、

混沌の中　田中和夫（文甲三二）1998年没　法学者　一橋大学名誉教授
裸で　榎本謹吾（文甲二）1982年没か　軍需省軍需官
世の終わりか　庄司　光（理乙二一）1994年没　京都大学名誉教授
一家上野山へ　坂路壽郎（理甲一三）2000年ごろ没か　名古屋大学名誉教授

月の死相　石田英一郎（文甲三一）1968年没　民俗学者

滑稽を感ずる余裕　天野利武（文甲三一）1980年没　追手門学院長

爆発の伝令　加藤威夫（理甲一一）1981年没　三菱電機顧問

妙な物が降る　福原満州雄（理甲一一）2007年没
京都大学数理解析研究所所長、東京農工大学長　日本数学会理事長

二階に籠る　河野伊三郎（理乙二二）1994年没　新潟大　東京医科歯科大

よい体験　柳川　昇（文甲三二）1975年没　経営学者　東京大教授

丸の内へ　皆川　清（理甲二二）1994年没　海軍大佐を務める

眼前で切れた女の首　西脇　安（理甲二二）2011年没か
生物物理学者　東京工業大名誉教授「第五福竜丸」の被爆を証明

重い静寂　藤田健治（文甲三一）1993年没　哲学者　お茶の水女子大学教授

柱は一本二本と火炎　戸澤盛男（文丙二）1954年7月没　警察官僚・佐賀県知事

精神的その日ぐらし　神西　清（理甲二）1957年没　ロシア文学者

地震加藤　成瀬正勝（文甲一二）1973年没　国文学者

更生した人々　村越　司（理甲一三）1988年没　地質学者

健康の必要　鈴木竹雄（文乙二）1995年没　法学者
習慣の盲信　増原恵吉（文甲三一）1985年没　参議院議員　防衛庁長官
大浪が二本　徳江　徳（理乙二一）1992年没　機械工学者　茨城大学学長
みんなが出て見な　福田赳夫（文丙一）1995年没　元総理大臣
震前の飯を　渡邊佐平（文甲三一）1983年没　経済学者　法政大学総長
西瓜が一番　草島時介（文甲一三）教育学者1982年頃の出版有り
自らを顧みて　国塩耕一郎（文甲二一）1986年没
茨城県知事、日本音楽著作権協会理事長
一つの現象　石潮白（理甲二三）1964年没
いずれを採ろうとするか　大橋武夫（文甲三一）1981年没　労働大臣　運輸大臣
震災当時の余　稲田清助（文丙一）文部省事務次官、国立近代美術館長、
文化財保護委員会委員長、著作権審議会会長、映倫管理委員
生への本能　白岩俊雄（理乙一一）1983没　耳鼻咽喉学者
日本耳鼻咽喉科学会理事長

以上に記したのは、経歴やお亡くなりになった年がある程度はっきりとわかったものに限られる。総理大臣から官僚、学者、経営者、軍人など多士済々で、「さすがは旧制一高」と感嘆するばかりだ。そして没年を見ると、ほとんどの方の手記の著作権が残存していることがわかる。著作権者にどうやってコンタクトを取ろうかと、手始めに連絡先のわかるあるご遺族の事務所に電話を差し上げ、趣旨をしたためてメールを送ってみたが、ご多忙であったのだろう、お返事をいただくことができなかった。

「これは難しいぞ」と、次善の策を求めて文化庁をたずねて話を聞いた。担当者からは「著作権の裁定制度」を案内された。しかるべき努力をしても権利者にたどりつけない場合、補償金を国に供託することで使用を認める制度だ。一度収めた補償金は、権利者からのお申し出があろうとなかろうと返還されることはない。補償金の目安を計算してみたところ１００万円を超える高額となって、たちまち出版物製作の採算が取れなくなることがわかった。さらに、仮名遣いなどを読みやすく変更することは、「著作物の同一性保持権」に触れるために推奨しない、とのサジェスチョンもいただいた。しかし、言われた通りにすると、文体が難しくて研究者や専門家しか読みこなすことができず、震災の実状を未来に伝えることそのものが難しくなってしまう。図らずも「著作権」が、災害伝承を妨げる形になってしまっていると感じた。

なんとかする方法はないのか。出版業界の事情に詳しい弁護士さんに相談してみたところ、「出版社のホームページ等であらかじめ告知して、権利者に申し出てもらうようお願いをし、お申し出があれば著作権料をお支払いするやり方で出版してもよいのではないか。多くの権利者の方は、出版の意義を理解してくださるだろう」とアドバイスを得た。関東大震災の小学生の手記を復刻した書籍『東京市立小學校兒童震災記念文集』も、その手法がとられていた。プロジェクトチームの意見が一致し、「このやり方で出版してみよう」と決まった。

本書を手にされた方の中で、著作権を継承している方、もしくはその方を直接ご存じの方がおられたら、ぜひお声がけをいただきたい。できうれば直接お目にかかって、この手記の存在を知っていたか、読んでみてどんな思いを抱いたかを伺ってみたい。災害伝承へのご意見などを拝聴しつつ、著作権料をお支払いする機会を頂戴できればと思う。

関東大震災では震災後の「流言」を背景に、住民の自警団や軍隊、警察の一部によって、奪われる必要のない尊い命が奪われるという事件が発生したことは、内閣府の報告書にも明記されている。災害の混乱による不安が偏見や差別意識と結びついて招いてしまった事実は、被害者の無念はもちろん、加害者にとっても痛恨の極みであったに違いない。まぎれもなく、関東大震災が後世に伝えるべき最大の教訓だろう。

この手記集は序文にもあるとおり、生徒達が震災直後に書いた作文を、約半年後に提出させている。よって「不逞鮮人」や「社会主義者」を指した言説を「流言であった」と断言しているものもあれば、被災直後の気持ちをそのままに、「流言を真に受けて、襲撃に備える不安な気持ち」を書いたものもある。流言に惑わされた人々が、道行く人を不審者として捕らえた時の様子を伝聞で書いた手記もある。「流言は智者にとどまる」という言葉があるが、一高生ほどの「智者」をもってしても、災害時は流言に惑わされたのだ。

読者各位におかれては、本書に並ぶ手記に、記述時期のタイムラグがあることを踏まえて、しっかりと事実を確認していただくことをお願いしたい。そして次なる災害では「智者」となって、流言を広げない役割を果たしていただくよう切に希望する。

阪神淡路大震災の映像を公開する作業は、「『肖像権』に対する萎縮」との闘いであった。映っている人すべての承諾をあらためて取らなければ、映像を公開することができない……そんな考え方から、せっかく撮影された貴重な映像が放送局の倉庫に死蔵されていた。過去の判例を読み解いて「社会的意義」を確認することで公開することが可能と判断し、思いを同じくする同僚達のあと押しを得て「激震の記録１９９５　阪神淡路大震災取材映像アーカイブ」が実現した。肖像権者からの「映像を削除して欲しい」とのお申し出は今のところ寄せられておらず、アーカイブ公開はつつがなく継続している。私の勤務先である朝日放送グループ・朝日放送テレビの決断が、映像を後世に伝える災害伝承の一例を作ったことを誇りに思う。そして改めて、肖像権者のみなさまにも感謝申し上げたい。

拙著『スマホで見る阪神淡路大震災』のあとがきで私は、「災害は伝わらない」と書いた。災害を経験した人々がいろいろと努力するにもかかわらず、当人がいなくなってしまったところで伝承のパワーが急速に落ちることは、これまでの歴史が証明している。

おそらく私も、数十年後にはこの世からいなくなる。災害を後世に伝えようと各所で書いた私の文章に「著作権」があるとして、その許諾の有無をもって利用を逡巡されるとすれば、心配は無用である。勤務先や出版社さえ了承すれば、私個人としてその権利を主張することはない。災害の発生スパンに比べて企業組織の移ろいは激しい。勤務先や出版社の担当者が代わって「よくわからない」と言い始めたり、会社に連絡がつかなくなることも考えられる。そんな時は、社会的意義を確認したうえで、気にせず使ってほしい。伝承のバトンを積極的につないでいただくことが私の望みであることを、ここに明記しておく。

本書を刊行するにあたり、西日本出版社の内山社長には本当にお世話になった。『スマホで見る阪神淡路大震災』に続いて、「伝えなければ……」という使命感で大きなあと押しをいただいた。共著の竹田亮子さんは、編集者として関わっていただいた『スマホで見る……』に続き、緻密な作業で執筆を支えてくださった。お二人のお力添えがなければ本書は完成していない。そして何より、この『大震の日』と巡り合わせてくださった、名古屋大学の武村雅之先生に、この場を借りて感謝を申し上げたい。ありがとうございました。

阪神淡路大震災と関東大震災。近代日本の大都市を襲った二つの地震の教訓は貴重である。同じような地震が大都市で起これば、時代は変われどきっと近いことが起こるに違いない。手記と映像が語る教訓を重ね合わせて、都市型震災に対する備えが充実してゆくことを願ってやまない。

木戸崇之

著　者

旧制第一高等学校の生徒たち

現代語版制作

木戸崇之（きど たかゆき）

1972年 京都市生まれ。阪神・淡路大震災記念 人と防災未来センター リサーチフェロー。
在阪放送局の報道記者・ディレクターとして災害報道に携わる傍ら、近畿大学等の非常勤講師としてマスメディア・災害報道について教鞭を執る。歴史災害にも強い関心を持ち、古文書に記録が残る災害を番組化するなど、ユニークなアプローチで教訓の伝承に努める。
ＱＲコードを読み取って取材映像を視聴できる著書『スマホで見る阪神淡路大震災』は2021年グッドデザイン賞、第35回地方出版文化功労賞の特別賞を受賞。映像が語る災害教訓を伝える講義は「リアリティを感じられる」と学校や自治体などから多数の依頼を受けている。

竹田亮子（たけだ りょうこ）

1979年 大阪府生まれ。出版社勤務を経て、現在はフリーランスの編集者・ライターとして活動。これまで編集を手掛けた書籍は『スマホで見る阪神淡路大震災』『なっちゃんの花園』『まるありがとう』『「個」のひろしま』など。

一高生が見た関東大震災
一〇〇年目に読む、
現代語版 大震の日

2023年9月1日　初版第一刷発行

発行者　内山正之
発行所　株式会社西日本出版社
〒564-0044大阪府吹田市南金田1-8-25-402
[営業・受注センター]
〒564-0044大阪府吹田市南金田1-11-11-202
TEL：06-6338-3078
FAX：06-6310-7057
郵便振替口座番号　00980-4-181121
http://www.jimotonohon.com/
編者　竹田亮子
装丁　LAST DESIGN
印刷・製本　株式会社光邦

ISBN978-4-908443-83-1